北京文化史

阎崇年 著

北京出版集团
北京出版社

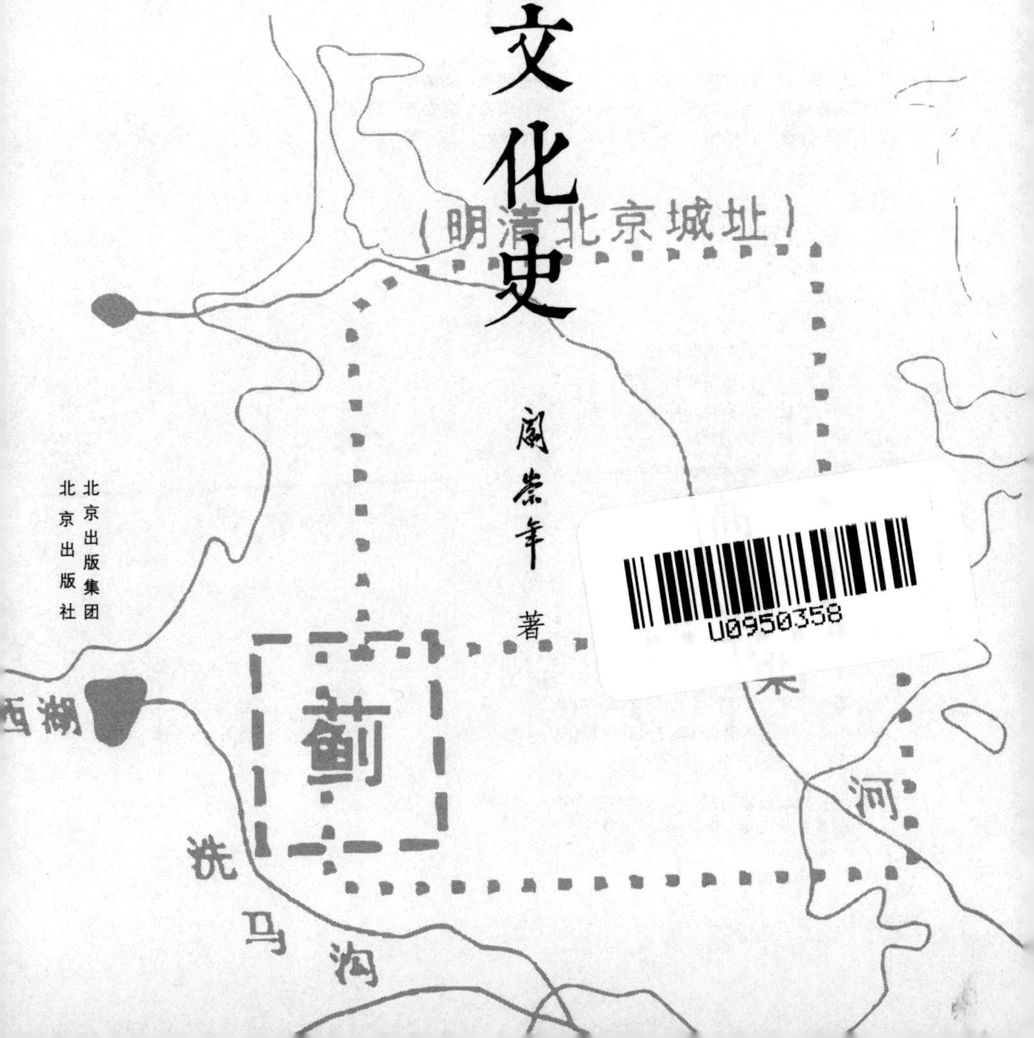

图书在版编目（CIP）数据

北京文化史 / 阎崇年著. — 北京 ：北京出版社，2021.2

ISBN 978-7-200-15040-7

Ⅰ. ①北… Ⅱ. ①阎… Ⅲ. ①北京—地方史—通俗读物 Ⅳ. ①K291-49

中国版本图书馆 CIP 数据核字（2019）第 099508 号

总 策 划：安 东 高立志　　封面题签：阎崇年
项目统筹：司徒剑萍　　责任编辑：高立志 魏晋茹
责任印制：陈冬梅　　封面设计：白 雪

北京文化史
BEIJING WENHUA SHI
阎崇年 著

出　　版　北京出版集团
　　　　　北京出版社
地　　址　北京北三环中路 6 号
邮　　编　100120
网　　址　www.bph.com.cn
总 发 行　北京出版集团
印　　刷　天津画中画印刷有限公司
经　　销　新华书店
开　　本　880 毫米 ×1230 毫米　1/32
印　　张　9.625
字　　数　205 千字
版　　次　2021 年 2 月第 1 版
印　　次　2022 年 11 月第 2 次印刷
书　　号　ISBN 978-7-200-15040-7
定　　价　88.00 元

如有印装质量问题，由本社负责调换
质量监督电话　010-58572393

目　录

自 序

我祖籍山东蓬莱，朋友戏言我是从蓬莱仙境走出来的。先祖地少土薄，不能糊口，来京打工。那时人力比畜力便宜，面粉作坊主用人力推磨，我的先祖在北京打工，就是干这种活儿。听祖母说，我祖父只有两身衣服，一身棉衣，一身单衣。冬天过后，把棉衣里的棉花掏出来，就成为夹衣，春秋时穿。入冬以后，再把掏出的棉花絮进夹衣，就成为棉衣，冬天时穿。至于夏天，只有一条单裤，穿脏了，晚上睡觉前洗一洗，天亮前干了穿上。一年或两年回乡探一次亲，往返三千里路，背着干粮，晓行夜宿，全是步行。我的曾祖父、祖父、父亲和我们兄弟，加上我的子女，已经五代人生活在北京。曾祖父和祖父，按照旧时习俗，青年来京，打工谋生，晚年回乡，百年之前，落叶归根。但从我父母双亲开始，不再回乡，叶落北京。我们就成为地地道道的北京人。对于北京人的生活、习俗、礼仪、文化，或听长辈言传，或经自身亲历，或读文献笔记，或从报刊所知，就我来说——对旧北京人的悲苦，是非常熟悉的；对新北京人的幸福，是满怀欢喜的。

我曾在天安门西侧南长街南口西大街的北京市第六中学（习称“男六中”）读书，那时的体育课经常在天安门广场上。我参加过1949年中华人民共和国成立的开国大典，白天庆典游行，夜间提灯晚会。回忆当时，激情澎湃，如在昨日。一瞬之间，新中国成立已71年，我同祖国的前进相伴而行，虽然道路并不笔直平坦，却是一步一步地走了过来。

经历、学志、职任、兴趣——凝聚到一点，写一本北京文化史的书。这本书，从何时开始写作的呢?

20世纪50年代，吴晗先生主编一套“中国历史小丛书”。事未竟而风浪起，留下半拉子工程。“文革”结束不久，当时主持编务工作的北京教育学院历史教研室张习孔先生，和我是街坊，有时互相串门。他找我：“小丛书”缺《北京史话》，请您执笔。不便推托，应承下来。写完稿子，交中华书局编辑胡宜柔先生。胡先生满怀热情，极其认真，逐字逐句推敲，逐条史料核实。经过修改，《北京史话》于1982年3月，由中华书局出版。

烧灶香，礼众佛。3年后，北京朝华出版社马悦编辑，约我撰写《古都北京》，三磨四催，终于应允，我撰写文字，严钟义先生摄影配片。1986年，图文并茂的《古都北京》中文、英文版问世，后出德文、法文版。当时改革开放新政推行不久，中文译成西文的书很少，这本书图文并茂、印装精美，在法兰克福和莱比锡国际书展上，分获两个奖项。2008年北京奥运会期间，应中国民主法制出版社杨瑞雪社长、刘海涛主任之请，我和严钟义先生再度合作，将《古都北京》做文字修订和图片增删，以《中国古都北京》为书名，由中国民主法制出版社出版中文版、英文版，分作特精本、精装本、平装本3种版本。此书，中国香港、美国相关单位给了两个奖项。2016年，朝华出版社王涛社长，又重新推出《古都北京》（修订本）的中文版、英文版、法文版。

2000年，我撰写的《古代北京》一书，在台北万卷楼图书公司出版，被列为“中华文化宝库”丛书之一。

2010年，中共北京市委常委、宣传部部长、北京市副市长蔡赴朝和中共北京市委宣传部副部长傅华等，共同主编一套“领导干部半日读”丛书，其中有约我写的《北京文化史举要》一书。这本书我不仅更加简明地梳理了北京历史的文脉，而且以更加宏观的视野，提出中华文明是由中原农耕文化、西北草原文化、东北森林文化、西部高原文化、沿海暨岛屿海洋文化所组成，并以三个千年变局为线索，对北京3000多年文化史进行重新梳理、分析与整合，重点论述自元大都以来，北京是中华文明农耕、草原、森林、高原、海洋5种文化的中心。于此，我在2012年由北京出版社再版刊行的《北京文化史举要》一书中，做了简要的论述：

> 中华古代的文化发展，大体可以概括为五种文化形态：一是中原地区的农耕文化，二是西北地区的草原文化，三是东北地区的森林文化，四是西部地区的高原文化，五是沿海及岛屿地区的海洋文化等。在古代中国，高原文化、海洋文化都具有重要地位，都对中华文明发展做出过重大贡献；但是，高原文化和海洋文化都没有在中华文化史上占据过主体的或主导的地位。而中原农耕文化、西北草原文化、东北森林文化，都时间或长或短地在中华文化发展史上，占据过主体的或主导的地位，发生过主体性或主导性的重大历史作用。

此后，2014年我在《辽宁大学学报》（哲学社会科学版）第一期发表《森林文化之千年变局》。

2018年4月，拙著《森林帝国》一书，由生活·读书·新知三联书店出版。书中，我明确提出：北京是自元大都以来，由中原农耕文化、西北草原文化、东北森林文化、西部高原文化、沿海暨岛屿海洋文化5种文化所组成的全国政治中心、文化中心。

本书以上述观点为主轴，纵向以北京自有文字记载3000多年以来的三个千年、三大变局做经线，横向以中原农耕文化、西北草原文化、东北森林文化、西部高原文化、沿海暨岛屿海洋文化做纬线，经纬交织、彼此综析，阐述北京作为中国政治中心、文化中心而产生、演进和发展的历史。

北京出版集团曲仲总经理约我以《北京史话》《古都北京》《古代北京》《北京文化史举要》等著作为基础，讲一讲北京文化史。于是，我重新研读文献、档案、文集、笔记、舆图、方志、考古、石刻等史料，吸纳60多年来北京考古新收获，论著新成果，参酌踏查笔记，补充所见史料，更新陈旧观点，进行分析综合，拙著撰写而成。

北京历史资料，浩瀚繁杂广博。据统计，朱彝尊《日下旧闻》参考图书约1500种，于敏中等奉敕纂《日下旧闻考》又参考图书约500种，乾隆中期后的著作尚未包括，满、蒙古、藏、维吾尔、哈萨克等文相关著述和档案也未包括；另据统计，西方用英、法、德、意、葡、西、荷、俄、拉丁等文与北京相关著述约在500种以上，还有亚洲日、朝、越、泰等文的相关著述——总计当有5000余种，一人之力，难以穷尽。

本书涉及政治、经济、文化等各个方面，但还是以文化的发展、演变及其影响为主线。这成为本书的一个特色。

本书于文化交流，花费较多的笔墨。除北京与亚洲的东北亚、东南亚、南亚、中亚、西亚诸国家和地区的文化交流外，对中西文化交流更多加以简要叙述。这成为本书的又一个特色。

本书于辽南京、金中都、元大都、明北京、清京师均列出一节该朝“文化殇鉴”，是因都城为当朝的政治中心。这也成为本书的另一个特色。

金无足赤，书无完书。一切事物，都是过程。一本书的出版，只是治学旅途中的一个驿站，下站风光，尚未看到。在本书研究与纂著中，如《尚书·大禹谟》所言：“惟精惟一，允执厥中。”鉴此，自警——谦虚敬慎，拾遗补缺，架构筋骨，丰满血肉，充实修正，苟新日新，彳亍前行，追求寸进。拙著也尽量如此。

是为自序。

第一章　引言

《中华人民共和国宪法·序言》开宗明义："中国是世界上历史最悠久的国家之一。中国各族人民共同创造了光辉灿烂的文化，具有光荣的革命传统。"[①]北京70万年的历史、3000多年有文字记载的历史，充分体现并科学证实了上文的论断。

北京，中华人民共和国的首都，全中国的政治中心、文化中心。北京是一座历史悠久的城市，一座文化丰厚的城市，一座美丽繁华的城市，一座蓬勃发展的城市，一座国际一流的城市。

在中国六大古都（西安、洛阳、开封、南京、杭州和北京）之中，在世界十大著名首都（美国华盛顿、英国伦敦、法国巴黎、德国柏林、意大利罗马、俄罗斯莫斯科、埃及开罗、日本东京、印度新德里和中国北京）之中，以北京的历史文化最为悠久。为什么这样说呢？

一　从"世界历史都市会议"说起

1987年，在日本京都举行"世界历史都市会议"。会址选在京都，因为京都是日本著名的历史古都，它参仿中国唐朝长安和洛阳模式建城，已千年有余，称"千年古都"。日

① 《中华人民共和国宪法》第2页，北京：人民出版社，2018年。

本明治元年（1868年）江户改称东京，次年定为日本国都。所以，京都比东京历史更悠久。“世界历史都市会议”有40多个国家历史都市的市长或专家，聚首京都，共同交流。这是世界文化史上第一次有亚洲、欧洲、非洲、美洲等著名历史都市市长和专家参加的盛会。我作为北京市的学者出席了这次世界历史都市会议。会上，各个历史都市的市长或专家，介绍本城市的悠久历史、灿烂文化，讲述自己城市“传统与现代”“继承与发展”的关系，推介经验，摆出困惑，互相切磋，寻求借鉴。

北京作为一个世界性的历史都市，有着自身的特点和性格。我在会议上的发言，突出强调了北京历史悠久的文化特点。北京与其他世界历史都市相比较，特别是与美国华盛顿、英国伦敦、法国巴黎、德国柏林、意大利罗马、苏联（今俄罗斯）莫斯科、日本东京、埃及开罗、印度新德里相比较，一个重要的特点是北京历史最为悠久。早在70万至50万年以前，在北京房山周口店，“北京人”就生息、劳作、繁衍、开拓在这里。北京既是中华民族的一个文化摇篮，也是人类文明的一处发祥地。这个观点，得到了会议专家的共识。

北京文化为什么如此悠久又依然蓬勃发展？本书就要分别阐述北京文化演进的地理环境、文化品格、石器初晖及其千年变局，以揭橥其原因。

二　地理环境

一种文化的产生发展，必有特定的空间因素。北京历史文化发展的空间因素即地理因素，有什么特点呢？

北京位于燕山脚下，华北大平原北端。北京天安门的位置在东经116° 23′ 26.83″，北纬39° 54′ 56.5″。从黑龙江入海口附近庙街（今尼古拉耶夫斯克），至南海南沙群岛曾母暗沙，距离北京，各约为一万里；或从北陲重镇漠河，至南疆海角三亚，距离北京，各约为5000里。总之，北京在中国的位置，大略是南北居中。

北京的地理，空间难得，形胜优越。这正如元末明初著名学者陶宗仪《南村辍耕录》所言：

> 右拥太行，左注沧海，抚中原，正南面，枕居庸，奠朔方，峙万岁山，浚太液池，派玉泉，通金水，萦畿带甸，负山引河，壮哉帝居，择此天府。

北京的地形，西部、北部、东北部三面环山。北部燕山和太行山交会于其西北的南口关沟，略呈弧形，屏障北京。如苏辙所说："燕山如长蛇，千里限夷汉。首衔西山麓，尾挂东海岸。"[①]这里的"夷汉"是指塞内农耕文化与塞外的西北草原文化和东北森林文化。这种阻隔作用，到清康熙后就不再存在，而成为一条内涵丰厚的文物胜迹，一座伟大中华的精神丰碑，一串民族交融的历史记忆，一道雄壮宏丽的文化景观。

燕山山脉向东延伸，直抵濒临渤海的山海关。万里长城在北京地区依山脉蜿蜒起伏，像条巨龙，飞山越岭，逶迤

---

① 苏辙：《奉使契丹二十八首其七燕山》。

西行，收尾于甘肃嘉峪关。燕山的西段，有崇峻的军都山；燕山的西南端，同太行山接合。北京的地势，西北高、东南低。燕山以南、太行山以东，是诸河冲积扇等形成的北京小平原，历史地理学上称之为“北京湾”。北京南边面向辽阔的华北大平原，沿太行山东麓与中原地区相接。燕山和太行山既构成北京的壁障，又有许多河流切山而过，形成若干重关隘口。这是华北平原农耕文化与蒙古高原草原文化、东北地域森林文化交汇之区。语云：“地扼襟喉趋朔漠，天留锁钥枕雄关。”位居冲衢，形势险要。北京实为长城内外、燕山南北，贡使往还之路径，军事攻守之关隘，交通商贾之孔道，贸易交换之通途，文人墨客之诗薮，文化统合之枢纽。

北京的河流，主要有海河的两条支流——永定河与潮白河。永定河发源于山西高原，经山西、内蒙古、河北，自西北穿山而下，经天津注入渤海；潮白河发源于河北北部，从东北流向平原——北京就处在这两河流域之间。人们由此会联想起古巴比伦，它在幼发拉底河与底格里斯河之间，河水经常泛滥，与北京颇有相似之处。北京的永定河，古称㶟水，又称浑河，其上游为桑干河。永定河水，夹带泥沙，异常浑浊，称作浑河；淫雨季节，时常泛滥，河道变迁，摆动不定，所以也称作无定河。清康熙三十七年（1698年）七月二十一日，康熙帝赐浑河名为永定河，敕建河神庙并立碑，想以皇威慑止其泛滥，而驯服永定。但这丝毫不能改变它桀骜不驯的脾气，要是闹起性子，京畿一带，河水四溢，房田淹没，顿成泽国。就是城内，房舍被冲，午门积水，盈尺之深。潮白河上游为潮河与白河，两河汇合后始称潮白河。其流域面积为1.8万余平方公里。永定河与潮白河下注海河，东流入海。因此，为城市免遭洪水之害，北京城远离河岸。永定河与潮白河，既给予北京以水害，更赐给北京以水利，它哺育着北京地区的居民。

还有拒马河，发源于河北涞源山中，流经今北京房山，汇入大清河，后注海河入渤海。拒马河在今房山地带，与交错山峦形成风景区。古代的大安山，现代的“十渡风景区”，都是北京西南部的秀丽美景。

同时，晶明平直、纵穿南北的京杭大运河，它的起点或终点都在北京。从北京昌平白浮泉引水，汇合诸流，经通惠河，注北运河，往南穿过海河、黄河、淮河、长江、钱塘江到杭州，再经浙东运河，到今宁波入海，与海上丝绸之路相连接。

古代的北京，森林茂密，山涛云海，池泊环布，泉水丰沛。西华潭和瓮山泊，白浮泉和一亩泉，太液池和积水潭，既是北京的重要水源，又构成北京的幽美景区。特别是在西山风景地带，有“十里青山行画里，双飞白鸟似江南”的美誉。北京著名的皇家苑囿，主要分布在西山一带。如“三山五园”——香山静宜园，玉泉山静明园，瓮山（万寿山）清漪园（颐和园）、畅春园、圆明园，就是在这些优美山水之区构建，借山借水，因地因形，构思巧妙，雄秀兼采，从而形成北京园林的璀璨明珠。

北京的山——西北高东南低，水——雨季猛流湍急，在此条件下，3000年来，北京城址不断向北迁建。燕都在今房山区琉璃河地域，北燕迁到大房山地带，辽金迁到原宣武区广安门外一带，元明则迁到今东城与西城之间中心地带。北京城址由南往北、由低往高移动的历史经验，主要是预防水患。这条历史经验，值得重视，应当借鉴。琉璃河西周古城被淹，两汉通州路县故城被淹，都是沉痛的历史教训。虽然气候、降水、防洪、治涝等等，今非昔比，前车之覆，当为殷鉴。

北京属于暖温带半湿润地区，大陆性季风型气候。北京地区一般全年平均气温12.3℃；全年降水量约为637毫米，是华北降水量最多的地区之一。冬春多西北风，夏季多东南风；它的冬天不像塞北那样严寒，夏天也不像江南那样溽热。北京气候温和，降水适中，植物繁茂，四季分明，物候不同。北京的春天，天空晴朗，温和宜人；迎春花和玉兰花、杏花和桃花相继开放。燕子从南方飞回，“双燕复双燕，双飞令人羡”，带来春天的信息。北京的夏天，雨量集中，早晚凉爽；湖池荷花，清香袭人。候鸟黄鹂，载飞载鸣，啼声清脆，悦耳动人。北京的秋天，天高气爽，风物宜人；香山红叶，美如油画。北京的冬天，大雁南飞，金蛇冬眠；虽然冰封，但不酷寒。大雪纷飞时日，青松翠柏之间，红墙黄瓦之上，银装素裹，赏心悦目。北海、什刹海、积水潭、昆明湖、南海子等冰结晶莹，人们在冰上嬉乐，“遂试冰嬉千队出，旋歌露湛八音谐”，著名《冰嬉图》就是这般情景的艺术再现。

北京的天地之合，文化之汇，在漫长历史演进中，自然与人文，历史与文化，逐渐形成3条文化带，这就是长城文化带、大运河文化带、西山永定河文化带，成为北京独特的历史文化景观。

总之，北京的自然环境，位置优越，南北适中，势踞形胜，山川秀丽，清泉喷涌，气候宜人，植物繁茂，雨水较丰。我们的祖先，从远古以来，就生活在这块土地上。北京经过漫长的历史文化演变，逐渐成为我国统一多民族国家的政治中心、文化中心，也成为与世界众多国家交往的一个国际文化中心。

三　文化品格

依据历史文献、考古资料、宫廷档案、金石碑刻、文集笔记和古老传说，参照中外都城，全面考察比较，提纲撷要，北京历史文化的特征分作8点，简述如下：

文化原生，历史悠久　这是北京历史文化的第一个特征。北京历史文化既具有原生性，又具有悠久性。远古洪荒时代的“北京人”，是北京地区已知最早的原始居民，也是被考古资料证明最早的北京居民。北京历史长河的源头，上溯至约70万年前洪荒时代的北京人。在旧石器时代和新石器时代，都留下丰富的考古遗迹。到商朝后期，在今北京地区，有蓟和燕两个方国——蓟是自然生长的方国，燕也是自然生长的方国。后来，燕盛蓟衰，燕取代蓟，二合为一，统称为燕。北京简称“燕”，源出于此。尔后，北京的历史文化，像滔滔江河，越往下游，河面越宽，河床越深，河水越丰，河涛越涌。至元、明、清三代，北京历史江河的激浪，更如“天排云阵千雷荡，地卷银山万马腾”。试想，在中国六大古都——西安、洛阳、开封、南京、杭州、北京之中，在世界十大名都——巴黎、伦敦、罗马、柏林、莫斯科、华盛顿、开罗、东京、新德里、北京之中，有哪座都城历史之原生性和悠久性能与北京相比拟呢！

中轴之线，城市之魂　这是北京历史文化的第二个特征。北京自元代成为全国政治中心、文化中心，在建设元大都城时，参照前朝建都经验，就先设定一条城市的子午线，即中轴线，然后进行城市规划布局。元亡明兴，燕王起兵北平，发动靖难之役，夺取皇权，迁都北京。在重建北京城时，也是参照前朝经验，先定下一条子午线，后建北京城。北京城中轴线是明清北京城的脊梁和灵魂。

这条北京城中轴线，从永定门到钟鼓楼，全长7.8公里。明清时期，在这条中轴线上，从南往北，排列着永定门、正阳门、承天门（天安门）、端门、午门、太和门（奉天门、皇极门）、乾清门、玄武门（神武门）、地安门等9座最重要的城门，纵贯宫城、皇城、内城、外城；在这条中轴线上，矗立着太和殿（奉天殿、皇极殿）、中和殿（华盖殿、中极殿）、保和殿（谨身殿、建极殿）、乾清宫、交泰殿、坤宁宫，即前三殿和后三宫，共6座雄伟壮丽的宫殿，皇帝金銮宝座就安设在中轴线上。全城建筑都以这条中轴线为基线而依次对称展开。这些雄伟壮丽的建筑，平衡对称，疏密相间，高低错落，壮美谐和，井然有序，阴阳之间，不激不随，构成了一幅世间独具的隽美画卷。

北京中轴线有一番大气象。它是在世界古都中，现存最完整、最绵长的城市中轴线。在这条中轴线上及其两侧，聚集了明清北京建筑的精华，体现了中华的哲学、美学、历史、文化、建筑和精神的理念，其核心建筑为皇宫。在皇宫的前后，为“三出三靠”。

“三出”的第一出是，以宫城为依托，自午门到天安门，东西有庑墙围合，呈封闭型，前罩左祖（太庙）、右社

（社稷坛）；第二出是，以皇城为依托，自天安门到大明门（大清门），东西有千步廊围合，前罩左文（吏户礼兵刑工和翰林院等）、右武（五军都督府和锦衣卫等）；第三出是，以京城（内城）为依托，自正阳门到永定门，中为御道，前罩左天（天坛）、右地（先农坛），层层相依，叠叠相扣，形成宫前的气势，宏阔雄伟，威严壮丽。

“三靠”的第一靠是，宫北的景山，明称煤山，也称镇山。明朝南京的宫城，北有山势依障，而北京元大都城北部没有靠山。明朝在营建北京城时，将疏浚、拓展西苑湖水等挖掘的泥土，堆积到宫城北部成山，清代山上建筑五亭。第二靠是，皇城北的钟鼓楼，不仅挺拔高耸，而且中轴路到此为止。第三靠是，北城的城墙。北京城南面有崇文、正阳、宣武3座门，北面也应有3座门，以示和谐，壮美对称，但北面却是左德胜、右安定两座城门，当中没开城门。从军事上说，当时主要威胁来自北方，中间不开城门便于防御；从气象上说，则是北面形成第三靠，收住城气，气象壮观。

主客分明，布局宏大　这是北京历史文化的第三个特征。以明清的北京城而言，它是作为封建皇帝治居之所而设计和建造的。君王为主，臣民为客；君权为主，神权为客——这就是北京城设计的主题。美国首都华盛顿城是美国独立战争胜利的产物，也是美国民主和独立的象征，在其城市设计中突出国会大厦，林肯纪念堂亦四面开放。然而，明清皇帝治居之所的北京城，则以一条中轴线纵贯南北，皇宫位于全城的中心，紫禁城内太和殿（奉天殿、皇极殿）的皇帝宝座就在中轴线上。自北往南，依次排列钟楼、鼓楼、地安门、景山寿皇殿和万春亭、皇宫三宫三殿、太和门、午门、端门、天安门（承天门）、大明门（大清门）、正阳门暨箭楼和永定门等，城池宫殿、坛庙苑林、衙署寺观、市井民舍，都在中轴线两侧依次对称展开，格局严谨，主次分明。其对称建筑如文华殿与武英殿、太庙与社稷坛、天坛与先农坛等。它的城垣，由宫城、皇城、内城、外城，迭次划为4个方形（外城因财力不足未能围成方形），呈封闭式，层层相套，等级森严，界限分明。北京城的园囿，宫城的御花苑、皇城的太液池、内城的坛庙苑林、近郊的三山五园，也都布局有序，雄秀兼备，呼应相连。这一整套的都城规划设计，都是儒家理念和民族艺术的完美结合。

宫殿园林，珍宝荟萃　这是北京历史文化的第四个特征。北京从金代成为皇都，至清末宣统帝退位，历时近800年。北京不仅集中国历代都城建设之大成，而且集中华民族文化艺术之精华，是一座伟大的艺术宫殿。雄伟的殿堂，秀丽的园林，配置以亭台轩榭，陈设以奇珍异宝，珍藏以钟鼎重器，荟萃以书画极品，插架以善本古籍，贮存以明清秘档，点缀以山石花树，绕流以玉泉金水，使北京城成为一座宛若仙境的宫殿花园城市。北京皇宫的文物珍宝，北京故宫博物院现藏文物1863404件（套）[①]，台北故宫博物院珍藏65万余件（套），沈阳故宫博物院珍藏3万余件（套），另有文物南迁分存南京博物院104735件（套），还有1000余万件汉文、200余万件满文档案，以及数以万计的宝册典籍文献。

各族文化，熔冶一炉　这是北京历史文化的第五个特

① 王旭东：《使命与担当——故宫博物院95年的回顾与展望》，《故宫博物院院刊》2020年第10期。

征。北京之成为元、明、清三代全中国的首都，这正是：天地之合，文脉之汇——南襟河济，北连朔漠，东濒大海，西依太行，位于中华文明之中原农耕文化、西北草原文化、东北森林文化、西部高原文化、东暨南部沿海和岛屿海洋文化的交汇之地，成为中华多元文化之统合，也成为中国的政治中心和文化中心。正是由于中原农耕文化、西北草原文化和东北森林文化之间，长期争局与融合（兼有其他原因），中国经济、政治、文化中心东移，草原文化蒙古建立元朝并定鼎大都、农耕文化汉人建立明朝并定都北京、森林文化满洲建立清朝并定都燕京，北京才成为元、明、清三代全国政治中心和文化中心。当代中国有56个民族，都有人居住在北京，友好相处，文化交融。北京城的建筑和园林，既汇合了各个民族文化之优长，也吸取了九州北雄南秀之风格。四方民族，杂居北京，他们的衣食住行，坊巷习俗，宗教信仰，岁时纪胜，使北京的市井生活更加繁华多姿、色彩斑斓。

世界文化，密切交融　这是北京历史文化的第六个特征。辽南京的清真寺（今牛街清真寺），是北京对外文化交流的一例。到了元代，大都是当时世界的一个文化中心。《马可·波罗行纪》和《鄂多立克东游录》等在西方产生巨大影响，明初郑和下西洋，是中外文化交流史上的空前盛举。晚明西方耶稣会士利玛窦，将西方近代文明带到京师，《坤舆万国全图》、《几何原本》、自鸣钟等使北京士大夫耳目为之一新；其《利玛窦中国札记》等，也将中华文明传播到西方。《明史·外国传》记述92个国家或地区的朝聘和交往，可见其时中外文化交流之一斑。清初汤若望等制定并颁行《时宪历》，清初任耶稣会士汤若望、南怀仁为钦天监监正，其后法国耶稣会士白晋、张诚等一行，成为中西文化交流的一座桥梁。重要儒家经典和传统文化，先翻译成满文，再由满文翻译成西文，介绍到欧美，传播到西方。晚清外国在北京建立29个使领馆，派官员出国考察、送学生出洋留学，引进西方科学技术，兴办新型学校，兴起“洋务运动”，中西方文化交往出现新的特征。

历史演进，绵延连续　这是北京历史文化的第七个特征。北京历史文化的发展，有着连续性。北京从有文献记载以来，先后13次为都：蓟、燕、前燕、大燕、中燕、辽、金、元、明、大顺、清、民国（初期），当今是中华人民共和国的首都。北京自“北京人”以来，不仅旧石器时代早期北京人、中期新洞人、晚期山顶洞人，而且新石器时代早期东胡林遗存、中期上宅遗存、晚期雪山3期遗存，文化链条，连绵不断。而后北京历史进入有文字记载的文明时代。其发展脉络，大致经过6个阶段：一是方国都城，二是北方重镇，三是割据政权都城，四是北中国政治中心，五是全中国政治中心，六是当代中华人民共和国首都，为全国政治中心、文化中心、科技创新中心和国际交往中心。

北京历史，充分表明：从西周的燕国，到清朝的北京，3000多年间，或为国或为郡，或名州或名府，其治所或驻地，虽名称不同，却都在北京。这条历史长河，表现出北京悠久文化史演进的连续性。

北京文脉，不断日新　这是北京历史文化的第八个特征。北京文化史的发展，不仅具有连续性，而且具有日新性。正如《礼记·大学》开宗明义所言：“苟日新，日日新，又日新。”从辽朝陪都南京，到金朝京城中都，有着质的飞跃。又到元朝大都，成为全中国政治中心和文化中心，更是一个大飞跃。再到明朝北京，恢复唐宋礼法，重以德以法治国，并以道以礼化民，北京文化史再向前发展。如明清北京城中轴线体现了一个理念，分拆开来，要点有四：

一是“中”。中是中间、中央、中直、中正的意思。“中”是中华传统文化的基本元素。《论语》里“中”字出现26次，如《论语·尧曰》的“允执其中”。《尚书·大禹谟》说：“允执厥中。”我国名“中国”“中华”，都冠有“中”字。《中庸》说：“中也者，天下之大本也。”因此，“中”既是天下的根本，也是建都的根本。《吕氏春秋·慎势》说：“择天下之中而立国，择国之中而立宫。”北京城设计与建设的法宝，是一个“中”字，北京城居天下之中，皇城居京城之中，宫城又居皇城之中，而宫城又以中轴线为中。

二是“正”。事物止于道，就是正，也就是不偏不倚，公平公正，符合万事万物的规则、规律。永乐朝建北京城，南面正门原称丽正门，后名为正阳门。“丽正”和“正阳”都突出一个“正”字。《论语》里“正”字出现24次，如“政者，正也。子帅以正，孰敢不正？”又如：“其身正，不令而行；其身不正，虽令不从。”就是说做人做事，为官为政，从学从商，务工务农，都要讲求“正”。

三是“和”。众管之声，贵在和谐、要在和合。《论语》中“和”字出现8次，如《论语·子路》说：“君子和而不同。”《论语·学而》又说：“礼之用，和为贵。”《中庸》也说：“和也者，天下之达道也。”中华优秀传统文化的一个精粹点是“和”。宫城外朝的三大殿，明初分别为奉天殿、华盖殿、谨身殿，突出“天”；明嘉靖重修三大殿后，依次改名为皇极殿、中极殿、建极殿，突出“极”；清初再修三大殿后，依次改名为太和殿、中和殿、保和殿。这个由神权的“天”，到君权的“极”，再到社会的“和”，反映出帝制社会虽然发展缓慢，思想理念却在不断进步。还有太和殿前庭院通向东华、西华的两门，东面左顺门（后改名会极门，清改名协和门）、西面右顺门（后改名归极门，清改名熙和门）——总之，太和、中和、保和三殿与太和、协和、熙和三门，都突出“和”字。这6个“和”，反映人们的愿望和期待：个人和悦，家庭和睦，人我和敬，自然和顺，社会和谐，世界和平。

四是“安”。安，就是安静、安宁、安顺、安泰的意思。北京皇城的正门，明朝称承天门，强调“天”，但从“天”承接的是什么？没有明确的含义，可做多种解释。清顺治朝改承天门名为“天安门”，“安”的是什么？史书未载。《论语》中出现“安”字12次，如《论语·里仁》说“仁者安仁”。《孟子·梁惠王下》说：“安天下之民。”安，自然包括天下的平民百姓。皇城的北门，明为北安门，清改为地安门。天和地都突出一个“安”字。皇城的6座门即天安、地安、东安、西安、长安左、长安右，都突出“安”。这6个“安”字，反映人们的愿望和期待：个人安康，家庭安福，人我安和，自然安顺，社会安泰，世界安宁。社稷江山，讲求永安。

所以，北京城发展的文脉是“中正和安”。中则正，和则安。因此，“中正和安”是北京建城的核心理念，是中国传统文化之魂，体现中华文化的精髓，展现中华民族的精神。这个“中正和安”的基本理念，是北京的，是中华的，也应是世界的。[①]

四　石器初晖

北京在有文字记载历史之前，已经出现文化发展的石器初晖。

北京石器时代文化，旧石器时代的早期、中期、晚期，新石器时代的早期、中期、晚期，都有考古发掘资料。按照石器时代分期，依据考古资料，分别做出叙述。

旧石器时代早期文化　1929年12月2日，由我国学者裴文中先生主持，在今北京市房山区，离市中心约50公里，周口店龙骨山的天然洞穴里，发现一个古人类的头盖骨化石，经碳十四测定，距今约70万～50万年。但是，这个北京人头盖骨化石，在二战期间，动荡纷乱，已被丢失，至今下落不明。这个头盖骨的复原头部像，前额低平，眉脊粗壮，颧骨高突，嘴巴前伸。因他们在北京地区被发现，头部残留着类人猿的特征，既像人，又像猿，所以被称作“北京猿人”，考古学上定其名为“北京人”。他们已能直立行走，制造工具，进行劳动，有了语言，还会用火。后来经过多次考古发掘，共发现40余具男女骨骼化石，10万余件石器，100余种动物化石及大量古生物化石，以及用火的痕迹。“北京人”生活的时代，考古学上称为旧石器时代早期，其文化称作旧石器时代早期文化。

---

① 阎崇年著：《古都北京》（中文版），朝华出版社2017年版。

70万年前的北京地区，气候温暖，动物繁多。“北京人”日出而作，日落而息，日复一日，年复一年，进行自然的生活和劳动。

在“北京人”居住的洞穴里，有很厚的灰烬，还有很多烧过的兽骨。这些说明“北京人”已经会使用火。这是人类发展史上的一个里程碑。

“北京人”不仅在中华大地上，而且在人类文明史上，破天荒地燃起火种，宣示了人类文明时代的来临。“北京人”用火，这就使祝融将火种与光明带到人间的神话变成现实，西方光明之神“普罗米修斯”却依然是神话。“北京人”放射出中华文明史上的晨晖，拉开了北京历史文化、中华历史文化、世界历史文化的演进帷幕。

当然，据考古学家和古人类学家研究，大约300万年前，在非洲已经出现远古人类。人类的发源地，是在非洲还是在亚洲？学界争论，众说纷纭。不管如何，在世界十大首都辖区内，最早出现人类的都城就是北京。因此，北京在当代世界十大首都中，历史最为悠久，这是当代北京人的骄傲。

旧石器时代中期文化　“北京人”之后，是“新洞人”。1973年，考古学家在北京人遗址第四地点的洞穴里，发现了人类男性个体左上第一前臼齿化石一枚，还有一些石器、动物化石。这些居住在北京地区的古人类，距今约有20万~10万年，考古学上称为“新洞人”。他们使用的工具比北京人先进，该洞曾发现两件磨制过的骨片，这是中国最早的磨制骨制品，标志磨制工艺技术的开端。他们的长相、模样更像现代人。新洞人生活的时代，考古学上称为旧石器时代中期，其文化称作旧石器时代中期文化。

旧石器时代晚期文化　“新洞人”之后，是“山顶洞人”。考古学家于1930年在“北京人”遗址附近，发现一个天然洞穴遗址。1933—1934年进行考古发掘，发现大量文化遗存，包括3具完整或较完整的人类头骨化石，和大量肢骨化石，以及装饰品。经考古学家研究，“山顶洞人”已经具有现代人的形状，脑量约有1300～1500毫升。还发现下颌骨残片、脊椎骨和牙齿化石等，分属于8具不同男女的骨骼化石。经专家研究，他们明显地代表了原始的黄色人种。这“对认识中华民族祖先的体质，具有重要意义”[①]。在“山顶洞人”遗址中，出土了石器和装饰品，有穿孔的兽牙、海蚶壳、石珠和骨管等。他们已懂得爱美，会把钻孔的兽牙和贝壳，用皮条串成项链，挂在脖子上；会用赤铁矿粉涂在装饰品上，使自己显得更美丽。特别是在山顶洞出土的骨针，长8.2厘米，孔径0.33厘米，微弯精细，表面光滑，一头是针尖儿，一头是针鼻儿。他们可能会用骨针和骨锥缝制原始的衣服，围着用兽皮做的裙子，结束了赤身裸体的原始生活。经专家最新测定，山顶洞遗址年代，距今约3.8万～3.5万年。山顶洞人生活的时代，考古学上称为旧石器时代晚期，其文化称作旧石器时代晚期文化。

此外，1996年底，考古学家在北京城区王府井大街之东，于东方广场工地，发现了一处旧石器时代晚期的文化遗存，面积约2000平方米。已发掘的面积约1440平方米，出土标本2000余件，其中有石制品、骨制品、用火遗迹等。在石

---

① 北京市文物研究所编：《北京考古四十年》，北京燕山出版社1989年版。

制品中，包括石核、石片、石钻、石锤，还有刮削器、雕刻器等。骨制品包括骨核、骨片、骨器等，有些骨片上有人工刻画的痕迹。用火的遗迹有烧骨、木炭和灰烬等。还有哺乳动物化石，如有牛、马、鹿、兔、鸵鸟、鱼等。经碳十四测定，该遗址的年代，距今约2.4万～2.2万年。这一带原属于永定河冲积扇所构成的小平原。在远离山洞的平原地区，发现旧石器时代人类活动遗迹，极其难得，实为罕见。

1949年以来，北京地区出土旧石器时代古生物化石重要遗址有29处，分布广泛，颇具价值。

北京的历史，告别了旧石器时代，进入了新石器时代。北京地区发现多处古人类的遗址，约有40处，分属于新石器时代早期、中期、晚期的文化遗存。按照以上3期，仅举几个例证，略加叙述，以见一斑。

新石器时代早期的文化遗存　如距今约一万年前，生活在北京地区的居民有东胡林人。1966年，在北京市门头沟区东胡林村西侧，依山面水处，即永定河支流清水河畔马兰黄土台地上，发现了一座古墓葬。在这座墓葬中，有两个成年男人和一个少女的骸骨化石。他们被命名为“东胡林人”。在墓葬中少女遗骸的项部，有50多枚小螺壳，光泽明亮，排列有序，大小均匀，用皮条贯穿起来，挂在少女的胸前，是一件美丽的装饰品。在这个少女遗骸的腕部，还发现了骨镯。骨镯由截断的牛肋骨制成，用骨7块，长短相间，加以连缀，错落有序。他们的生活条件比新洞人、山顶洞人有了改进，已经离开山洞，来到平原居住。中国古文献《淮南子·氾论训》中谈到“筑土构木，以为宫室”，东胡林人可能已经有了这种房屋居住。东胡林人有了房屋，能避风雨寒

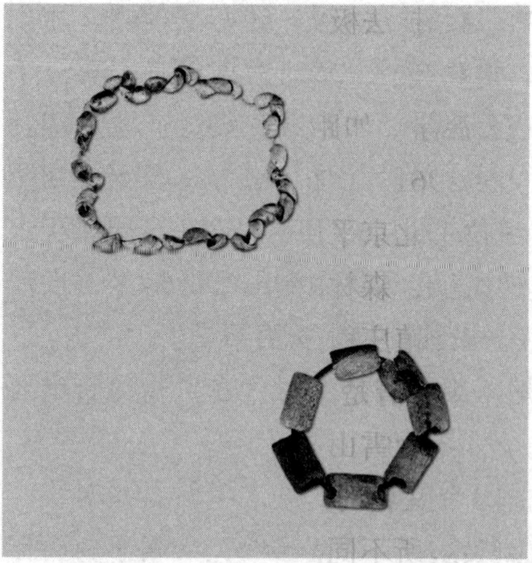

门头沟区东胡林人遗址出土的项链和骨镯

暑，防备猛兽虫蛇，生活较住山洞更为安全、适宜，显示人类劳作的能力和驾驭生活的能力，在进步，在提高。

新石器时代中期的文化遗存 如1984年，在今北京市平谷区北埝头和上宅发现两处新石器时代的文化遗址，其年代距今约7000—6000年。

北埝头遗址位于今平谷区的西北方7.5公里北埝头村西台地上，燕山南麓的错河南岸，面积约6000平方米。北京的先民在这里居住着半地穴式的房屋，房屋大小不等，布局也不规整。他们使用的石器工具，有石斧、石凿、石磨盘等。

上宅遗址位于今平谷区的东北方，与北埝头遗址呈犄角形。它距平谷区中心17公里，在上宅村北一块台地上。经过多次发掘，分作3期文化。这里出土陶器1000余件，有圈足器、三足器、斜口器、盆、碗、盅、罐等；石器2000余件，有石斧、石铲、石磨盘等，特别是出土小石猴、小石龟、小石鱼等。他们制作的石雕小猴，技法极为精细，形象惟妙惟肖，表明北京先民雕刻技艺之高超。

新石器时代晚期的文化遗存 如距今约6000年前，生活在北京地区的居民雪山人。1961年，在今北京昌平区雪山村，发现古文化遗址。这里位于北京平原的北端，背靠燕山山脉，面向山谷溪流，土地肥沃，森林茂密，水草丰美，气候宜人，是雪山人牧放牲畜和种植庄稼的原始聚落区。雪山村古文化遗址，地层叠压，关系清楚，出土器物，类型分明。考古学家按其时间先后，分为雪山第一期、雪山第二期和雪山第三期。雪山人在这3个文化时期里，都已掌握制作陶器的技术，但所制的陶器又有所不同。最早生活在这里的雪山人，用手把陶泥搓成泥条，盘旋叠加，制成各种形状的陶器。有提水用的双耳罐，有盛饭用的陶盆，也有吃饭用的陶钵等。这些陶器烧制时火候不够，呈红褐色。后来生活在这里的雪山人，制陶技术有了很大进步，已经掌握轮制的方法，制造出的陶器，表面光滑，陶质细腻，外面有一层黝黑而发亮的陶衣。如黑陶罐，通高34.5厘米，口径28.5厘米，罐口纹饰美观，制造精细，双耳对称，器形大方，腹部突出圆滑，圈足圆平稳重，既是当时文化实证，又是历史艺术珍品。如黑陶盆，通高23.4厘米，口径32厘米，盆口开畅，盆腹微缩，纹饰匀称，美丽庄重，是雪山二期黑陶器物中的佳作。

此外，在今海淀区中关村、朝阳区立水桥、怀柔区大榛峪、密云区南石城和燕落寨、门头沟区松树峪、顺义区魏家店、房山区镇江营等地，都发现并出土了新石器时期的文化遗存。

考古资料之外，还有神话传说。传说远古部落3次大的战争，都发生在北京地区附近。如传说炎帝与黄帝，双方冲突，发生大战于“阪泉之野”。今延庆区叫作“阪泉坡”的地方，尚有一泉，称作“阪泉”。相传炎帝与黄帝的“阪泉之战”，就发生在此地。《列子·黄帝》篇记载，这场战争激烈壮观——黄帝率熊、罴、狼、豹、貙、虎为先驱，以雕、鹖、鹰、鸢为旗帜，同炎帝大战。黄帝三战三胜，后又往江、汉发展，经过52战，天下部落咸服。各氏族部落，交错居住，互相通婚。炎帝氏族部落同黄帝氏族部落又结为联盟。自此以后，各氏族部落开始互相融合为华夏族，后来发展为汉族。炎帝和黄帝被奉为华夏族的始祖，所以今天海内外的中国人以及国外的华侨、华裔都称自己为炎黄子孙。

古都北京地区的先民，经过漫长的旧石器时代的早期、中期和晚期，新石器时代的早期、中期和晚期，文化链条，连续不断。古都北京，通向文明的道路已经打通。他们从石器时代跨入青铜文明的门槛，从没有文字的蒙昧时代，进入有文字的文明时代。侯仁之教授认为：北京旧石器时代、新石器时代，“后先相继，东西辉映，从而为既是全国政治中心，又是全国文化中心的北京城的悠久历史，普增光彩”。

由上，北京历史文化的发展，是在特定时间、特定空间和特定文化的交合之中演进。在其演进过程中，从商周到清末，历时3000多年，发生三大变局。

五　千年变局

北京从有甲骨文字记载历史到现在，已有3000多年。从上述北京历史文化发展可以看出：一个城市的发展，主要是在空间（地理）、时间（历史）和文化（形态）3个基本因素（还有其他因素）的相互交织中演进。北京文化发展的地理因素（主要是自然地理），侯仁之先生做过详细的论述；历史因素，也有诸多研究成果；但北京历史发展的文化因素，尤其值得关注和研究。实际上，北京之所以由一个方国燕都，到北方重镇，再到北中国政治中心，进而发展为中国政治中心、文化中心——文化发展是其演进的一大关键因素。

北京文化发展同中华文化发展，如心与身，密切关联。中华古代的文明发展，大体可以概括为5种文化形态：一是中原地区的农耕文化，二是西北地区的草原文化，三是东北地区的森林文化，四是西部地区的高原文化，五是沿海暨岛屿地区的海洋文化。在古代中国，高原文化、海洋文化都具有重要的地位、意义和价值，都对中华文明发展做出过重大贡献；但是，海洋文化和高原文化都没有在中华文化史上占据过主体地位。而中原农耕文化、西北草原文化、东北森林文化，都时间或长或短地在中华文化发展史上，占据过主体的地位，发生过主导性的重大作用。北京，就是在农耕文化、草原文化、森林文化、高原文化和海洋文化的交融下，逐渐地由方国燕的都城，到北方军事重镇，到北国政治中心，再到全国政治中心、文化中心。因此，要了解北京文化发展的一个关节点、核心点，就要在中华民族中原农耕文化、西北草原文化、东北森林文化、西部高原文化、沿海暨岛屿海洋文化的统合与交融中，去认知，去解读，去思考，去阐述。

北京的文化地理区位特点，就像“丫”字形状，北京恰恰位于中原农耕文化、西北草原文化、东北森林文化三者的中心点、交汇点上。就是说，北京的文化地理位置，既处于中原农耕文化、西北草原文化、东北森林文化的边缘上，更处于中原农耕文化、西北草原文化、东北森林文化的交汇点上。这是北京历史发展的文化关键所在。依此线索，北京3000年城史的文化演进，经过三个千年变局。清代学者顾祖禹尝言：

> 辽起于临潢，南有燕云，常虑中原之复取之也。故举国以争之，置南京于燕，西京于大同，以为久假不归之计。女真自会宁而西，擅有中夏，仍辽之旧，建为都邑，内顾根本，外临河济，亦其所也。蒙古自和林而南，混一区宇，其创起之地，僻在西北，而仍都燕京者，盖以开平近在漠南，而幽燕与开平，形援相属，居表里之间，为维系之势。由西北而临东南，燕京其都会也。[①]

辽、金、元如此，明、清又何尝不是如此呢！明永乐帝决策迁都北京、清多尔衮奏准迁都北京，都是政治家的大胸怀、大手笔，也都是从全国不同地域、不同族群、不同文化、不同风习的共同点出发，而利于统观全局，总领天下。

本书叙述北京文化的演进，从空间、时间、文化3个维度——将北京在三个千年的变局中，以中华文明的农耕文化、草原文化、森林文化、高原文化、海洋文化等5种文化形态的统合与交融，铺展开来，全面思考，亦事亦理，有分有合，举其大要，进行阐述。

---

① 顾祖禹：《读史方舆纪要》卷八。

第二章　第一个千年变局

北京有文字记载历史文化发展的第一个千年，即约公元前一个千年，重点是在商周时期。

这一历史时期的中国，西北草原文化、东北森林文化、西部高原文化、沿海暨岛屿海洋文化的发展，较中原农耕文化水平较低，加之交通不便、文化差异和交流受限，以及气候等因素，所以在这个历史时期，其虽与中原农耕文化有交流、有纷争，但主要是中原农耕文化内部之间的交融——既碰撞争战又交往融汇。这个时期文化发展的主要特征是，中原地区的农耕文化，在争变中融合，在融合中争变。

中原地区的农耕文化，以农为本，以耕为业，农桑为衣食之源。农耕文化的地域，遍布中原地区，其重点在黄河（包括其支流渭河、汾河等）、淮河、长江（包括其支流汉水、岷江等）、钱塘江、珠江（包括其支流东江、北江、西江）等江河流域的核心地区。中原核心地区的土地面积，大约300多万平方公里。这个历史时期，中原除农耕经济外，还有畜牧、林木、采集、捕鱼、工艺等多元经济，但以农耕经济为主。

中原农耕文化地域——在北方，主要有4个文化圈，即齐鲁文化、燕赵文化、商洛文化、秦晋文化；在南方，也主要有4个文化圈，即吴越文化、楚湘文化、巴蜀文化、南粤文化，合纵连横，纷争不休，亦合亦分，异常激烈。

而这个历史时期的北京，处于农耕文化的边缘地带，经历了从方国燕都，发展到位列“战国七雄”之一燕国的都城，奠定了成为北中国政治中心的基础。

商周活动的中心区域，商主要在今河南，周主要在今陕西、甘肃（东部）。周先祖名弃，号后稷，《史记·周本纪》说：弃好耕农，种稼穑，被帝尧举为农师。商与周，两大文化进行碰撞与交汇。周武王会八百诸侯于河南孟津，讨伐殷纣王。牧野之战，殷兵大败。纣登鹿台，赴火而死。殷亡周兴，崛起于西北的周族，进入中原，确立统治。周朝初期，社会的权力与财产，既适度照顾先朝旧贵族的利益，更扩张了当朝新贵族的利益，通过分封，政治权力和物质财富，重新分配。

周武王获取对中原地区的统治权，“周虽旧邦，其命维新”——开仓济贫，释放囚犯，赏赉功臣，分封诸侯。如封姜太公于齐，封周公旦于鲁，封帝尧之后于蓟，封召公奭于燕等。从此，在自然生长的燕、蓟基础上，开始了方国燕的历史。

这个时期的北京地区，村落星罗，房舍棋布，农业、畜牧业和手工业都有相当的发展，文艺和科技也达到相当的水平，大量出土的金器饰品表明，人们想象力和审美力非常丰富。在手工制品中，首先是农器的制造，他们利用石、蚌、角、木等做原料，制造出如前所述的农业生产工具。再就是生活用器的制造。在日常生活用器中，主要器物为陶制品。他们制陶的方法较前人有所改进，陶器的种类较多，制工也较细。陶器里的炊煮器有鬲、甗、鼎等，盛贮器有罐、瓮等，食用器有碗、盆等。

这个千年时期，都城是多元的、多中心的。“春秋五霸”“战国七雄”，虽尊周王为共主，却“尊王攘夷”，齐都之临淄，秦都之咸阳，赵都之邯郸，燕都之蓟城，晋都之太原，楚都之郢，吴都之姑苏，越都之会稽等，各有都城，各有中心。出现多政治中心与多文化中心的局面。

从北京地区青铜文化的特征考察，它既同中原地域的殷商文化有区别，又同商朝北部的燕文化有联系，它属于商燕文化，也就是早期的燕文化。燕国青铜，显现初晖。

一　青铜文明

中国的文明史，在约公元前2070年，进入夏代。夏末商初，中国出现了青铜器。约公元前17世纪，商汤战胜夏桀，建立商朝。商朝的青铜器很发达，中国文化史迈入了青铜时代。这时北京地区青铜器的制造，也随之发展起来，出现了青铜文明。

商朝北京地区手工制品的精华是金器和青铜器。1977年，考古工作者在京郊平谷县刘家河村发现了一座商代中期的墓葬，出土了大量珍贵文物，包括金、铜、玉、陶4类。金器有金臂钏2件（共重173.5克）、金耳环1件（重6.8克）和金发笄1件；青铜礼器16件，有弦纹鼎、鬲、甗、爵、卣、斝、罍、瓿、盉等；铜兵器有铁刃铜钺等；玉器有斧、柄、璜等；以及陶器等。在一座墓葬中出土如此数量多、价值大的商代文物，不论在北京考古史上，还是在中国考古史上，都是一个重大的收获。这座墓葬的年代，有学者认为应属于商代早期；也有学者认为，其文化性质可能为肃慎、燕、亳或附近其他方国的遗存。

此外，在今房山区琉璃河夏家店下层文化墓葬中，出土了铜耳环、铜指环；在今昌平区雪山三期文化遗址中，还出土了铜耳环、金耳环等。

在刘家河夏家店下层文化墓葬中，出土的三羊铜罍、鸟柱铜盘、铁刃铜钺和金装饰品，都具有极高的历史与考古、文物与艺术的价值。

三羊铜罍　一件青铜酒器，因器物上雕饰着3个羊头而得名。它通高26.8厘米，口径19.9厘米，设计精巧，造型美观，工艺复杂，浑厚凝重。这尊三羊铜罍，口部圆滑，肩部凸起3个羊头，羊角盘旋，角尖翘起，双目下视，吻部微收，性情温顺，神态安详。腹部有饕餮纹，雕画清晰，十分生动。底部为圈足，铸饰图案，稳重大方。

三羊铜罍

鸟柱铜盘　一件青铜盥洗器，因铜盘上有两只铸饰水鸟而得名。它的盘体精薄，盘沿宽敞，下底高稳，内底凹圆，盘心刻画着龟纹图案。盘与匜是相配的盥洗水用具，用匜倒水，以盘承接。盘中盛水之后，有如龟潜鱼跃。盘上铸有两只装饰水鸟，相向伫立，欲浮欲飞，若听若啼，生动美丽。

鸟柱铜盘

铁刃铜钺　一件古代兵器，形状像斧。这件兵器是在铜质钺身前部，嵌铸铁质的钺刃。它残长8.4厘米，栏宽5厘米，内有1孔，孔径1厘米。铁刃铜钺至今全国只发现了三四件，出土商代铁刃铜钺只有两件，此为其一。这件稀见文物说明，北京地区从商代开始使用铁，至今已有3000多年的历史。

金装饰品　商代北京文化的两颗艺术明珠——金耳坠和金臂钏。它的主人头饰金笄，耳悬金坠，臂挂金钏，步移光摇，为其增添了艳丽的姿色，也为北京文化增添了绚丽的光华。

铁刃铜钺

到商末周初，北京地区逐步形成了燕国的都邑蓟城。

二　燕都蓟城

商朝末年（公元前11世纪），在今北京地区有蓟和燕等自然生长的方国。蓟国名称的来源，一说是其地产名叫蓟的多年生草本植物，因以蓟为名；另一说是因地在蓟丘而因地为名。蓟邻国燕名称的来源，也有多种说法，其中之一是说，它在氏族部落时，以燕为图腾，故而称燕；另一说是因地近燕山而得名。蓟和燕都臣服于商朝。

约公元前1046年，周武王率军打败殷纣王，殷朝灭亡。周灭殷后，大规模地分封诸侯，“封建亲戚，以蕃屏周”。《史记》记载，“周武王封召公奭于燕”，又“封帝尧之后于蓟”。《史记·周本纪》“正义”记载：“蓟微燕盛，乃并蓟居之，蓟名遂绝焉。”就是说后来燕盛蓟衰，燕并蓟，二归一。

燕国的始封人是召公奭。召公奭，姬姓，为周王室的贵族，因其始食采邑于召，谓之召公。《史记·燕召公世家》记载：“召公奭与周同姓，姓姬氏。周武王之灭纣，封召公于北燕。”北燕，就是燕。《史记·周本纪》也载：周武王灭殷后大行“封建亲戚，以蕃屏周”的国策。随之“封召公奭于燕”。可见召公奭是周王的同姓贵族。也有书籍记载说他是文王的庶子，为武王的异母兄弟。燕曾建都于蓟（今北京市）。

西周时燕国的都城，坐落在今北京房山区琉璃河遗址中的董家林村地带。1962年，北京市文物考古专家在今房山区琉璃河地带进行考古调查时，发现该地区商周时期遗址。当时这里尚存在一米多高的城址遗迹。后平整土地，已荡然无存。从20世纪70年代开始，在这处遗址进行多次考古发掘。1976年和1984年等，文物考古专家在今北京房山区琉璃河地带，发现了大面积的燕国文化遗址。此为20世纪中国重大考古发掘收获之一。北京琉璃河燕国遗址的发现和遗迹，价值重大，意义多元。

其一，燕国古城址。都城的一个重要标志，是用城垣和壕沟围起来以加强防御。这座古城遗址，呈长方形，东西长830米，南北长约700米，城的墙基宽约8米，墙厚约4米，用土夯筑而成。城内有宫殿区建筑基础的痕迹，还发现水井遗存。城垣外有2米多深的护城沟池环绕，颇具规模，布局有序。这是已知北京史上最早的城邑。

其二，燕国古墓地。琉璃河的黄土坡墓地，在董家林古城东南约800米处黄土台地上，约有6万平方米。到1986年末，已发掘8900平方米，清理出西周时期墓葬300余座，车马坑30座。在墓地两区共发掘61座墓葬，发现8座墓葬和一座车马坑有人殉现象，共殉12人。属于西周早期墓葬共有34座，车马坑1座。在ⅡM202CH车马坑内，共埋42匹马。[①]如在黄土坡墓地的墓葬和车马坑中出土各类文物数千件。黄土坡第253号墓出土青铜器23件，其中的堇鼎，铭文达26字；第251号墓出土青铜器23件，其中的伯矩鬲，铭文有15字，就是其代表。

墓中不仅出土了大量的青铜礼器，而且再现了当时社会情景、生活状态、宗教观和伦理观。以葬器来说，贵族墓中重要礼器放在头前，其他器物置于身侧，生前佩戴的玉饰摆在项下，作为钱币的贝壳捧在手上。棺椁下面葬着生前爱犬，继续陪伴着死去的主人。还附葬着车、马、驭、仆。驭，为驾驶马车的御手；仆，为侍候主人的奴仆。第53号墓前，附葬着1辆车、6匹马、2只犬，还有1名青年奴隶被埋在马车的后面。这个青年的双手只有掌骨，而没有指骨，可见他生前受到了多么残酷的刑罚。据《周礼·司刑》记载，周朝成文的刑律，分为五刑：墨（额上刺青）、劓（割鼻）、剕（砍脚）、宫（割掉男子生殖器）、大辟（斩首）。相传五刑的律文共有3000条，刑律烦苛，法网严密。

其三，燕国古文物。这里出土的器物中，青铜器堇鼎、攸簋、伯矩鬲和原始青釉瓷罐，历史价值极高，实为稀世

① 苏天钧主编：《北京考古集成》，第11册，北京出版社2000年版，第7~17页。

珍品。

堇鼎 通高62厘米，口径48厘米，重41.5公斤。其内壁铸有铭文4行25字：“匽侯命堇馔大保于宗周。庚申，大保赏堇贝。用作大子癸宝隫䵼。”铭文的大意是说，燕侯派名叫堇的大臣，到宗周（今西安），向大保（召公奭）奉献食物，并受到赏赐，堇因铸鼎，以纪荣宠。铭文中的大保，是封于燕的召公奭。他受封于燕又不在燕，而以大保的身份供职于京师宗周（今西安），以长子就封于燕而为燕侯。堇鼎铭文与历史文献，相互印证，有力证明：周初燕侯的封地就在今北京。此外，大墓中出土的青铜盉盖，上面的铭文也记载周王分封燕王的史实。

伯矩鬲 燕国贵族伯矩受燕侯赏赐而制作的青铜鬲，所以叫作伯矩鬲。鬲，为煮食物的炊器，在这里已经成为礼器。有盖，直耳，束颈，袋足，盖顶正中以两个牛头相背组成盖纽。颈部以6条扉棱隔作6段，每段铸刻一条夔龙。鬲的3条袋足均铸成牛头形，牛角翘起，格外生动。全鬲花纹以7个牛头组成，工艺精美，铸造精湛。盖面花纹以双牛相背的浮雕牛头组成，牛角翘起，雄健生动。铸造精美，造型别致，浮雕精细，纹饰凝重。盖内和器口沿内都铸有铭文。盖内4行15字，颈内壁5行15字，记叙了伯矩受到燕侯赏赐的鬲。它通体满饰牛头纹浮雕，其足、腹、盖亦均以牛头为纹饰，故又称牛头鬲。

攸簋 燕国贵族攸受燕侯赏赐而制作的青铜攸簋，所以叫作攸簋。簋，为盛黍（黏米）、稷（小米）、稻（稻米）、粱（高粱米）等的食器。攸簋，两象形耳，圆口，鼓腹，有盖，三足，均为虎形足，呈半球形，盖顶有圆形把手。器身铸有复杂纹饰。攸簋的盖内壁和器底都有铭文。

复尊 尊是一种礼器，用以盛酒，形状多样，有圆有方，也有象形，如仿羊形的殷双羊尊、仿鸮（俗称猫头鹰）的妇好鸮尊等，广口，长腹，圈足或方足。复尊器底铸有3行铭文，其中“匽侯赏复，冂衣、臣妾、贝”中的“冂”，有文释作“冤”，而称“冤衣”。[①]也就是说，复受到燕侯赏赐，外衣、臣仆、姬妾、贝币，并制宝尊纪念。

原始青釉瓷罐 此为原始青瓷罐，圆口，圈足，大腹，有双耳（系绳用）。它造型端庄，胎质坚硬，青釉发亮，光泽纯净。这类器物是由陶器向瓷器发展的阶段性产物，所以称作原始青釉瓷器。

除青铜器外，尚有兵器铜剑、铜戈、铜矛、铜刀等，玉璧、玉琮、玉饰，玛瑙、绿松石、水晶珠、象牙梳等。

其四，重要的结论。北京琉璃河西周考古发现的重大意义与重要价值在于：

一、其断代，应属于西周初期，这同文献记载基本相符。

二、其性质，这座古城应属于西周初燕国的封地，为燕国的都城，是燕国的政治中心和文化中心。

三、其意义，以历史实物证明，《史记·燕召公世家》

---

① 此字，《北京考古四十年》第45页，北京燕山出版社，1990年。有先生写作“冤”。冤，《说文解字》作：“冤，屈也。从兔，从冂，兔在冂下，不得走，益曲折也。”冤，即冤屈。故“冤衣”，不可解。且查先秦古籍没有“冤衣”一词。复尊铭文拓片作“冂”，此字《说文解字》：“冂，邑外谓之郊，郊外谓之野，野外谓之林，林外谓之冂。”故“冂”似可作“外”字解。由是“冂衣”或可作“外衣”解。姑且存之。

中“周武王之灭纣，封召公于北燕”的记载是信史。

四、燕国都城文化，在西周初期，已经具有相当高的文化与艺术水平。

燕国到昭王初，国力衰弱，屡受欺辱。燕昭王发奋图强，施行大政，从招贤纳士着手，以再现富国强兵。

三　金台求贤

周朝，历史上分为西周和东周。

东周，又分作春秋和战国两个时期。春秋也好，战国也罢，既是社会经济大发展的时期，也是社会文化大融合的时期。这段历史时期的一个特点是：战争频繁，兵戈不息，强凌弱，众暴寡，各国局势动荡不安。司马迁说：“春秋之中，弑君三十六，亡国五十二，诸侯奔走不得保其社稷者不可胜数。”[①]征战结果，出现五霸。春秋五霸——齐桓公、晋文公、楚庄王、吴王阖闾、越王勾践（还说有宋襄公、秦穆公），各国之间，今日方为盟友，明日则为敌国。这就是《孟子·尽心下》所说的“春秋无义战”。战国七雄——齐、魏、赵、韩、楚、燕、秦，或合纵，或连横，“七雄虓阚，龙战虎争”[②]，强者争霸称雄，弱者图存自保。春秋五霸，战国七雄，智者各立门派，出现百家争鸣，诸子雄杰，人才辈出。其立国自存，其图强争霸，关键所系，在于人才。燕国的历史，是一个明证。

---

① 《史记·太史公自序》。

② 《汉书·叙传上》卷一百上。

春秋战国时期，燕国比较弱小。齐国军队攻入燕都，杀死燕王哙和相国子之，并把都城财宝掳掠一空。齐兵退走后，燕昭王即位，为图雪耻，奋发图强，求贤若渴，以冀复兴。为政之道，要在得人。如何得人？《史记·燕召公世家》中有一段燕昭王同郭隗的对话：

燕昭王："齐因孤之国乱而袭破燕，孤极知燕小力少，不足以报。然诚得贤士以共国，以雪先王之耻，孤之愿也。先生视可得者，得身试之。"

郭隗曰："王必欲致士，先从郭隗始。况贤于隗者，岂远千里哉！"

于是，燕昭王应允，从郭隗开始，为他大筑宫室，并以师敬事之。这正如后来唐人王维所说："用不才之士，才臣不来；赏无功之人，功臣不劝。"[①]燕昭王树立郭隗为榜样，天下贤士，纷纷奔燕："乐毅自魏往，邹衍自齐往，剧辛自赵往，士争趋燕。"[②]燕昭公以身作则，吊死抚恤问寡孤，与百姓同甘共苦，以图燕富国强兵。

历史相传：燕昭王建筑高台，上面放置黄金，史称黄金台，以延揽天下英才，图燕国重新复兴。至今北京朝阳区有个地名叫"金台路"，或是这段历史与传说的影子。燕昭王实施纳贤政策后，一时各国著名人物如乐毅等都来到燕国，燕国很快强盛起来。燕昭王二十八年（前284年），以乐毅为上将军，总领燕、楚、赵、韩、魏五国军队攻齐，大败齐军。乐毅又率燕军攻占齐都临淄，齐湣王走死，后下齐70余城。

---

① 《责躬荐弟表》。

② 《史记·燕召公世家》卷三十四。

乐毅将齐国的钟鼎宝器，全部运至燕国，陈列在王宫中。这如《战国策·燕策》所载："珠玉财宝，车甲珍器，尽收入燕。大吕陈于元英，故鼎反于历室，齐器设于宁台。蓟丘之植，植于汶皇。"燕为加强防御，在疆域南部，修燕南长城；又在疆域北部，筑燕北长城。招贤任贤使燕国迅速强盛。

燕国在同诸侯国的交往中，经济、文化得到发展。《史记·货殖列传》记载："夫燕亦勃、碣之间一都会也。南通齐、赵，东北边胡。……"蓟城、临淄、邯郸、咸阳、洛阳、江陵等都是当时著名的都会。燕国出土的货币——燕刀币，装备——铜盔，建筑材料——饕餮纹半瓦当、黼黻纹筒瓦等，则是燕国经济发展、文化发达的实物例证。其中，饕餮纹半瓦当与黼黻纹筒瓦，其构思之巧妙、工艺之细腻、花纹之鲜丽、烧造之技艺，两千多年后的今人，在亲睹之后，仍为之惊叹！

四　燕赵悲歌

诗云："济济多士，文王以宁。"[①]汉朝王褒向宣帝进《圣主得贤臣颂》，洋洋洒洒781字，说的就是这个道理。清康熙帝喜欢这段文字，敕制笔筒，放置御案。5000年历史，反复地证明：贤聚国兴，贤散国衰。清初大学士范文程也有句名言："治天下在得民心，士为秀民，士心得，则民心得矣。"[②]同理，失天下在失民心，士为秀民，士心失，则天下失

① 《诗经·大雅·文王之什》。

② 《清史列传·范文程》卷五。

矣。这说明举贤、礼贤、信贤、用贤确为国盛国衰之所系。

燕昭王得贤，燕国兴盛；燕惠王失贤，燕国衰败。燕昭王任贤国兴五年后去世，子惠王继立。燕惠王忌贤能、疑乐毅，又中齐国反间计，使骑劫取代乐毅为将。乐毅恐回国被杀，便降归赵国。齐王见燕惠王易帅，举兵反击，大败骑劫，转战逐燕，夺回被燕军占领的城池，返回都城临淄。从此，燕国一蹶不振，逐渐衰落，终至败亡。

燕国覆亡，悲歌慨慷。语云："燕赵多慷慨悲歌之士。"这个典故当出自荆轲刺秦王的故事。这个故事，《史记·荆轲列传》中有记载。

后秦王大怒，发大军攻燕。秦国派大将王翦领兵攻燕，于秦王政二十一年（前226年），破太子丹军，夺取燕蓟城。后燕王喜、太子丹等率残军走辽东。秦军穷追不舍。后秦灭燕，虏燕王喜，并得太子丹之首。[①]

燕国，自周封召公奭于燕，与六国并立，被列为"战国七雄"之一，传三十六世而亡。燕亡，蓟城作为燕国都邑的历史随之结束。

燕国虽亡，但燕蓟城西北部居民状况如何呢？1986年，考古学家在延庆古城村一带，发现大片山戎文化遗址——发掘了10500平方米，出土文物3000余件。还发现部落首领的墓葬，竖穴、土坑、单人葬，墓主用木椁，陪葬有殉犬，还有牛、羊、马等。其装饰品有金虎牌饰。

在《史记·燕召公世家》最后，太史公司马迁总结这段历史时说："燕外迫蛮貉，内错齐晋，崎岖强国之间，最

① 《史记·燕召公世家》卷三十四。

为弱小，几灭者数矣。然社稷血食者八九百岁，于姬姓独后亡，岂非召公之烈耶！”司马迁的这个总结，虽很精辟，却不全面。因为除“召公之烈”，还有其他因素。

其一，燕国重视人才。燕国历史上，凡是重视人才的时候，国家就比较强盛；相反则比较衰弱。一个突出的例证是，燕昭王任贤，燕国转败为胜、化弱为强；燕惠王妒贤，燕国由盛而衰，转强为弱，后来竟至灭亡。这个历史经验，值得后人借鉴。

其二，蓟城经济发达。南通齐、赵，东北边胡，北邻乌桓、夫余，东近秽貉、朝鲜，有鱼盐枣栗之饶。《汉书》记载：燕都蓟城为“勃、碣之间一都会也”[①]。“勃”为渤海，“碣”为碣石，是渤海与碣石之间的一个著名都会。

其三，燕国舆地特殊。燕国地处中原的北缘，不是秦国的主攻对象。秦依次吞灭的国家是：韩（前230年）、魏（前225年）、楚（前223年）、赵（前222年）、燕（前222年）、齐（前221年）。韩、魏、楚、赵都在中原，先被秦灭掉；齐离秦最远，最后被秦灭掉；燕之被吞并则在中原四雄之后，而在东方齐国之前。秦统一六国，正如《汉书》所说：“是以六合之内，莫不同原共流。”[②]就是说，秦统一六国，华夏中原文化完成了第一次大统合，也就是中原农耕文化的第一次大统合。这是中华文明史上的一座里程碑，也是北京文化史上的一座里程碑。

其四，燕国北邻北戎、东胡、蛮貊、匈奴、肃慎等部，

---

① 《汉书·地理志》卷二十八下。

② 《汉书·叙传上》卷一百上。

成为中原农耕文化与东北森林文化、西北草原文化的接合点，其战略、经济、文化、交通之地位，随着中原地区的统一，而日益凸显重要。

其五，燕国由中原北部边缘一个小诸侯方国，经过周朝800年的历程，逐渐发展成战国的七雄之一，“七分天下”，燕有其一。

其六，以蓟为都，天时地利，这是燕国在姬姓中最后亡的一个重要原因。因此，慎重选都，科学选都，这是国家兴亡的一个重要因素。尔后，蓟城就成为中原帝国的北方重镇，开始了向北中国政治中心的历史过渡。

燕国历史结束，秦朝统一六国，北京历史文化进入了第二个千年历史的变局。

第三章　第二个千年变局

北京文化发展的第二个千年，即公元第一个千年，大致在秦至唐时期（公元前221—916年）。这个时期北京文化发展的主要脉络是，由北方重镇，经三燕建都，到辽代南京；主要特点是，中原农耕文化同西北草原文化屡次冲突与密切交融。

在这个千年间，一方面中原农耕文化继续融合、发展，其结果是，秦始皇统一六国，中原核心地区的农耕文化基本统一，出现“车同轨、书同文”的文化局面。秦始皇统一六国后，初设三十六郡，蓟城为广阳郡的治所。

秦祚短命，被汉替代。汉继秦后，重新统一，中原农耕文化融合为一个统一的民族实体。汉人自称“汉”，汉族称谓当从汉朝起始。

另一方面，中原农耕文化与西北草原文化大交融，即大碰撞交战与大融汇融合。西汉刘邦在平城（今山西大同）被匈奴军队围困，汉武帝派卫青、霍去病率军远征匈奴，唐太宗征战突厥，都表明中原农耕文化与西北草原文化的冲突与交融。这个千年之间，中国都城在不断变动，其特点主要是东西摆动——秦在咸阳，西汉在长安（今西安），东汉在洛阳，唐都长安（今西安）。此期，中国一统政权的都城，基本上是在黄河中游到渭河下游之间，也就是在北纬34°～35°的东西一线摆动。而中国一统政权的政治中心、文化中心，主要是在长安（今西安）。

这个历史时期的北京，以“燕”为名号的慕容儁、安禄山、刘守光等，先后3次以蓟城作为都城。蓟城开始向北中国政治中心过渡。

一　草原文化地图

北京历史文化在第二个千年的演进，有内外双重因素：内部，沿着自己的轨道行进；外部，受到草原文化的重大影响。

北京的西北、正北部和东北部——长城以外西北地区，主要是草原文化地区。草原文化的地理范围，面积广阔，非常巨大。从总体来看，大体上东临大兴安岭，西到巴尔喀什湖，南到长城一线，北近贝加尔湖。草原文化的特点如《汉书·匈奴传》记载：逐水草迁徙，随畜牧转移，无城郭，牧马牛，食畜肉，衣皮革，长弓矢，习弯射。当然，草原文化中也有森林、农耕、捕鱼、采集等，但就其主体而言，属于草原文化形态。

在明清盛时，草原文化范围主要地域包括：漠南蒙古、漠北蒙古、厄鲁特蒙古、布里亚特蒙古，其总面积有300多万平方公里。[①]在这个地域中间有大戈壁，荒漠无垠，不长庄稼，也无水草。这个大漠成为蒙古一道天然界线。在这里生息、繁衍、游牧的族群，其主要的部分为秦汉的匈奴、南北朝的鲜卑、隋唐的突厥，以及后来的蒙古等。

蒙古草原文化的语言，主要属于阿尔泰语系蒙古语族。

---

① 参见阎崇年著：《森林帝国》，生活·读书·新知三联书店2018年版。

阿尔泰语系主要分为3个语族——突厥语族、蒙古语族和满—通古斯语族。突厥语族主要包括维吾尔语、哈萨克语、吉尔吉斯语、乌兹别克语等；蒙古语族主要包括蒙古语、达斡尔语、鄂温克语、东裕固语等；满—通古斯语族主要包括满语、锡伯语、鄂伦春语、赫哲语等。本节主要涉及阿尔泰语系的蒙古语族，突厥语族和满—通古斯语族后文将叙及。

草原文化早从商周时期即逐渐影响中原农耕文化。战国七雄——齐、魏、赵、韩、楚、燕、秦，其中有赵、燕、秦三国邻近匈奴。秦统一六国后，连接长城，蜿蜒万里。秦始皇派蒙恬率兵30万，戍守北边，防御匈奴。[①]汉初，匈奴大首领冒顿，有控弦之士30万，攻太原，至晋阳。匈奴40万骑，围汉高祖刘邦于白登。刘邦派人重金贿赂冒顿阏氏，得以解脱。后用刘敬计，与匈奴和亲。到汉武帝时，派大将卫青、霍去病等率军进攻匈奴。两汉时期，匈奴军队，时攻时退，时急时缓，或战或和，或附或叛，匈奴对农耕地区的犯扰，是骚扰两汉农民的一大灾难，也是困扰两汉君主的一大难题。

上述蒙古草原文化面积大约300万平方公里，前述中原农耕文化核心地区面积大约也是300多万平方公里，农耕文化与草原文化合起来，概数约为600万平方公里，相当于今国土960多万平方公里的2/3。这里说的是明清盛时的版图范围，两汉、盛唐时期的中国版图，大致可作参照。

此期，北京作为中国北方的重镇，路县故城是蓟燕地区一个重要的文化要点。

---

① 《史记·蒙恬列传》卷八十八。

二　通州路县故城

北京在第二个千年的历史演进中，处于逐渐上升、日显重要的地位。前已言及，北京在中原农耕文化、西北草原文化和东北森林文化中的地位，相当于“丫”字形三画中间的连接点与枢纽点。

秦始皇在二十六年（前221年）统一六国之后，废除分封诸侯制度，实行郡县制度，就是在中央政府下设立郡和县两级地方行政单位，郡守和县令由皇帝直接任免。全国分设36郡，蓟城是广阳郡的治所，为秦帝国的东北方重镇。

秦始皇为强化帝国统治，毁城郭、治驰道、筑长城、巡燕蓟。

其毁城郭：毁坏六国的城郭宫殿，仿绘其宫室，在咸阳复建，以所获诸侯国美女、钟鼓充之。咸阳200里内，宫观270余座，藏娇万余人。燕都蓟城的城郭当于此时被毁，宫中美女、珍宝也被掳掠至咸阳。

其治驰道：秦修筑以都城咸阳为中心而通向全国各地的大道。秦以驰道做纽带，既将蓟城同咸阳相联结，又通过蓟城同“三北”——西北、朔北和东北地区相联结，蓟城则处于居庸关、古北口、山海关3条重要通道关隘与中原地区的交会点，因而蓟城作为秦北郡重镇的地位更加重要。

其筑长城：《史记·蒙恬列传》记载，“起临洮，至辽东，延袤万余里”。将战国时秦、赵、燕等地的长城连接起来。这条举世闻名的万里长城，是人类一项伟大的文化工程。相传孟姜女哭倒长城的故事，就发生在今北京市密云区古北口（一说在山海关）地带。

其巡燕蓟：秦始皇曾巡守山海关外的碣石（今河北省秦皇岛碣石宫地方）。《史记·秦始皇本纪》记载：秦始皇三十二年（前215年），“始皇之碣石，使燕人卢生求羡门、高誓。刻碣石门”[①]。秦始皇到过燕地，咸阳往蓟城的驰道畅通。

秦祚短暂，汉兴秦亡。刘邦于汉高祖五年（前202年）称帝，建立汉朝，因其都城长安（今西安）位置偏西，史称西汉。西汉实行郡、国并存的制度，燕地或为国（燕国），或为郡（广阳郡），其治所都在蓟城。[②]在西汉时期，蓟城的战略地位较前更为显著。

西汉初年，在今北京市通州区东八里之潞城镇古城村，设置路县。县名“路”，取陆路、水路交通方便之意。路县时隶属于渔阳郡。王莽改县名曰通路亭。[③]这表明该地交通四达，为行路者中间停歇之地。东汉光武建武元年（25年），改路县为潞县，因临潞水而得名，仍为渔阳郡治。史书记载：“潞，县名，属渔阳郡，今幽州县也。有潞水，因以为名。”[④]显然，这时潞县已成为该地区水陆交通的重要节点，并已成为长安通向华北、东北的交通重要节点。

路县和潞城，其城、其民的具体情况，文献记载缺乏，

---

① 《史记·秦始皇本纪》卷六。

② 《汉书·地理志》记载：“高帝燕国，昭帝元凤元年为广阳郡，宣帝本始元年更为国。”

③ 《汉书·地理志八下》卷二十八下。

④ 《后汉书·光武帝纪》卷一注十。

后人知之甚微。2016—2018年，在今北京市通州区潞城镇古城村，北京市文物研究所的专家在这一地区，进行了空前规模的考古发掘，发现一座古城址，遗迹诸多，收获颇丰。路县故城是通州地区唯一的西汉故城遗址，分为城墙基址、城内遗存、护城河和城外遗存4部分。2016年2—9月，通州区潞城镇遗址共发掘出战国到清代的墓葬1092座，将通州的历史从隋唐大运河时期，提前到了2000多年前的西汉。2017年4月12日，被评为2016年度全国十大考古新发现之一。

城墙基址，保存较好。故城遗址整体平面近似方形，经过考古实测，其北城墙基址长606米，东城墙基址长589米，南城墙基址长575米，西城墙基址长555米，城周长2325米，城总面积约35万平方米。城内还发现了一条南北向辽金时期的路面遗存，一条明清时期的路面遗存，还有一条南城墙墙基外侧约11～13米宽护城河道遗存，河道与城墙基址走向基本平行，宽度约30～50米。

城墙夯筑，遗迹明显。城墙残存高2.5米，下宽上窄，底部宽约18米，顶部残存宽度13～15米。南城墙西段夯层清晰，夯层厚0.1～0.2米。

在城墙外，25～30米处，探明了城壕，其走向与城墙大体一致，宽度约30米。

在南城墙外东部，进行了考古发掘，清理出城壕、沟渠、道路、灶址、灰坑等。

2017年7—12月，在路县故城城址外的西南部进行了考古发掘，面积16000平方米，有汉代房址30座，道路13条，陶窑2座、灰坑886座，沟56条，瓮棺36座，汉代至清代水井112口，北朝时期墓葬4座，辽金时期墓葬12座。其核心遗迹是房址、水井、道路、窑址和墓葬等。

房址 考古发现房屋遗址，房址多为半地穴式，面积不大，其平面多为长方形、方形或圆形，在角隅地方有灶。部分房址有明显的门道、柱洞等。其中部分房址内出土了大量的碳化植物种子，经检验分析，大多为大麻，也有少量小米。这些房屋遗址，考古学家认为：当时可能既是人们居所，也或为提炼植物油脂等作坊，抑或是存储器物库房。

水井 考古发现西汉时期的水井，数量众多，类型多样，分布密集，遗迹清晰，其形状有方形和圆形。其井壁有土、木、砖、瓦片等。还发现多数井中有陶罐，可能是存留的汲水器具。这么多的水井，除了供应人们日常生活用水外，还可能为了满足手工生产需求。

道路 主要道路有4条，即南北走向的两条，东西走向的两条。道路的宽度为3～5米。道路的功能、分割与联系，道路的位置、宽度与走向，与遗迹相吻合。这些道路应用于城内与城外、县城与属郡、地方与中央，以及村屯与县城的往来交通之需。

瓮棺 考古发现的瓮棺，位于道路的两侧，葬具以红陶釜为主，也有少量的板瓦。

器物 出土的汉代器物主要有陶器、铜器、铁器、骨器、石器、木器等。其器物分类有日常生活器皿、农业和手工业工具、兵器、建筑构件等，还出土了燕国明化钱。[①]

上述考古资料显现，路城和潞城的故城遗址表明：其

---

① 本节资料承蒙北京市文物局于平副局长支持、文物考古专家孙勐先生提供资料。笔者也去现场实地考察。

一，时间断代主要在两汉时期；其二，作为县治的历史地位和功能相吻合；其三，是县和郡重要交通要道和交通枢纽；其四，丰富了人们对县城政治、经济、文化、生活、交通等实际状况的了解和认知；其五，填补了文献记载不详的历史空白；其六，为尔后蓟城发展成为北方军事重镇奠定了基础；其七，出土大量珍贵的历史文物，丰富了文物宝藏；其八，为通州后来在元、明、清成为京杭大运河京东咽喉和成为当代北京城市副中心提供了历史的文脉。所以，通州汉代路县故城遗址考古发现，具有特殊重要的历史价值和文化价值。

三　北方军事重镇

蓟城在秦汉至西晋时期，逐渐发展为统一中原王朝的北方重镇。此地，秦称广阳郡；楚汉之际，分广阳为二国：燕王臧荼都蓟，辽东王韩广都无终。[①]

西汉时，郡国并行。燕地，或设国（如燕国、广阳国），或设郡（如广阳郡）。其治所都在蓟城。

汉高帝元年（前206年）八月，臧荼杀韩广，并其地。五年（前202年），臧荼反，高帝亲征，九月虏臧荼，封太尉卢绾为燕王。十一年（前196年），卢绾反，失败后逃入匈奴。十二年（前195年）二月，封高帝子刘建为燕灵王。[②]

汉武帝刘彻（前156—前87年），封他的儿子刘旦为燕

① 《史记·项羽本纪》卷七。

② 《汉书·诸侯王表》卷十四。此后，续封刘氏帝胤为燕王。

王。刘旦在蓟城大兴土木、广造宫殿，城中的万载宫和明光殿，气势轩昂，高敞宏丽。汉武帝虽雄才大略，但晚年顾倾声色，厌恶刘旦。武帝死后，年8岁的少子弗陵嗣立，其兄燕王旦等不服，争夺帝位，谋反事败。燕王旦便引绶自缢，夫人等随旦自杀者20余人。他的儿子刘建被免死，废为庶人；后被立为广阳顷王，王宫仍在蓟城。

燕王宫殿虽不可考，燕王陵墓却被发掘。1974年8—10月，在今丰台区郭公庄地带，离市中心约15公里的大葆台，发掘出1号汉墓；1975年3—6月，又发掘出2号汉墓。两墓相距26.5米，墓室东西并列，封土连成一片。1号汉墓是一座大型土坑竖穴木椁椁墓，2号汉墓与它形制略同，当是燕王与王后合葬之墓。经考古发掘，大葆台1号汉墓，南北长23.2米，东西宽18米，深4.7米，底面积417.6平方米，由封土、墓道、墓室——甬道、外回廊、黄肠题凑、前室、内回廊、便房、梓宫、前堂和后室等部分组成。墓道内有随葬彩漆绚丽的朱班轮车3辆、马11匹，这或许是墓主入葬时使用的车马。2号汉墓形制大体相似，但形制略小。两墓顶上堆积了十几米高的封土。

1号汉墓的核心是墓室。其棺椁分作5层，为二棺三椁，放置在后室的棺床正中之处。这正合礼制“天子棺椁十重，诸侯五重、大夫三重、士再重”[①]之制。

上文述及的黄肠题凑，是汉代墓葬的一种形制、丧仪。《后汉书》记载：“治黄肠题凑便房如礼。”[②]《汉书音义》

① 《荀子·礼论》卷十三。

② 《后汉书·礼仪志下》志卷六。

解释说："题，头也；凑，以头向内，所以为固也；便房，藏中便坐也。"《汉书·霍光传》载述：霍光死，特赐"黄肠题凑"。颜师古注引苏林曰："以柏木黄心致垒棺外，故曰黄肠，木头皆内向，故曰题凑。"后人只见文献记载，未睹地下实物。大葆台1号汉墓发掘后，人们看到实物：便房的外壁是用柏木围成，柏木的头向内，以便坚固。

大葆台两座汉墓，出土文物颇丰。

其一，于陶器类，有黑衣陶器、陶鼎、陶罐、陶钫、陶瓮、陶盆、陶壶、陶盘、陶甑、陶俑等。

其二，于铜器类，1号墓出土19件，2号墓出土57件，有鎏金龙头枕、鎏金铜铺首、鎏金铜扣、鎏金小豹、铜镦、铜钩、八棱铜兵器等。这件八棱铜兵器，为铁心外包铜、两端银头，器体为错菱形银纹和红铜云纹，设计精巧，工艺精细，为一件文物珍品。还有镞、镜、铜马腿、铜环等。

其三，于铁器类，1号墓出土37件，有铁箭头、铁笄、铁扒钉、铁凿、铁臿、铁镢、铁箭杆、铁削、铁圈、铁戟、铁簪等。

其四，于丝织类，1号墓出土12件刺绣品和细绢、漆纱冠、丝织带等，其中绛紫地绣绢、漆纱、组带等，薄细如纸，平滑如镜。

其五，于漆器类，1号墓出土漆木器及其镶嵌物172件，多为楠木胎，还有夹纻胎，漆床、漆盒、漆弓，特别是镶嵌白玛瑙、红玛瑙珠、红琥珀珠、黄玛瑙，工艺精美，美丽大方。

其六，于玉器类，1号墓出土46件，2号墓出土31件，合计77件，内有玉璧、玉璜、玉条、玉匣，其玉饰件有不同形状，如龟形玉饰件、螭虎玉饰件、瓶形玉饰件、鱼形玉饰件、圆形玉饰件、菱形玉饰件、三角形玉饰件、半弧形玉饰件、鸡形玉饰件、椭圆形玉饰件、半环形玉饰件、方形玉饰件等。

其七，于珠宝类，1号墓出土17件，有玳瑁饰件等。

其八，朱轮华毂车，1号墓殉葬3辆车和13匹马，为木质单辕双轮车。殉葬马摆放杂乱，可能为杀后摆放的。马车装饰华丽，饰件美观，灵巧舒适，车厢精丽，伞盖美观，技术纤巧。2号墓殉葬品因被盗，殉葬车马已无存，仅存一些车马残迹，据考古工作者估计，有3辆车和10匹马。[①]

此外，1号墓出土钱币300余枚，以及小米等食品。2号墓出土钱币约60公斤等。

两墓虽曾被盗，但仍出土了陶器、铜器、铁器、玉器、漆器、丝织品等400余件。其中鎏金铜铺首、错金银兵器、鎏金嵌玉龙头枕、象牙棋子、铸字铁斧、螭虎玉佩、凤纹玉觿和挥袖起舞的玉舞人等，都是难得的文物珍品。[②]

汉初，蓟城地区出现了北京史上第一个大学者韩婴。

韩婴 燕人，汉文帝时为博士，汉景帝时官常山王太傅，主要传授和研究《诗经》，撰著《韩诗外传》《韩故》《韩说》等书。在西汉，秦火之后，经学大家，多在齐鲁。燕人韩婴，为时翘楚。其时燕赵地区言《诗》的学者，都是韩婴的学生。他的《韩诗外传》流传至今，很有影响。他还

---

① 宋大川主编：《北京考古史》，上海古籍出版社2012年版。

② 《中国田野考古报告集·考古学专刊》丁种第三十五号《北京大葆台汉墓》，文物出版社。

研究《易》学，也颇有成绩。汉武帝时，韩婴和董仲舒在御前论学，史载韩婴："其人精悍，处事分明，仲舒不能难也。"[1]就连大儒董仲舒也不能诘难韩婴这位博学鸿儒。他重视家学，其孙子后来也为博士，并影响燕地几代学人。他的学术地位，有董（仲舒）韩（婴）并称之誉。[2]

光武帝刘秀于建武元年（25年），重新建立汉政权，登极称帝，定都洛阳，因其位置偏东，史称东汉。东汉时期，郡国并行，分合常变，到孝顺帝，"凡郡、国百五"，其广阳郡治蓟城。[3]

东汉时期，蓟城地区，社会状况有动荡也有安定，民族关系有争局也有融合。东汉初年，中国境内的匈奴，分裂为南匈奴和北匈奴两部。南匈奴迁到河套和今陕西、山西、北京北部一带，北匈奴仍游牧在蒙古高原。南匈奴贵族经常带领骑兵向南犯扰。蓟城屡罹战乱，闹粮荒，人相食。后光武政权稳固，蓟城地区社会逐渐安定。有两个著名太守——郭伋与张堪，为蓟城地区社会安定与经济发展做出了贡献。

郭伋　渔阳太守，任内主要做了两件事情：一是安定社会秩序，另一是抵御匈奴南犯。匈奴"数掠郡边，边境苦之"，伋"整勒士马，设攻守之略"，匈奴畏惮远去，民得安居乐业。郭伋在职5年，渔阳户口倍增，有业绩，民颂之。郭伋调职，路过京师，皇帝引见，他建言："当简天下俊贤，不宜专用南阳人。"史称"帝纳之"。郭伋官声甚

---

① 《汉书·韩婴传》卷八十八。

② 《汉书·夏侯始昌传》卷七十五。

③ 《后汉书·郡国志五》卷二十三。

好，“所到县邑，老幼相携，逢迎道路”。郭伋退休后，朝廷赐其“帷帐钱谷，以充其家，伋辄散与宗亲九族，无所遗余”[1]。

张堪 渔阳太守，主要政绩是：整顿治安，安定郡境。曾有万余匈奴骑兵攻入渔阳郡。张堪率数千骑兵，大破匈奴劲骑，郡境得以安宁。他教民利用沽水（今白河）和鲍丘水（今潮河）灌溉农田，并在狐奴（今顺义）开辟稻田8000余顷，劝民耕种，以致殷富。百姓作歌谣赞颂他，说：“桑无附枝，麦穗两岐；张君为政，乐不可支。”张堪为官清廉，其前官蜀公孙述：“珍宝山积，卷握之物，足富十世；而堪去职之日，乘折辕车，布被囊而已。”[2]后来修建张堪庙，以纪念其功绩。

三国时期，蓟城属魏。

刘靖 曹魏时期北京史上一位重要人物。在三国时期，广阳郡属于魏国，蓟城是魏国北部的军事重镇。这时的蓟城，既是魏武挥鞭、东临碣石的进军基地，又是曹魏兴兵、进图江南的后方粮仓。曹操凿通自滹沱河北连潞水的平虏渠，南收江淮的米谷，北运幽州，以资军需。魏又在蓟城地区行屯田，兴水利。驻守广阳的镇北将军刘靖，在梁山（今石景山附近）戾陵旁的㶟水上，修拦河坝，名戾陵堰。又开凿车箱渠，把㶟水引入高梁河，再沟通高梁河与潞河，使它经今昌平、顺义、通州，尾注潞河，全长50余公里。临渠的田地，旱能灌溉，涝能排洪，灌田20余万亩。《三国志·魏

① 《后汉书·郭伋传》卷三十一。年八十六，卒于家。

② 《后汉书·张堪传》卷三十一。

书·刘馥传附子靖传》记载：靖之父馨，曾官扬州刺史，大兴水利，灌溉稻田，“陂塘之利，至今为用”。[①]其子靖，“有馥遗风”。他任镇北将军，“修广戾陵渠大堨，水灌溉蓟南北；三更种稻，边民利之”[②]。后经扩大，“凡所润含四五百里，所灌田万有余顷”。戾陵堰和车箱渠是北京历史上第一个大型的水利工程。

魏权臣司马炎于泰始元年（265年），夺取魏政权，自称皇帝，建立晋朝，因其都城洛阳位置偏西，史称西晋。

西晋时期，蓟城初为燕王封地，后为幽州治所。幽州刺史王浚刑政苛酷，赋役殷繁。永嘉（307—313年）末年，灾荒频仍，人无粒食，草木皆尽。王浚图谋帝位，众叛亲离，役民无度，苛剥不已。羯族首领石勒见势可图，诈降王浚，自襄国（今河北省邢台市）率轻骑入蓟城。勒疑有伏兵，先驱牛羊数千头填塞街巷，寻捉获王浚斩之。石勒智陷蓟城后，焚烧王浚宫殿，并尽收杀其精兵万人。王浚妻华芳之墓，于1965年在今北京市海淀区西八宝山被发掘。墓中出土4件珍贵历史文物——银铃、铜弩机、骨尺和墓志。其中，骨尺长24.2厘米，为今见标准晋尺。墓志为青石，文长1600余言，有重要史料价值。

西晋的皇帝和贵族，在取得政权后，由胜而骄，洋溢自得，日趋腐败——荒淫、滥赏、奢靡、放纵。晋武帝司马炎曾选取中级以上文武官员家的处女入宫，又选下级官员和士族家的5000位处女入宫，再选取吴宫女5000人入宫，晋帝蓄

---

① 《三国志·魏书·刘馥传》卷十五。

② 《三国志·魏书·刘馥传附子靖传》卷十五。

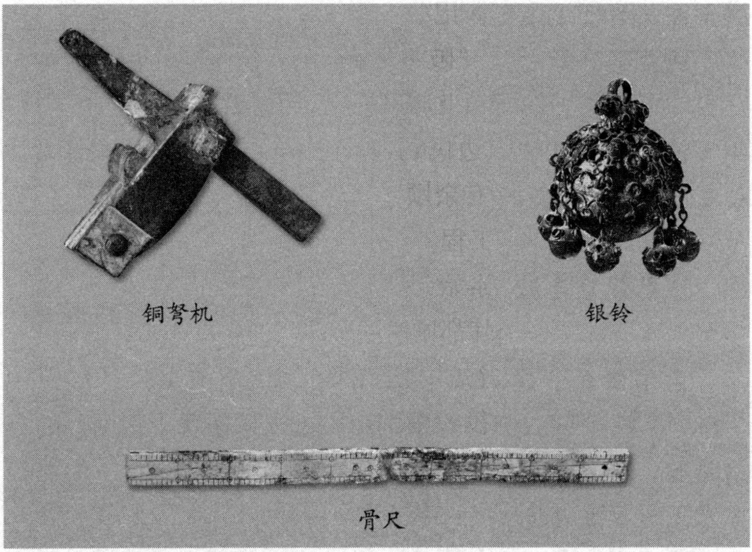

王浚妻华芳墓出土的铜弩机、银铃、骨尺

宫女竟达万余人。惠帝司马衷时，封侯1081人。有的贵族每天膳费2万钱，用大盆盛酒与猪共饮。贵族的人生哲学是：“服食求神仙，多为药所误；不如饮美酒，被服纨与素。”这种奢靡风气，影响当时民风，西晋佛教，应时而兴。在蓟城地区，佛教开始流行。

西晋蓟城地区的文化，张华与佛寺尤需一提。张华生于幽州，学业优博，著述甚丰，其《博物志》尤为学人所重。西晋大兴佛寺，北京现存最早的佛寺——潭柘寺，即始建于晋代。因寺有龙潭、柘树，所以俗称为潭柘寺。民谚说：“先有潭柘寺，后有北京城。”寺内一棵银杏树，其树围11米，树高30米，冠幅18.5米，树龄约1300年。寺史既历朝久远，寺境又风景秀美。潭柘寺在当时，刹宇雄伟，建筑壮丽，香火不断，游人如织。

西晋是继秦之后，又一个短命的一统皇朝。从晋武帝司马炎咸宁六年（280年）灭吴统一，到晋愍帝建兴五年（317年）晋亡，共历四帝，实际只存在37年。[①]西晋亡，东晋兴，蓟城进入了一个新的历史时期。

四　三燕建立都城

自东晋元帝建武元年（317年），至隋文帝开皇元年（581年），其间265年，中国历史进入“东晋十六国”的分治时期。北京曾先后作为前燕慕容儁、大燕安禄山、中燕刘守光三次短暂割据政权的都城。

晋武帝司马炎于太熙元年（290年）死后，皇族司马氏八王爆发争夺权力的“八王之乱”。晋元帝司马睿于建武元年（317年），在建康（今南京）即位，因其都城较东，史称东晋。东晋贵族的“八王之乱”，捣毁了社会稳定的基石，以及北方民族兴起，引出东晋近300年战乱和分裂的局面。东晋政权偏安南方，北方出现了由匈奴、鲜卑、羯、氐、羌等少数民族统治者建立的政权，史称“十六国”。前燕主鲜卑人慕容儁乘时而起，在蓟城建都。

慕容儁在蓟城建都。鲜卑人居于东北大兴安岭东麓、西拉木伦河与老哈河汇流地域以及辽河地域，其慕容部人皮肤细白，晋士族多买其妇女做婢妾，就连东晋明帝司马绍的

---

① 从晋武帝司马炎泰始元年（265年）建号，到晋愍帝建兴五年（317年）国破身死，共52年。

母亲苟氏也是慕容部人。西晋时，曾封鲜卑慕容部酋长为将军、都督。西晋末大乱，慕容部崛起。东晋永和六年（350年），前燕主慕容儁从龙城（今辽宁省朝阳市）向南进兵，夺得幽州，攻入蓟城。元玺元年（352年），慕容儁即皇帝位，定蓟城为国都，并修宫殿、建太庙、册皇后、立太子。慕容儁想组成一支150万人的大军，南进争雄，未果身死。蓟城作为前燕国都，仅6年。

前燕慕容儁迁都蓟城，是北京继蓟、燕之后，第三次成为都城，也是北方少数民族第一次在北京建都。这是北京历史的一个转折点，即北京由方国都邑、北方重镇，变为少数民族政权都城的转折点，也是东北森林文化、西北草原文化开始进入中原的一个历史转折点。

在“十六国”时期，蓟城的城主像走马灯似的更换着。北魏道武帝登国元年（386年），拓跋珪建立北魏，北魏结束十六国长期混战的局面，统一北中国。燕郡属幽州，州和郡的治所都在蓟城。北魏佛教大兴，建筑寺庙，塑造佛像，开凿石窟。中国三大石窟——敦煌莫高窟、大同云冈石窟和洛阳龙门石窟，北魏都有开拓之功。北魏大塑佛像，曾铸释迦牟尼像，高约10米，用铜10万斤，黄金600斤。北魏太和二十三年（499年），在今海淀区苏家坨镇车耳营村，雕刻佛像，称魏太和造像。它通高2.2米，面部丰满，体形硕壮，神态自若，刻工精美。这是北京现存最古的石雕佛像。

隋开皇九年（589年），杨坚结束了南北朝的分裂状态，中国重新出现大一统局面。隋虽短命，却对北京发展有着巨大影响。隋开皇初，废燕郡存幽州；大业初，又改幽州为涿郡。自晋至隋，名称虽变，皆治蓟城。隋开凿京杭运河和勒

北魏太和造像

刻房山石经，于北京的物质与文化，都为丰功伟业。

开通京杭运河，是北京发展史上一大事件。隋代大运河系统，呈“侧人字”形。其东西走向，自沁口溯黄河入洛水，通华阴，转渭河，经广通渠，至长安。其南北走向，即京杭运河，主要分为4段：江南河——沟通浙江（钱塘江）与长江，邗沟——连接长江与淮水，通济渠——连通淮水与黄河，永济渠——自沁口引水入卫河，经平虏渠等至涿郡蓟城。蓟城的运输，西至长安，南达余杭（今杭州）。特别是连通京杭大运河，自余杭（今杭州）至蓟城（今北京），全长3000余里，历时6年竣工。

大运河开通后，蓟城成为隋炀帝用兵辽东的转运站。大业七年（611年），隋炀帝自江都（今江苏省扬州市江都区）乘龙舟北上。龙舟起楼4层，上层有正殿、朝堂，中两层有120间房，下层住阉宦。龙舟要数百人拉纤行进，纤夫都穿彩袍，号称殿脚。船队首尾相接，长达百余里。隋炀帝行程50余天到达蓟城，住临朔宫。

隋炀帝命左右各12军分为24路，由蓟城向辽东进发。每军设大将1人，统率骑兵40队，步兵80队。骑兵每队百人，10队为1团；步兵20队为1团。又有辎重兵等4团，由步兵夹路护送。全军共1133800人，号称200万，运输粮秣的民夫比兵士加倍。翌年二月初九，第一军出发，以后每日出发一军，前后相距40里，御营六军最后出发。各军连营渐进，首尾衔接，旌旗相望，鼓角相闻，长达千余里。还带巧匠何稠制造“六合城”到辽东。据载这是一座组合式的城，曾在一个夜里合成一座周围8里、高8仞的大城，城上布列甲士，立仗建旗。隋炀帝以蓟城为基地，发动亘古未有的大巡游与大出师，实在是一场政治与军事的、文化与娱乐的劳民伤财的大游戏，后以失败而告终。

勒刻房山石经，是北京文化史上又一大事件。隋炀帝时，佛教大举，开始勒刻房山石经。这里有一个故事：隋朝开国皇帝杨坚，幼年寄养在尼姑智仙的庵里，13岁才还家。周武帝灭佛，智仙隐藏在杨家，预言杨坚日后会做皇帝，重兴佛法。杨坚称帝后，宣称“我兴由佛法”，便大力提倡佛教。隋文帝和隋炀帝，许民出家，兴建佛寺，书写经卷，雕塑佛像，佛教开始了极盛的阶段。这成为勒刻房山石经的政治前提。

勒刻房山石经还有历史原因。皇权与神权，利害同水火，当佛教势力膨胀时，便遭到镇压。这在佛教史上称为“法难”。大的“法难”有4次：第一次是北魏武帝。北魏盛时，寺庙3万余所，僧尼200万众。宫前一座九级浮屠，高过宫殿，压抑皇权。魏武帝下令禁佛。第二次是北周武帝，禁佛教，毁经像，罢沙门，令300万僧尼蓄发归俗，4万余寺院充王公宅第。第三次是唐武宗，毁寺4万余座，僧尼归俗26万余，收寺田数千万顷、奴婢15万。第四次是后周世宗，废寺3万余座。这在佛教史称作“三武一宗法难”。具有远见卓识的隋僧静琬，在房山镌刻石经，藏之名山，以防法灭。

房山石经山在北京西南75公里处，为隋代北方佛教圣地。隋僧静琬发愿勒刻石经，历时30年。后历唐、辽、金、元、明、清和民国，先后千余年，共刻佛经1100多种，3500余卷，1.5万余石；并有碑刻与题记——附刻于石经的说明文字共6800余条。这些珍贵石经，不但是中国古代佛教经籍铭刻之最，而且居世界古代佛教经典铭刻之首。房山石经工程之浩大，时间之绵长，镌刻之宏伟，资料之珍贵，可谓举世无双。公元6世纪至7世纪的佛教经典，能完美保存至今的，可能只有北京房山石经。房山石经不仅是中国稀世文化珍宝，而且是世界历史文化遗产。

珍藏这些石经的藏经洞，共有9窟。其中第五窟为华严堂，又称雷音洞，是最早开凿的一个洞窟。窟内宽广如殿，四壁镶嵌经版；洞室矗立四根八棱柱石，柱面共雕佛像1054躯，称千佛柱。在藏经洞的外面，唐代修建云居寺，后来焚毁，现已局部重建。这里五塔式的金刚宝座塔，是中国现存的珍贵文物。

佛舍利和舍利函在雷音洞佛座后面，1981年11月，发现一块方石。其下地穴里发现舍利函。石函分5层：第一层为汉白玉函，通高50厘米、边长48厘米，刻铭文262字，记载明万历二十年（1592年）在石经山发现3颗佛舍利事况；第二层为青石函，通高24厘米、边长29.5厘米，函盖刻有“大隋大业十二年岁次丙子四月丁巳朔八日甲子於此函内安置佛舍利三粒愿住持永劫”36字铭文；第三层为汉白玉石函，通高13厘米、边长13厘米；第四层为镀金银函，通高5.4厘米、边长4厘米，内有木质彩绘香珠1颗，珍珠8粒；第五层为白玉函，通高1.5厘米、边长1.1厘米，做工精巧，慈严精细，函内装乳

房山石经山雷音洞

白佛舍利两粒和珍珠两粒。这里有个疑窦：明万历时为佛舍利3粒，由万历帝生母慈圣皇太后（李太后）迎奉佛舍利至宫中供奉3日，然后奉回原处，怎么会佛舍利少了一粒、珍珠又多了两粒呢？有学者解释说：可能李太后留下佛舍利一粒在宫中供奉，而换以珍珠两粒顶替。

由上，房山石经碑刻与房山佛舍利是两大文物珍宝。

唐武德元年（618年），高祖李渊建立唐朝。唐兴隋亡，北京时初称幽州涿郡，天宝元年（742年）改涿州为范阳郡，称幽州范阳郡，仍治蓟城（又称幽州城）。郡辖9县：蓟、幽都、广平、潞、武清、永清、安次、良乡、昌平。[1]

唐朝是中国历史上的一个大帝国。唐朝首都在长安，改

① 《新唐书·地理志三》卷三十九。

涿郡为幽州，蓟城即幽州城，是其东北重镇。据《太平寰宇记》引《郡国志》和《元和郡县志补志》所载，蓟城南北9里，东西7里，周长32里（约合今24里）。城内街道整齐，纵横交错。西部有管理少数民族事务的机构燕州衙署，地名就叫燕州角。今宣武门外三庙街，就是唐檀州街，街道位置，千年未变，成为北京最古老的街道。幽州城像长安和洛阳一样，在城内划分为坊，如铜马坊、罽宾坊、肃慎坊等。每坊设门，昼开夜闭，按时巡逻，管理严格。

幽州城是唐朝经略辽东的战略要地。唐太宗用兵辽东，率师亲征。他先派张亮率战船500艘、水兵4万余，又派李勣率步骑兵6万，分水陆两军，自辽东合势并进。贞观十九年（645年），唐太宗亲率诸军，自洛阳出发经过幽州，到辽东督战。

唐幽州城的经济与寺庙都具有特色。

其经济：

幽州城为唐朝东北商业重邑，运河又已开通，其经济得到发展，出现许多行会。据《房山石经题记汇编》统计，题记中有大米行、肉行等31行。幽州城有北市，百货交易，景象繁荣。这从一个侧面反映出唐幽州城的经济较前有了发展。

其寺庙：

悯忠寺　唐太宗督战辽东后，回师经过幽州城，为追念死亡将士，安抚军心，下令在今宣武门外修建佛寺。武则天万岁通天元年（696年）寺成，赐名悯忠寺。寺屡经修葺，清雍正十二年（1734年）重修时，赐名法源寺。寺里有唐、辽、金、清碑刻，其中《无垢净光宝塔颂》和《唐悯忠寺重藏舍利记》两通唐碑，是北京现存最早的碑刻。这两通唐碑是从终南山紫阁寺，几经辗转，移藏于此。寺内名贵的贝叶经、明泥金字《华严经》和明版《大藏经》等都具重要文物、历史与艺术的价值。法源寺是北京市内现存历史最悠久的名刹。北宋末宋徽宗、宋钦宗被俘，曾拘留在这座寺庙里。后来金代又在这里设考场，策试女真进士。

万佛堂（无梁殿） 在今房山区磁家务，为一座无梁殿，即万佛龙泉宝殿，又称万佛堂。殿内墙上嵌有唐代宗大历五年（770年）“万佛法会图”浮雕石刻，雕工精美，保留至今。

房山万佛堂佛雕

卧佛寺 唐贞观年间建，初名兜率寺，后名卧佛寺。这里有北京地区最大的一尊卧佛。在今西山樱桃沟，寺宇闻名，文物珍贵，山水秀美，风景佳盛，为西郊春秋一处消闲胜地。

隋唐幽州、范阳，文化也在发展。仅举两例：

卢照邻（约630—680年后），幽州范阳人，以诗著名，为“初唐四杰”之一。他的作品《送幽州陈参军赴任寄呈乡曲父老》云：

蓟北三千里，关西二十年。
冯唐犹在汉，乐毅不归燕。
人同黄鹤远，乡共白云连。
郭隗池台处，昭王尊酒前。
故人当已老，旧壑几成田。

红颜如昨日，衰鬓似秋天。
西蜀桥应毁，东周石尚全。
灞池水犹绿，榆关月早圆。
塞云初上雁，庭树欲销蝉。
送君之旧国，挥泪独潸然。

卢照邻后为风痹症折磨，投水而死。有《幽忧子集》传世。

贾岛（779—843年），幽州范阳人，字浪仙，一作阆仙，初为僧，后还俗。其诗尚刻苦求工，重词句锤炼。是“僧推月下门”还是“僧敲月下门”，一“推”一“敲”，成为作文赋诗要“推敲”文字的家喻户晓的典故。曾任长江主簿，世称贾长江，有《长江集》传世。今北京有贾岛墓。

五　历史变革信号

安禄山在范阳建东都。天宝十四载（755年），安禄山从范阳（幽州）起兵反唐，揭开了北方少数民族登上中国政治舞台的序幕。此后，契丹、女真、蒙古、满洲等民族相继崛兴，都以今北京为其政治中心，影响中国政治与军事、经济与文化长达千年。

安禄山是胡人，体大肥胖，“腹垂过膝，重三百三十斤，每行以肩膊左右抬挽其身，方能移步”[①]。初为牙郎，后为小将。安禄山会讨唐玄宗李隆基的喜欢。一次在唐玄宗前

① 《旧唐书·安禄山传》卷二百上。

跳“胡旋舞”，轻灵便捷，疾舞如风。唐玄宗指着他的肚子问：“胡腹中何有而大？”安禄山答曰：“唯赤心耳！”[①]没有别的东西，只有一颗红心！唐玄宗听了很高兴。安禄山又会讨杨贵妃的喜欢。杨贵妃命宫人用锦绣大襁褓，裹着安禄山，抬入宫中，并认他为义子。安禄山得到唐玄宗的重用，任范阳、平卢、河东三镇节度使，黄河以北的军政、民政基本归其一人掌管。他在范阳城的北面，另筑雄武城，招兵买马，积草囤粮，收集党徒，准备反唐。

安禄山起兵范阳（幽州），拥15万众，号20万，步骑南进，烟尘千里，所过州县，望风瓦解。不久占领东京洛阳。第二年正月初一，安禄山自称大燕皇帝，年号圣武，以范阳为东都。[②]安禄山分兵攻入西京长安，唐玄宗先已偕杨贵妃仓皇出逃。行至马嵬驿，因军士围驿，众怒难犯，唐玄宗只得忍痛割爱，命内侍在佛堂缢杀了杨贵妃（一说杨贵妃自杀，另一说出家为尼，还有一说东渡日本）。安禄山称帝后不久，其次子安庆绪，伙同严庄和李猪儿，夜杀安禄山于寝室，自立为燕帝。唐军收复长安，东击洛阳。安庆绪败弃洛阳，后被安禄山部将史思明所杀。史思明自立为大燕皇帝，并以范阳为燕京。史思明夺取洛阳后，又被其长子史朝义所杀。史朝义再自立为燕帝，兵败后退回范阳。广德元年（763

---

① 《新唐书·安禄山传》卷二百上。

② 朱彝尊《日下旧闻》卷三载：“（天宝）十五载，安禄山伪即帝位，国曰‘大燕’，以范阳为大都。署其城东隅私第为潜龙宫。《安禄山事迹》。”《日下旧闻考》于此处，未加考证。查姚如能著《安禄山事迹》第31页，作“东都”，未见“大都”二字。

年），史朝义的范阳守将李怀仙等降唐，史朝义败死。历时八年安史之乱的战火，先由范阳点燃，又在范阳熄灭。唐平定安史之乱后，范阳又改称幽州。此后，唐朝藩镇割据，社会动荡不安，直至唐亡，幽州城始终被地方军阀所盘踞。

安禄山从范阳（幽州）起兵反唐，是唐朝由盛转衰的重要标志。到了10世纪前半叶，唐帝国也被撕得粉碎，先后有“五代十国”，共形成15个割据之国。

“五代十国”，一般认为是从907年朱温灭唐，到960年赵匡胤建宋，大数算是54年（其实，北汉最后被灭是在979年）。这是一个动乱纷争的时代。此期，在黄河流域主要有后梁、后唐、后晋、后汉、后周，统称“五代”；在南方和北方山西主要有吴、南唐、前蜀、后蜀、吴越、楚、闽、南汉、荆南（南平）、北汉等10个分立的政权，统称“十国”。“五代”共十四帝，其中非死者十一人；“十国”共四十帝，其中非死者二十二人，王朝多短命，君主多非死。在“五代”的“五十三年之间，易五姓十三君，而亡国被弑者八，长者不过十余岁，甚者三四岁而亡”[①]。

在“五代”动荡时期，蓟城发生了重大事件。

刘守光以蓟城为京师。五代时，后梁初期，曾任唐幽州卢龙军节度使的刘仁恭，占据北燕，驻军幽州。仁恭极为残暴：“时幽州节度使刘仁恭，大举蕃汉兵号十万以伐魏，遂攻陷贝州（今河北清河），州民万余户，无少长悉屠之。”[②]又极为骄侈：在城西大安山建造宫殿，“盛饰馆宇，僭拟宫

① 《欧阳文忠全集·本论》卷五十九。

② 《旧五代史·太祖纪二》卷二。

掖”，聚集美女艳妇，生活穷奢极丽。又用墐泥做钱，令境内流通；以草叶充茶出售，邀取厚利。还在大安山创建宫观，从方士王若讷，事炼丹羽化之术，祈求长生不老。[1]父淫子乱，仁恭子守光，烝淫父妾，遭笞责，被驱逐，愤懑不已，日图报复。刘守光于开平元年（907年），率兵夺取幽州，囚父杀兄。刘守光荒淫暴虐，丧失人性：“为铁笼、铁刷，人有过者，坐之笼中，外燎以火，或刷剔其皮肤以死，燕之士逃祸于佗境。”[2]刘守光以势力强大，欲称帝，尝言：“我以二千里之燕，独不能帝一方乎？”有直言之臣宾佐孙鹤劝阻，被推出斩首，遭碎尸万段。刘守光不听谏言，终于称帝。据史载：乾化元年（911年）八月十三日，“守光僭号大燕皇帝，改年曰应天”[3]。以蓟城为京师。守光父子、兄弟，自相残杀，曾被围百余日，“城中食尽，米斛直钱三万，人相杀而食，或食墐土，马相食其鬃尾”。刘守光国祚甚短，三年而亡。

自唐乾宁元年（894年）刘仁恭入幽州，为幽州卢龙军节度使，至乾化四年（914年），父子相承，20年而灭。

鉴于刘守光之大燕与安禄山之大燕同名，且各燕均有称谓，故本书称刘守光所建之燕为中燕，以示区别。

其时，刘守光等暴虐无道，民不聊生。“是时，刘守光暴虐，幽、涿之人，多亡入契丹。阿保机乘间入塞，攻陷城邑，俘其人民，依唐州县置城以居之。”致使“幽、蓟之

---

① 《辽史·地理志》卷四十。

② 《新五代史·刘守光传》卷三十九。

③ 《旧五代史·僭伪列传·刘守光》卷一百三十五。

间，虏骑遍满山谷，所得汉人，以长绳连头系之于木，汉人夜多自解逃去”[①]。这为后来契丹南犯，以燕京为南京，准备了条件。

五代时期，除上述刘守光在蓟城建都3年外，后梁、后唐的幽州政区未变，仍以蓟城为治所。但后晋高祖石敬瑭却将幽州等地即“幽云十六州”割给契丹，从而成为契丹南进，称雄中原，建立辽朝的一个重要条件。

综上所述，从秦始皇灭燕，到石敬瑭割燕，前后千年间，蓟城是北方的军事重镇、商业都会和民族融汇之地。

每当中原王朝强盛时，常以蓟城为经略东北和西北边民的前进基地；每当东北和西北民族崛起时，又常以蓟城为南犯中原地区进军据点。北京就是在中原农耕文化与东北森林文化、西北草原文化的民族纷争与融合中，地位日重，逐步上升。而从东晋经隋唐到五代的500余年间，北京曾三为燕都，这就是北京由北方军事重镇向北中国政治中心迈进的重要历史信号。[②]

---

① 《新五代史·四夷附录一》卷七十二。

② 欧阳修作《新五代史·职方考》，述“五代十国”的地理与势力范围，值得一阅，引为参考。

第四章　第三个千年变局·辽南京

北京文化发展的第三个千年，即公元第二个千年，主要是从辽到清时期。

这个历史时期，经过辽南京和金中都的过渡，到元、明、清，中国的政治中心、文化中心主要是在北京。其间，中国都城位置，经常南北摆动——辽上京在临潢（今内蒙古巴林左旗林东镇），北宋在东京汴梁（今开封），金都先在上京（今哈尔滨市阿城区）、后在中都（今北京），南宋都临安（今杭州），明都先在金陵（今南京）、后在燕京，清都先在沈阳、后在北京。也就是在今哈尔滨—沈阳—北京—开封—南京—杭州等一线，南北约5000里摆动，但摆动的中心是北京。

这个历史时期的北京，由辽南京、金中都、元大都、明北京、清京师，逐渐发展成为全中国的政治中心和文化中心。

由上可以看出一个有意思的历史现象：中国两千年皇朝政治中心的摆动，前一千年是东西摆动，后一千年是南北摆动，中国都城历史摆动的轨迹，呈现出大“十”字形变动的特点。变动的结局是，北京成为全中国的政治中心、文化中心，成为中华民族的政治心脏，也成为国际政治与文化的一个中心。

北京历史文化在第三个千年，即从辽初到清末，大数算千年之间，有5种文化形态：农耕文化、草原文化、森林文化、高原文化、海洋文化——北京历史文化逐渐包容并融合这5种文化，沿着文化统合的轨道演进，而成为全国的政治中心和文化中心。

这个时期，先有草原文化族群契丹、后有草原文化族群蒙古的冲击和融入，又先有森林文化族群女真、后有森林文化族群满洲的冲击和融入。前者的契丹和女真，分别为建立大一统皇朝的元和清做了准备。

为着阐述北京文化史第三个千年的文化变局，分作四、五、六、七、八共5章，按辽、金、元、明、清为序，纵横交错，展开叙述。

一　契丹崛起南下

从文化史来看，草原文化在中原站住脚，是从辽朝契丹以燕京为南京做标志的。辽朝是由契丹族建立的。辽朝的发祥地在大兴安岭东南麓、西辽河支流老哈河与西拉木伦河的汇流地带。《辽史·营卫志上》记载："有事则以攻战为务，闲暇则以畋渔为生。"契丹以渔猎为其一大生计，可见不完全属于草原文化，而亦兼有森林文化、农耕文化的元素。

这个地域，处于西北草原文化、东北森林文化、中原农耕文化的交汇之区。契丹兴起，《辽史·地理志》记载一个神话故事：很早以前，一个骑白马的男子，从老哈河而来，一个驾牛车的女子从西拉木伦河而来，两人在辽河相遇，结合后生下8个儿子，后来繁衍为契丹的8个部落。还有一个神话故事：东北地域契丹人祖先奇首，与猪神为邻，猪神找到8个仙女，与他的8个儿子成婚，建立8个部落。马，是草原文化族群和森林文化族群最主要的生产、生活、战斗工具；猪，是东北森林文化渔猎民族定居生活的特征；牛，是农耕文化族群最基本的生产、生活、运输工具。这些神话故事表明：契丹文化以草原文化为主，兼具森林文化、农耕文化的三元性。

耶律阿保机（872—926年），统一契丹八部，称契丹大汗，创制文字，制定法律，势力强大，不断南进。契丹人乘中原地区“五代十国”纷乱之机，于后梁开平元年（907年），建立辽朝（初称契丹），势力渐大，进入塞内。从此，拉开北京文化史第三个千年的帷幕。

耶律阿保机死，年五十五，庙号太祖。阿保机奠定了辽代基业：“东自海，西至于流沙，北绝大漠，信威万里，历年二百，岂一日之故哉！”[①]其北部达西伯利亚，而后，金、元、明、清相沿袭，奠定了中国北部疆域的根基。

耶律德光（902—947年），契丹名尧骨，为阿保机第二子，继其父位，在位20年，庙号太宗。他趁中原皇朝战乱之机，在长城以南拓展势力。

辽太宗耶律德光于辽朝，主要做了4件事：

第一，会同十年即大同元年（947年），改国号为辽。这标志着辽朝不仅是契丹族的政权，而且是北中国的政权。

第二，进兵中原，兵到汴梁（开封）。史称：“入汴之后，无几微之骄，有‘三失’之训”——“朕此行有三失：

① 《辽史·太祖纪》卷二。

纵兵掠刍粟，一也；括民私财，二也；不遽遣诸节度还镇，三也。”面对着胜利，不骄而自责，为君者，亦难矣！

第三，会同九年（946年），耶律德光南下灭后晋。石敬瑭将幽云十六州献给契丹，后反被契丹主举兵所灭。历史小丑，罪有应得。

第四，据有华北地域，设立陪都南京。

辽，南界北宋，西界西夏，占据华夏半壁山河，共历9帝，218年。辽代疆域最大时，东临海，西到阿尔泰山，南达今河北南部，北至克鲁伦河、色楞格河、外兴安岭一线。俄文称中国为Китай，是“契丹”的音译，用一个部族名称，作为“中国”的名称，说明其时“契丹”辽朝影响之广、之大、之深、之远。

公元352年，前燕慕容儁定都蓟城（今北京），发其端；后来，东胡人安禄山建立大燕，都范阳（今北京），但这两个政权如石火闪电，忽起忽落，一亮即逝，都没有在中原站住脚。契丹人耶律阿保机建其国，促其兴；女真人阿骨打建立金，奠其基。草原文化族群契丹和森林文化族群女真，积累经验，崎岖前行，成就其半壁江山。最后，由努尔哈赤及其子皇太极建立后金—清，其孙福临在摄政睿亲王多尔衮辅佐下，率军进关，辽、金、元、明、清，皇朝都城都设在北京（辽为陪都）。这五朝中有辽、金、元、清四朝是少数民族建立的；这4个皇朝，契丹建辽，肇始其端。森林文化破天荒地入主北部中原，又入主中国，统合农耕文化、森林文化、草原文化、高原文化、海洋文化，融入并丰富了中华文化。

二　辽朝陪都南京

在辽（契丹）会同元年（938年），发生5件大事：一是，十一月初一，后晋石敬瑭遣使冯道至契丹后，受到辽太宗的接见并赐宴；二是，初九，契丹上皇太后尊号，并上太宗尊号曰“睿文神武法天启运明德章信至道广敬昭孝嗣圣皇帝”典礼；三是，改年号“会同”，颁行大赦；四是，“同月，晋复遣赵莹奉表来贺，以幽、蓟、瀛、鄚、涿、檀、顺、妫、儒、新、武、云、应、朔、寰、蔚十六州并图籍来献”；五是，诏升幽州为南京，原南京改为东京。[①]后于开泰元年（1012年）南京又号燕京。[②]

以上5件事在“本纪”中是平面排列的，其关键是“幽云十六州”，因果联系，略作分析。

先是，后唐河东节度使石敬瑭举兵叛唐，唐派兵讨伐。石敬瑭向契丹求援，答应事成后割地称臣。于是，契丹兵南下，灭后唐，立石敬瑭为帝，这就是后晋。后晋天福三年即辽会同元年（938年），后晋高祖石敬瑭遣使见辽太宗，以幽、云等十六州割让给契丹作为酬谢。

辽太宗得此承诺和“礼物”，便做出上述“二”“三”两大举动，就是上尊号和改年号。随之，后晋来献“十六州并图籍”。辽太宗得到“幽云十六州”，升幽州为南京，作为陪都。

---

① 《辽史·太宗纪下》卷四。

② 《金史·地理上》卷二十四。

这幽云十六州也称燕云十六州，即幽（今北京）、蓟（今蓟州区）、瀛（今河间）、鄚（今任丘）、涿（今涿州）、儒（今延庆）、檀（今密云）、顺（今顺义）、妫（今怀来）、新（今涿鹿）、武（今宣化）、云（今大同）、应（今应县）、朔（今朔州）、寰（今朔州东）、蔚（今蔚县）等州。

幽云十六州是长城以南、华北北部形势险要之地，契丹得到这片地方，特别是得到北方军事重镇蓟城，直接威胁着中原地区的政权。

辽朝升幽州为南京，不仅是北京文化史上一件划时代大事，而且是中华文化史上一件划时代大事。因为这是中华历史上政治格局、文化格局发生关键性变化的一个转折点。

辽设五京　辽朝共设5个京城——首都上京临潢府（今内蒙古赤峰巴林左旗林东镇）；另设4个陪都，即中京大定府（今内蒙古喀喇沁旗东南宁城境）、东京辽阳府（今辽阳）、西京大同府（今大同）和南京析津府（今北京）。以南京城规模最大，人口最多。南京城周长约为27里，大致在今宣武门外一带。

一国两制　辽主理政，“一国两制”，就是在统一辽朝内，以契丹礼法治契丹，以汉人礼法治汉人。《辽史·百官志一》记载：“以国制治契丹，以汉制待汉人。”辽的官吏制度，分南院与北院：“北面，治宫帐、部族、属国之政；南面，治汉人州县、租赋、军马之事。”辽帝因文化而治，南北各得其宜。

四时捺钵　辽主实行“四时捺钵”制度。捺钵，是契丹语音译，汉译是行宫。所以，辽帝一年春夏秋冬四季，都有理政、居住、游牧、渔猎之地。四捺钵的大体地点是：春捺钵在长春州鱼儿泺，今吉林省大安市月亮泡；夏捺钵在永安山，今内蒙古乌珠穆沁旗东境；秋捺钵在庆州缅虎林，今内蒙古巴林左旗西北白塔子西部诸山区；冬捺钵在广平淀，即今西拉木伦河与老哈河汇流处附近平原。这说明辽帝进入中原后，在吸收中原农耕文化的同时，既保留草原文化游牧传统，也保留森林文化渔猎习俗。

南京区划　辽朝南京，又称燕京，原府名幽都，开泰元年（1012年）十一月，改名为析津府。据《辽史·地理志四》记载：析津府隶六州、十一县：顺州（领怀柔县）、檀州（领密云县、行唐县）、涿州（领县四即范阳县、固安县、新城县、归义县）、易州（领县三即易县、涞水县、容城县）、蓟州（领县三即渔阳县、三河县、玉田县）、景州（即遵化）；析津县、宛平县、昌平县、良乡县、潞县、安次县、永清县、武清县、香河县、玉河县、漷阴县[①]。

辽南京城　《辽史·地理志四》记载：

> 城方三十六里，崇三丈，衡广一丈五尺。敌楼、战橹具。八门：东曰安东、迎春，南曰开阳、丹凤，西曰显西、清晋，北曰通天、拱辰。大内在西南隅。皇城内有景宗、圣宗御容殿二，东曰宣和，南曰大内。内门曰宣教，改元和；外三门曰南端、左掖、右掖。左掖改万春，右掖改千秋。门有楼阁，球场在其南，东为永平馆。皇城西门曰显西，设而不开；北曰子北。西城巅

① 漷，原为霍村镇，居民成邑，后名漷村镇。辽就其故城建漷阴县。

有凉殿，东北隅有燕角楼。坊市、廨舍、寺观，盖不胜书。[1]

南京城内，街巷坊市，布局有序，星井万家。中国在唐代以前，城是城，市是市。城是指城墙以内的范围，市则只占城内的一个小区。到了宋代的东京汴梁（今开封），手工业和商业发展，坊墙制度破坏，汉唐以来封闭式的里坊，演变为开放式的街道。大街小巷，开设店铺，鳞次栉比，买卖交易，直至三更，繁华异常。《契丹国志》记载南京：

户口三十万，大内壮丽，城北有市，陆海百货，聚于其中。僧居佛寺，冠于北方。锦绣组绮，精绝天下。膏腴蔬蓏果实稻粱之类，靡不毕出；而桑柘麻麦羊豕雉兔，不问可知。水甘土厚，人多技艺，秀者学读书，次者习骑射。

辽统和二十六年（1008年），宋路振奉使契丹至南京，目睹幽州城："居民棋布，巷端直，列肆者百室，俗皆汉服，中有胡服者，盖杂契丹、渤海妇女耳。"[2]

兼以渔猎 辽帝在南京地区，既发布政令，重视农耕；又保留游牧和渔猎习俗。辽朝渔猎文化形态，或捕鹅，或射鹿，或放鹰，或猎虎，或观渔，或捕鱼。《辽史》记载辽帝到南京（今北京）东南90里、方圆数百里的漷阴县（今

① 《辽史·地理志四》卷四十。

② 《新雕皇朝类苑》卷七十七，日本元和七年活字印本。

通州区）延芳淀，驻跸游幸，进行渔猎，先后有14次。其中史载：

> 春时鹅鹜所聚，夏秋多菱芡。国主春猎，卫士皆衣墨绿，各持连锤、鹰食、刺鹅锥，列水次，相去五七步。上风击鼓，惊鹅稍离水面。国主亲放海东青鹘擒之。鹅坠，恐鹘力不胜，在列者以佩锥刺鹅，急取其脑饲鹘。得头鹅者，例赏银绢。国主、皇族、群臣各有分地。户五千。[①]

辽在延芳淀建行宫，并在延芳淀建造辽景宗耶律贤及皇太后石像。[②]

辽主还到各处游猎、钩鱼（钓鱼）。仅《辽史》就有16处辽主钩鱼（钓鱼）的记载。[③]

三　多元文化融合

辽朝南京，文化是多元的。辽主提倡佛教，南京地区，佛教兴盛。在辽南京，雕印佛教经典《大藏经》，因在辽朝刻印而称《辽藏》，又因辽为契丹所建，亦称《契丹藏》。

---

① 《辽史·地理志四》卷四十。

② 延芳淀在金之后逐渐消失。北京市和通州区政府将逐步进行生态恢复，使海拔20米的这一地区，变成面积1400公顷的湿地水泊，以改变生态，调节水量，便民游憩，美化环境。

③ 阎崇年著：《森林帝国》，生活·读书·新知三联书店2018年版，第90～91页。

《契丹藏》579帙，均在燕京刊刻。大觉寺内《阳台山清水院创造藏经记》记载了这件事。1974年山西应县佛宫寺释迦牟尼佛像腹中，发现《契丹藏》和彩印的《南无释迦牟尼像》，都是例证。辽刻经卷，则证实了这件事，800年历史迷雾为之一扫而空。

辽代刻经和印刷，达到了很高水平。上述同时发现的辽代刻经，《释摩诃衍论通赞疏科卷下》《释摩诃衍论疏卷第十》《妙法莲花经卷第四》《炽盛光九曜图》等，也都是在燕京雕印的。而《炽盛光九曜图》，纵94.6厘米，横50厘米，系用皮纸，木刻墨印，然后着色，是已知中国古代木刻着色立幅中，时间最早、篇幅最大、刻印最精、着色最美的艺术珍品。

辽帝优礼僧徒，兴寺拜佛，南京尤甚。据《全辽文·妙行大师行状碑》所载，秦越大长公主施建大昊天寺，规模宏伟，豪华侈丽，大殿后矗宝塔，相轮横空，高200尺。辽南京的名刹多已不存，它留下的4座古寺——大觉寺、戒台寺、天宁寺、灵光寺，成为北京文物胜迹。

大觉寺，在今海淀区北安河西阳台山麓，坐西面东，始建于辽咸雍四年（1068年），初名清水院。寺内现存辽代《阳台山清水院创造藏经记》碑，保存完好。寺内古银杏，树龄已逾千年，依然枝繁叶茂。玉兰树龄300多年，仍有“玉兰幽香”的佳话。寺为西郊名刹佳盛。

戒台寺，在今门头沟区的马鞍山上，肇于北朝，初创于唐，繁盛于辽。辽咸雍年间高僧法均在此建戒坛，声名广传。后历经修葺。寺中戒台，重檐盝顶，方形建筑，石刻台座，是我国现存最大的戒坛。古人诗云：“潭柘以泉胜，戒坛以松名。一树具一态，巧与造物争。”其松有活动松、自在松、卧龙松、九龙松、抱塔松、白皮松等，为京西文物名胜。其中一棵九龙白皮松，其树围650厘米，高18米，冠幅23米，树龄约1400年，唐武德年间植，被誉为“世界古白皮松之最”。

天宁寺，在今西城区广安门外滨河路。1992年修塔时，在宝顶座中发现一块建塔碑——《大辽燕京天王寺建舍利塔记》，其碑文曰：“天庆九年奉圣旨起建天王寺砖塔一座，举高二百三尺，相计共一十个月了毕。”这一年为辽天祚帝天庆九年（1119年）。碑文还刻下工匠姓名：垒塔作头（工头）寇世英、寇世兴，勾当（助手）戴孝诠、黄永寿。辽代在天宁寺内建高塔，名天宁寺塔。寺已不存，高塔独尊。塔为八角13层密檐式实心砖塔，高55.38米。虽现代建筑挺立，但天宁寺塔独秀。有专家认为：“天宁寺塔是中国密檐式塔最后一座，也是最具文化意义的一座佛塔。”①

灵光寺，在今西山之麓，创建于唐，辽道宗在此建招仙塔，十层八楼，俗称千佛塔。围绕塔基，有铁灯龛，共16座，颇为壮观。塔于光绪二十六年（1900年）遭毁，现仅存塔基。后清理塔基，发现一石函，函内装一个沉香木匣，匣内有一颗“佛牙舍利”。匣上书写“释迦牟尼佛灵舍利”，落款为“天会七年（1129年）四月二十三日”。据记载，释迦牟尼佛祖圆寂火化后，留下4颗牙齿，其中一颗传到中国。经过研究印证，这颗佛牙就是当年被安放在西山招仙塔

---

① 王世仁：《天宁寺塔到底建于哪年》，载于《北京晚报》2017年12月28日版。

基下地宫的佛牙舍利。1959年，中国佛教协会发起在灵光寺北院兴建一座高51米的八角13层密檐式佛塔，安放这颗佛牙舍利。

辽墓壁画　目前，已发掘10余座辽南京墓壁画，画工粗犷，极为绚丽。壁画中的禽鸟、人物、骏马、山树、狩猎等，都表现了契丹草原游牧—森林狩猎的文化风格。

节令习俗　辽南京的节令习俗，带有契丹的特色。如端午节射柳，《日下旧闻考》载述：辽俗于五月初五在球场插柳两行，在枝离地数寸处削去树皮裸露白木，由一人驰骑为前导，尔后驰马以无羽的箭镞射柳，既能射断柳枝而又伏身拾取断枝者为上，观者击鼓助威，胜者进酒庆功。又如重阳节，则举行围猎活动，以围猎射虎竞技，多者胜，少者负。射罢，设帐，饮酒，庆贺。再如击球，参赛者分为两队，骑马持杖，竞赛击球，进门为胜。这些带有浓郁民族色彩的体育活动，对后世影响很大。

四　南京文化名人

辽南京文化，影响到后世。南京名人很多，兹挂一漏万介绍京籍3位。

行钧，燕京僧人，所著《龙龛手鉴》，收26433字，以四声为序，反切注音，简释要义。每字之下，详列正俗诸体，并收佛经中诸字以补六书所缺。虽《辽史》里无传，至今却为文字学家所重。

王鼎，涿州人，幼年好学，博通经史，考中进士，官翰林学士，撰写碑文、诏告等。因醉言触文网，被杖、流放。

后有诗“谁知天雨露，独不到孤寒”[1]之句，被召还，复其职。著《焚椒录》，取材相传辽道宗时皇后萧观音被诬与伶官私通，致皇后冤死的故事。

耶律俨，南京析津府（今北京市）人，幼好学，有诗名，经籍一览成诵，登咸雍进士第。本姓李，赐国姓耶律。他居官廉洁，一介不取于人。后封韩国公。纂修《皇朝实录》70卷[2]，为元修《辽史》提供了史料基础。

五　国际文化交往

辽南京地处中原通往西域的交通要地，成为辽朝国际文化交往的重要都会。伊斯兰教因阿拉伯帝国和唐帝国接壤，早在唐代就开始传入中国。辽王朝与中亚诸国有密切的联系。在辽太祖天赞初（922—925年），有“大食国来贡”的记载。辽开泰九年（1020年），大食国王遣使到辽为其子册哥请婚，并进大象和方物。第二年，又遣使来，辽以王子班郎君胡思里之女可老封为公主，许嫁给册哥为妻。时中国分为宋、辽和西夏，从大食诸国来的商人和阿訇等，经今新疆喀什、莎车、和田，至沙州，然后分道东行。

伊斯兰教及其建筑艺术，传入辽南京。大食商人在辽南京，和当地居民合力建筑清真寺——今牛街清真寺，既保持了大食的建筑艺术风格，又吸收了辽朝的建筑文化特点，是中国建筑风格与大食建筑特色相结合的例子。

---

① 《辽史·王鼎传》卷一百四。

② 《辽史·耶律俨传》卷一百四。

六　南京自然灾害

辽南京地区的自然灾害，例如地震与水灾，史亦有载。

辽道宗清宁三年（1057年）四月二十日，辽南京发生大地震："四月丙寅（二十日），幽州地大震，坏城郭，覆压死者数万人。"[①]《宋史》记载："嘉祐二年（1057年），幽州地大震，大坏城郭，覆压者数万人。"[②]此次辽南京地震，悯忠寺杰阁震毁。[③]

水灾是辽南京的一大灾害。辽统和十一年（993年）七月，桑干河（今永定河）泛滥，今延庆、怀来地区，洪水成灾，禾稼受害，荡然无存。辽南京居民房舍，多被淹没，民有溺死者。[④]辽道宗大康八年（1082年）七月，"南京霖雨，沙河溢，永清、归义、新城、安次、武清、香河六县，伤稼"[⑤]。

地震和水灾，虽属天灾之害，却有人为之咎。这"人"并不是"天人感应"，而是政府主导切实赈灾。

---

① 《宋史·仁宗本纪》卷十二。

② 《宋史·五行志》卷六十七。

③ 北京地震考古组：《公元一〇五七年北京地震》，载于《北京地震考古》。

④ 《辽史·圣宗纪四》卷十三。

⑤ 《辽史·道宗纪四》卷二十四。

七　南京文化殇鉴

第一，盱古鉴今，长治久安。辽初诸帝——辽太祖耶律阿保机、辽太宗耶律德光等，胸怀大度，律己敬业，四处开拓。耶律德光死后，耶律阮继位。耶律阮遇弑身亡后，耶律璟继位，是为辽穆宗。辽穆宗是一位昏君、淫君、暴君、乱君。他酗酒嗜猎，荒于政事。如“昼夜酣饮者九日”，“自立春饮至月终不听政”，“九月庚子，以重九宴饮，夜以继日，至壬午乃罢”共13天；狩猎3个月，“射鹿诸山，不视朝”；以虐杀为乐，如射杀、烧杀、炮烙、肢解、砍手足、折腰颈、剁肉酱等；听信女巫延年长寿药方，以男人胆活药，日杀一人，“不数年，杀人甚多”；其身边近侍也任意妄杀；最后，夜间被“近侍小哥、盥人花哥、庖人辛古等六人反，帝遇弑，年三十九”[①]。辽朝统治核心腐朽，是其由衰到亡的内因。

第二，化友为敌，自取其亡。辽朝南为大宋，西为西夏，北为女真。辽朝的结局，既不是被大宋，也不是被西夏，而是被女真灭亡。本来，契丹与女真同属于阿尔泰语系，生活与习俗有共同之处，如果辽朝与女真结成联盟，不仅能够巩固其政权，而且可能连兵大举南下，灭亡宋朝，建立统一全国的政权。但辽朝执政者不仅没有结成契丹—女真联盟，反而对女真“打击有余，征敛太重，而体恤不足、联

---

①　《辽史·穆宗本纪》卷七。

盟不固”，使女真人“为契丹苦虐几二百年”[①]，最后，契丹辽朝反被女真金朝所灭。这是个极其沉痛的历史教训。

南京作为辽代陪都82年；后为实际都城3年，共85年。辽南京随着辽祚的终结，先为北宋燕山府，后为金朝的中都。

① 《大金国志校证》，宇文懋昭撰，崔文印校证，卷三。

第五章　第三个千年变局·金中都

继蒙古草原文化之后，东北森林文化全面进入中原，并逐渐主导中原文化。其主要标志是，金朝迁鼎中都。

一　森林文化南进

森林文化面积非常大，其地域范围，西起大兴安岭，东北到库页岛（今萨哈林岛），北界贝加尔湖和外兴安岭一线，南到长城一线。具体地说，明清盛时，森林文化地域包括今黑、吉、辽地区，以及乌苏里江以东滨海地区和黑龙江以北、外兴安岭以南（包括库页岛）地域等，总面积约为300万平方公里。

森林文化族群的语言，属于阿尔泰语系满—通古斯语族，主要包括满语、锡伯语、鄂伦春语、赫哲语等。

森林文化族群祭祀的主神为神树。坤宁宫前的神杆、堂子的神杆、满洲家庭院里的神杆等，都是森林文化族群祭祀神树的表征。为此，清廷颁布了《钦定满洲祭神祭天典礼》的经典文献。

森林文化族群有久远的历史。据考古发现，早在新石器时代，他们就生活、劳作、繁衍在东北这片土地上。又据有文字记载的历史，从商周的肃慎、秦汉的挹娄、魏晋的勿吉、隋唐的靺鞨、辽金的女直、元明的女真，到清朝的满洲，一条文化线索发展，连绵不断，文脉相承。乾隆敕编的

《满洲源流考》，概述并考证了这个森林文化的历史。《后汉书》记载中原王朝与四周民族关系，首列《东夷列传》，记载："及武王灭纣，肃慎来献石砮、楛矢。"[①]

森林文化为多元经济：一是狩猎，二是捕鱼，三是采集，四是畜牧，五是农耕，六是手工业。我去乌苏里江畔赫哲村屯考察，跟当地人一起座谈，了解到一直到1958年"大跃进"之前，这些地方的居民，还是以捕鱼和打猎为生。冬天主要是打猎，天暖就捕鱼，弄一个桦皮船捕鱼，捕鱼多了晒鱼干，准备冬天吃。打猎的肉冬天吃，天暖以后就无法保藏，或即猎即食，或以鱼为主。所以他们文化的一个特点，就是渔猎文化。

满洲能够在中原站住脚，与其存在渔猎、游牧和农耕三元性经济有关。满洲的渔猎经济，使整个黑龙江中下游地区融合锡伯、赫哲、鄂伦春等族群，语言、文化、习俗相同，易于实行文化统合；满洲的畜牧经济，跟蒙古草原文化有融合，并建立满蒙联盟；满洲的农耕经济，到中原地区跟农耕文化结合，能够生存，并站住脚；满洲既信奉萨满教，又吸纳藏传佛教，得以同藏族等高原文化统合——多元文化，多元统合，既"以少胜多"，又"以小治大"——长达268年。

森林文化南进，都城设在何地？燕京是其首选之地。金朝名臣梁襄曾在上言中论及燕京形胜，他说：

> 燕都地处雄要，北倚山险，南压区夏，若坐堂隍，俯视庭宇，本地所生，人马勇劲，亡辽虽小，止

① 《后汉书·东夷列传》卷八十五。

以得燕，故能控制南北，坐致宋币。燕盖京都之选首也。……居庸、古北、松亭、榆林等关，东西千里，山峻相连，近在都畿，易于据守，皇天本以限中外，开大金万世之基而设也。[①]

女真选择燕京，由上京迁中都。

二　金朝迁鼎中都

辽朝衰落，金朝兴起。女真族首领完颜阿骨打，在金收国元年（1115年），建立金朝，定都上京。北部的金朝和南部的宋朝，结成同盟，联合攻辽。宣和四年（1122年），金兵攻辽，夺取南京即燕京。金向宋索取大量钱米作为代价，将燕京移交给宋。宋改燕京为燕山府。宣和七年（1125年），金灭辽。同年十二月（1126年1月），金军南下攻宋，占领燕山府。第二年，北宋亡，形成金与南宋对峙、与西夏为邻的局面。

金朝，共历十帝，119年。其疆域，南到淮河—秦岭一线，北达外兴安岭，东临大海，西至今甘肃一带。

金皇统元年即南宋绍兴十一年（1141年），宋金议和，定“绍兴和议”。和议既成，岳飞被害。宋金以淮河为界。金天德三年（1151年），金帝完颜亮下令从上京迁都燕山府，修建皇城、宫城。贞元元年（1153年），金帝完颜亮从上京迁都燕山府，改名圣都，又改名为中都。改中都所在地

① 《金史·梁襄传》卷九十六。

析津府为永安府，又改为大兴府。金以燕京为中都，标志着北京正式成为皇都，并成为北中国的政治中心、文化中心。金哀宗天兴元年（1232年）十二月二十八日，金迁都汴梁（今开封）。北京作为金的都城81年。金定都北京，是东北森林文化继唐时渤海政权后，又一个森林文化建立的政权。这是北京发展史上的又一个转折点，即北京由方国都邑、北方重镇、三燕短暂都城、辽代陪都南京，而成为正式皇都。这也是森林文化破天荒地在中原农耕文化地带北京建立的政权，标志着森林文化在塞内、在中原建立起政权，统治中国北部的半壁江山。

中国古代迁都，前有北魏孝文帝从平城（今山西大同）迁都洛阳为榜样。金帝完颜亮从上京迁都燕京，也是用“南伐”之名。他为了断绝贵族恋旧之心，命“会宁府毁旧宫殿、诸大族第宅及储庆寺，仍夷其址而耕种之”[①]。平毁上京宫殿、宫城和权贵府第，以绝其北迁之念。完颜亮又决定在中都房山建皇陵，迁葬始祖以下十帝陵于大房山，以示祖陵迁至中都，再断其皇族回去祭祖之念。

完颜亮从上京迁都中都，是一个经国方略，图强图大之国策。金朝迁都中都，营建新城、宫殿、衙门、府邸、坛庙、房舍等。一座崭新的中都城，屹立在华北平原大地上，开启了北京第一次成为皇都的历史。

金朝设置六京——上京会宁府（今黑龙江省哈尔滨市阿城区）、东京辽阳府（今辽宁省辽阳市）、西京大同府（今山西省大同市）、南京开封府（今河南省开封市）、北京大

① 《金史·海陵王纪》卷五。

定府（今河北省大名县）和中都大兴府（今北京）。六京位置，燕京居中，故称中都。

金中都，府名析津府。辖十县：大兴（附广阳镇）、宛平、安次、漷阴、永清、宝坻、香河、昌平、武清、良乡；一镇：广阳。户22.5592万。[1]

金中都仿照北宋都城东京（今开封）的规制，以辽南京城为基础，改建而成。中都城分为大城、皇城和宫城三重。大城略呈方形，周长约33里，城墙高约12米，有敌楼910座，挖壕堑3层。这是北京史上第一座美轮美奂的皇都。

金中都的宫城，《金史·地理志上》记载：

> 城门十三，东曰施仁、曰宣曜、曰阳春，南曰景风、曰丰宜、曰端礼，西曰丽泽、曰颢华、曰彰义，北曰会城、曰通玄、曰崇智、曰光泰。[2]浩等取真定府潭园材木，营建宫室及凉位等十六。
>
> 应天门十一楹，左右有楼，门内有左、右翔龙门，及日华、月华门，前殿曰大安，左、右掖门，内殿东廊曰敷德门。大安殿之东北为东宫，正北列三门，中门曰粹英，为寿康宫，母后所居也。西曰会通门，门北曰承明门，又北曰昭庆门。东曰集禧门，尚书省在其外，其东西门左、右嘉会门也，门有二楼，大安殿后门之后也。其北曰宣明门，则常朝后殿门也。北曰仁政门，傍为朵殿，朵殿上为两高楼，曰东、西上阁门，内有仁政

---

① 《金史·地理志上》卷二十四。

② 有学者认为金中都北面为会城、通玄、崇智三门。

殿，常朝之所也。宫城之前廊，东西各二百余间，分为三节，节为一门。将至宫城，东西转各有廊百许间，驰道两傍植柳，廊脊覆碧瓦，宫阙殿门则纯用碧瓦。应天门旧名通天门，大定五年更。七年改福寿殿曰寿安宫。明昌五年复以隆庆宫为东宫，慈训殿为承华殿，承华殿者，皇太子所居之东宫也。泰和殿，泰和二年更名庆宁殿。又有崇庆殿。鱼藻池、瑶池殿位，贞元元年建。有神龙殿，又有观会亭。又有安仁殿、隆德殿、临芳殿。皇统元年有元和殿。有常武殿，有广武殿，为击球、习射之所。[①]

金中都宫殿，宋人记载："其宫阙壮丽，延亘阡陌，上切霄汉，虽秦阿房、汉建章不过如是。"[②]

金中都的大城、皇城、宫城，规划完整，布局周密，金碧翚飞，辉煌壮丽。它的规划布局，上承宋东京、辽南京，下启元大都。金中都开创了北京都城建筑布局的先河，元大都城有了发展，至明、清北京而臻于完善。

女真在建中都时，受汉族文化影响很大。中都大城的东、西、南、北城门，名为施仁、彰义、端礼、崇智，符合儒家"四维"—— 仁、义、礼、智之意。中都宫城的东华门与西华门，也如同宋东京宫城的如上门名。金中都城是女真森林文化同汉族农耕文化相融合的产物。同时它也保留某些森林文化的特色：如廊脊、宫阙殿门纯用碧瓦；又如常武

① 《金史·地理志上》卷二十四。

② 《日下旧闻考》引自《海陵集》。

殿、广武殿为击球、习射之所；再如驰道两旁植柳，既保留森林绿色，又保留渔猎习俗。

金中都比辽南京，有着明显的发展。如史文所载："宫阙井邑之繁丽，仓府武库之充实，百官家属皆处其内，非同曩日之陪京也。"①

金中都城的给排水系统如何？1990年，发现了金中都南城墙水关遗址。它全长43.4米，过水涵洞长21.35米，宽7.7米，出水口宽12.8米，入水口宽11.4米，底部过水面距现地表5.6米。水关为木石结构建筑，最下层基础密植木桩，其间用碎石碎砖瓦和沙土夯实。木桩上放置排列整齐的衬石枋，上面铺设地面石。这是已发现中国古代都城水关遗址中规模最大的，与宋代《营造法式》有关记载相印证，是一个古代城市给排水设施的重要实例。

金中都的水利水运，关系国计民生，有两件大事：

其一，金中都的粮食，依赖南方运输，为便于运输，兴修金沟河。从金口引卢沟（永定河）水，到通州，入潞水，既可通漕运，又可防洪水。金大定十二年（1172年），据《金史·河渠志》记载："及渠成，以地势高峻，水性浑浊，峻则奔流漩洄，啮岸善崩，浊则泥淖淤塞，积滓成浅，不能胜舟。……分卢沟为漕渠，竟未成功。"②结果，失败。后卢沟河决，金帝诏封卢沟水神为安平侯。

其二，为方便中都交通，修建了卢沟石桥。卢沟桥在当时的中国和世界，都是一座极美丽的桥梁。卢沟河桥为

---

① 《金史·梁襄传》卷九十六。

② 《金史·河渠志》卷二十七。

南北商旅的要津，以舟济渡，但河水激湍；木桥浮渡，又河水泛滥——都不便于通行。金章宗于大定二十九年（1189年）六月，命建卢沟石桥；明昌三年（1192年）三月，卢沟石桥落成，费时三年。命名为广利桥，后习称为卢沟桥。整个卢沟桥，建筑宏伟，造型优美，显示了我国古代匠师卓越的建筑艺术。《马可·波罗行纪》一书里说："这条河上有一座美丽的石桥，老实说，它是世界上最好的独一无二的桥。"后清乾隆帝御书"卢沟晓月"石碑及碑亭，就立在桥东头。

三　中都文化统合

金帝在中都大兴离宫苑囿。其规模最大的是金世宗大定十九年（1179年）兴建的大宁宫（今北海公园一带），后又称万宁宫。并挑挖海子，堆筑琼华岛，栽植林木，营构殿阁，兴建亭榭，点缀花石。将汴梁艮岳的假山石，运来构筑琼华岛小山，山上为广寒殿。金中都园林的开发，是北京古代园林史上的开拓期，为后来北京园林的布局和发展，奠定了基础。中都皇家园囿的分布，还有东苑、南苑、西苑、北苑等。

金朝女真贵族善弓马、长骑射，常在苑中骑马击球、弯弓射柳，颁赏胜者，然后赐宴。一天，金帝同妃子在园中游幸。帝出上联曰"二人土上坐"；妃对下联曰"一月日边明"。今钓鱼台迎宾馆，曾是金章宗春月钓鱼之地。著名的燕京八景，最初是在金代见称于世的。这就是：太液秋风、琼岛春阴、道陵夕照（后称金台夕照）、蓟门飞雨（后称蓟门烟树）、西山积雪（后称西山晴雪）、玉泉垂虹（后称玉泉趵突）、居庸叠翠和卢沟晓月。清乾隆帝御书“琼岛春阴”石碑，至今耸立在琼华岛上。

金中都是当时北中国的文化中心。早在金太祖时，完颜希尹参照汉字创制女真大字，于天辅三年（1119年）颁行；金熙宗时，天眷元年（1138年）又制成女真小字并颁行。至章宗时，翻译“四书”“五经”等，列为太学课程。金在中都设国子监，还设女真国子学。金实行科举考试，分乡试、府试、会试和殿试四级，最高级的考试在中都举行，殿试的榜首为状元。金在中都还设立司天台，专司天文、历法和气象之事，并招收生员培养科学人才。

教育之外，还有文学。金定中都后，皇帝贵胄中不乏能赋诗填词者。金章宗（完颜璟）观览近畿风景，作《仰山诗》云：“金色界中兜率景，碧莲花里梵王宫。鹤惊清落三更日，虎啸疏林万壑风。”诗有汉族中原文化骚风，也有女真莽林射猎野趣。他还长于填词，其《蝶恋花·聚骨扇》云：“几股湘江龙骨瘦，巧样翻腾，叠作湘波皱。金缕小钿花草斗，翠条更结同心扣。金殿珠帘闲永昼，一握清风，暂喜怀中透。急听传宣须急奏，轻轻褪入香罗袖。”这首词细腻、华丽、自然、真挚，表现出很高的汉文化素养。但是，金章宗仍然不忘狩猎，如他在明昌五年（1194年）七月初九亲御射猎，一发贯双鹿，并获鹿220头；次日，亲射获黄羊471只。[①]泰和八年（1028年）八月，“有虎至阳春门外，驾

① 《金史·章宗纪二》卷十。

出射获之”[①]。以上两例说明，金章宗完颜璟，既能弯弓射猎，又能赋诗填词，得到森林文化与农耕文化的双重滋养。

中都戏剧，演出繁盛。戏曲作家董解元的《西厢记诸宫调》最为有名。这部杰出的讲唱文学作品，主要是写张生和莺莺的恋爱故事。张生是个有情有义的青年，莺莺是个温柔美丽的姑娘。他们两人在月下西厢，依偎钟情，倾心相爱。莺莺敢于背叛封建礼教，违抗母亲严命，自许婚事，与张生同衾共枕。这是划破封建包办婚姻黑暗夜空的一道闪电。金代曾将北宋的“宫本杂剧”发展成为“院本杂剧”，使杂剧从宫廷府第走向瓦肆行院，中都的广大居民成了重要的演出观众。金杂剧为元杂剧的发展开拓了新路。

中医针灸，相当发达。先是，北宋医官王惟一主持铸造了两个空心的铜铸人体模型。其全身标注559个穴位，内有两穴一名者107个，所以全身共666个穴位。学生考试时，铜人外层涂蜡，体内装满水，穿上衣服，立于考场。考生根据命题，针刺穴位，针入水出，扎对穴位，就算正确。王惟一还编纂《新铸铜人腧穴针灸图经》一书，为广流传，刻于石上。1971年在北京明代城墙里，发现《新铸铜人腧穴针灸图经》刻石（残件）。残高99厘米，残宽55厘米。据考证，此“刻石”是由开封迁到大都。“铜人”“刻石”在元代毁于战火，其残碑置于明城墙中。因系在北京发现，且为宋金时文物，故在此介绍。

佛教流行，兴修寺塔。都城之内，佛教寺庙，星罗棋布，数以百计。金帝后出钱数万，营缮大圣安寺，佛誉日

① 《金史·五行志》卷二十三。

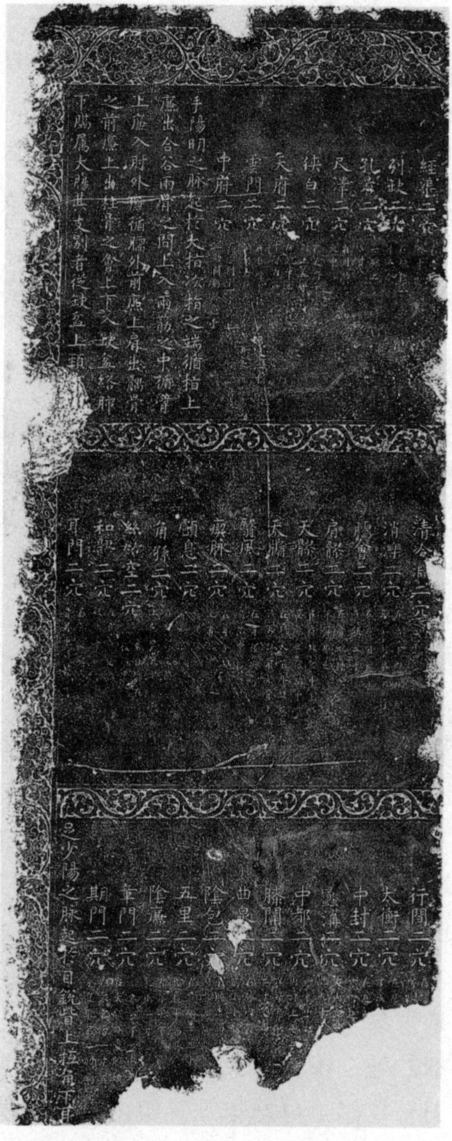

《新铸铜人腧穴针灸图经》拓片

隆，学徒万指，轮奂之美，为郡城冠。大永安寺在香山，寺分上下二院：上院依山建高阁，复筑翠华殿，复道相通，亭临泉边，叠石成峰，交植松竹；下院前开三门，中起佛殿，堂舍廊庑，靡不毕兴。全寺旃檀琉璃，万瓦鳞次，如入众香之国。寺成，金帝亲临赐名，赐田2000亩、栗7000株、钱2万贯。

金中都的寺宇，早已隳毁倾圮；但留下的塔陵，颇具艺术价值。

万松老人塔 在今西城区砖塔胡同东口，胡同由此得名。塔是为纪念万松和尚而修的。金末万松和尚，出入宫廷，声势显赫，影响很大。他为元初重臣耶律楚材之师，死后瘗骨于此，后建砖塔。塔为密檐式，八角9层，高10余米，建筑精巧，玲珑别致，是今北京西四附近的一处街景。

镇岗塔 位于今丰台区长辛店云岗村东，为八角13层花塔式的砖塔。塔座上部用砖雕制出斗拱，在拱眼上雕刻盛开的盆花等。塔身上半部装饰各种繁复的花饰，看去好似一个巨大的花束，故又称花塔。这座名塔，通体协调，花饰繁美，是北京地区难得的金代遗物。

昊天塔 位于房山区良乡镇燎石岗上，是一座八角5层楼阁式空心砖塔，高47.5米，底层每边长6米。此塔一说建于辽代，为北京现存唯一楼阁式砖塔。

银山塔林 位于今昌平区海子村西南银山南麓，人称银山宝塔，是“昌平八景”之一。在辽金时期，相传银山上下有寺院庵堂72处。银山下最大的寺院为延寿寺，又称法华寺，建于金天会三年（1125年）。银山塔林就是这一寺院中高僧的墓塔。此处古代塔群，有砖塔7座，除2座元塔外，有5

座是金塔。金塔为密檐式砖塔，体量较大，秀丽挺拔，浮雕精细，总体和谐。

金代皇陵　金陵是北京文化史上第一座皇帝陵墓群。先是，金太祖完颜阿骨打的睿陵、金太宗完颜晟的恭陵在金上京（哈尔滨市阿城区）。其先祖10位被追尊为帝，也定陵号，均在上京建了陵寝。贞元元年（1153年），海陵王迁都中都后，决定迁移其先祖陵寝到中都，营建皇陵。经考察、研究，选在大房山云峰山下。贞元三年（1155年），陵工开启，当年初成。翌年，将金太祖、太宗灵柩迁到中都新陵下葬。又追尊其父完颜宗干为德宗，也移柩大房山入葬。而后，金帝10位先祖灵柩也迁来下葬。

金朝覆亡之后，金陵得到保护。后金崛起，屡次犯顺。明天启元年（1621年），后金相继占领辽东重镇沈阳和辽东首府辽阳。天启六年（1626年），努尔哈赤发动宁远之战。翌年，皇太极又发动宁锦之战。明天启帝命挖掘金陵，破其风水。金陵遭到毁坏，夷为平地，变为民田。清入关后，对金太祖、太宗二陵，做了修葺。后经战乱，金朝陵寝，变成废墟。20世纪80年代，北京市文物考古专家对房山金陵，进行考古发掘，获得金太祖睿宗陵石碑。睿宗为世宗之父，其陵为景陵，其碑文："睿宗文武简肃皇帝之陵"10个填朱涂金大字。还发掘出土其他陵寝建筑构件等。

四　中西文化交流

金朝面临的局势，南有南宋，西有西夏，均有使节、贸易往来。

如南宋，往来使臣不断，书函、礼品、典籍、诗文等，通过使臣的互往，促进了双方的交流与交换。

如西夏，与金朝有珠玉与丝帛的贸易。[①]

如高丽，东邻高丽同金朝，“以表来贺，并贡方物”。一次，“高丽十人捕鱼，大风飘其船抵海岸，曷苏馆人获之，诏还其国”[②]。这是金朝与高丽友好文化往来的一个佳例。

金朝同西方的文化交流，虽因区划阻隔，却有重要记忆。葡萄牙人费尔南·门德斯·平托，在明嘉靖年间到过中国。他回国后在里斯本撰写的《远游记》，有传奇色彩的故事。书中讲到金中都城：“北京城为敌人所攻陷，被洗劫，夷为平地……但当时人口众多，国王富有。”[③]这或为西方首次在著述中语及金中都。

五　中都自然灾害

金中都地区的地震，重要的有10次，约平均每10年一次。如：

（1）金熙宗天会十五年（1137年）七月，京师地震。[④]

（2）金世宗大定五年（1165年）六月，京师地震，殷殷如雷。[⑤]

---

① 《金史·西夏传》卷一百三十四。

② 《金史·高丽传》卷一百三十五。

③ 〔葡〕费尔南·门德斯·平托著、金国平译《远游记》上册，澳门基金会印，第272页，1999年。

④ 《金史·世宗本纪》卷四。

⑤ 《金史·五行志》卷二十三。

（3）金世宗大定二十年（1180年）五月，京师地震。[①]

（4）金章宗明昌六年（1195年）二月，京师地震。[②]

（5）金章宗承安五年（1200年）五月，京师地震。[③]

（6）金卫绍王大安二年（1210年）二月，京师地大震，有声殷殷然。[④]同年，六月，地震；七月，地震；八月，地震；九月，地大震。

金中都地区的水灾，如金熙宗大定十七年（1177年）七月，大雨，滹沱、卢沟水溢，河决白沟。[⑤]又如宣宗贞祐二年（1214年）六月，潮白河溢。[⑥]

富丽的中都宫殿，后毁于蒙古铁骑。金大安三年（1211年），蒙古军大举向金进攻，矛头指向中都。蒙古军队先后3次攻打中都，最后对中都围而不打，中都被困乏粮，军民饿死者十有四五。金帝完颜珣遣使贡献求和，并把岐国公主献给成吉思汗，成为他的第四个妻子，蒙古军允和撤兵北返。蒙古军虽退，但中都已是一座孤城。贞祐二年（1214年），金迁都南京（今开封），车驾发中都时，仅府藏文书与典籍即运3万车。蒙古太祖十年（1215年），蒙古军夺取金中都，把府藏大量财宝席卷而去，献给了成吉思汗。北京作为金朝都城62年，至此结束。

---

① 《金史·世宗本纪》卷七。

② 《金史·五行志》卷二十三。

③ 《金史·章宗纪三》卷十一。

④ 《金史·五行志》卷二十三。

⑤ 《金史·五行志》卷二十三。

⑥ 《金史·五行志》卷二十三。

六　中都文化殇鉴

金宣宗完颜珣从中都迁都南京（今开封），是金朝由衰落走向覆亡的历史转折点。《金史》记载：“宣宗南度，弃厥本根，外狃余威，连兵宋、夏，内致困惫，自速土崩。”①虽金宣宗继位者哀宗“国君死社稷”，死而无愧焉，但他毕竟是亡国之君。

金朝灭亡，其因多元，仅择3点，加以分析。

第一，失去初心，贪图安逸。金初明君，严己清简。金世宗曾说：“朕常日御膳亦从俭省，尝有一公主至，而无余膳可与。”②其贵族、官员也有清廉者。宗室宗贤（阿鲁），政宽简，境内大治。秩满，士民数百人相率诣朝廷请留。及改武定军，百姓扶老携幼送数十里，悲号而去。秉德廉访官吏，士民持盆水与镜，前拜言曰：“使君廉明清直类此，民实赖之。”③后来金主，奢华无度。其猛安谋克制度逐渐在整体上变成一个特权性、懒惰性、腐化性、寄生性的集团。他们享有政治、经济、教育、文化、法治等特权，成为社会的特殊阶层。猛安谋克这根国家支柱、女真栋梁，无事则已，一旦有事，如腐柱支厦，稍遭风雨，轰然倒塌。

第二，政策失误，变友为敌。历史经验表明：化敌为友者胜，变友为敌者败。金朝女真进入中原之后，如何处理东

---

① 《金史·哀宗本纪下·赞曰》卷十八。

② 《金史·世宗本纪》卷八。

③ 《金史·宗贤传》卷六十六。

同高丽、南同大宋、西同西夏、北同蒙古的关系，成为其胜败兴亡的一大关键。金太祖、太宗的经验是，统而合之，分而胜之；但其后人，忘却祖训，以3个拳头，分3面出击。特别是处理同蒙古、宋朝的关系。金朝夹在蒙古与南宋之间，没有处理好同蒙古的关系，当其南进时，有后顾之忧，止于淮河—秦岭一线，无法继续南进；当其衰落时，受到蒙古与南宋双拳夹击，而没有守住江山，被蒙古军破灭。[①]

第三，决策迁都，失去民心。贞祐二年（1214年）五月，金宣宗完颜珣即位第二年，力排众议，决定迁都南京（汴梁）。迁都之后，民生凋敝。翌年五月，蒙古军攻破中都。开兴元年（1232年）正月，蒙古军与金军对峙于均州三峰山，金军大溃，声如崩山。金军官兵，无一得逃。在汴京城，“人相食”[②]，既人吃人，又大瘟疫——“汴京大疫，凡五十日，诸门出死者九十余万人”[③]。见形势危急，金哀宗出逃。二年（1233年）正月，金哀宗完颜守绪一行，逃到归德（今河南商丘）。六月，又仓皇出归德，落魄逃到蔡州（今河南汝南）。三年（1234年）正月，金哀宗以“机体肥重，不便骑马”为由，让位于完颜承麟。翌日，完颜承麟即位，百官称贺，是为末帝。当天，蔡州失陷，哀宗“自缢于幽兰轩”，末帝为“乱兵所害”，金亡。

先是，宋朝使臣范成大见中都宫殿奢华，赋《燕宫》

① 阎崇年著：《森林帝国》第七章，生活·读书·新知三联书店2018年版。

② 《金史·哀宗本纪下》卷十八。

③ 《金史·哀宗本纪上》卷十七。

诗云：“他日楚人能一炬，又从焦土说阿房。”果然，霸王项羽焚烧秦阿房宫的历史重演，中都宫殿被蒙古骑兵焚毁：“可怜一片繁华地，空见春风长绿蒿。”金中都已化为一片焦土。

第六章　第三个千年变局·元大都

蒙古文化，主要是草原文化，游牧经济，逐水草而居，衣牛羊之皮，食牛羊之肉。虽然蒙古也需要食盐、茶叶、铁器等，但总体而论，蒙古草原文化是比较单一的文化。到了中原地区之后，成吉思汗也好，忽必烈也好，都主要推行他们单一的草原文化经济。尽管后来忽必烈下令编辑《农桑辑要》，开始重视农业，尊崇孔子，开科取士，但实质上还是草原文化为主体。元大都南苑的南海子，它本来名叫“下马飞放泊”。这里本来是农田，元帝不许农民种地，而是长草、放马、骑射，种树、养鸟、狩猎。这就是草原文化对中原农耕文化的冲击。元帝每年夏季回到上都避暑、游猎、行政，而不到江南巡视，留恋草原文化生活。以蒙古草原文化，取代中原农耕文化，肯定受到中原民众反抗。最后以朱元璋为首的红巾军，举着“驱逐胡虏、恢复中华”[①]的旗子，把蒙古贵族赶到大漠以北，重新恢复汉唐两宋礼法。

北京在元朝称为大都。元朝历十一帝，共98年。元朝结束了五代十国、北宋、辽、南宋、金、西夏、西辽、蒙古、大理、吐蕃等长达363年的或分治或割据的局面，重新实现了中华文明中原农耕文化、西北草原文化、东北森林文化、西部高原文化、沿海暨岛屿海洋文化的大融合，是继汉、唐之后的又一次大统一。这个历史功绩是应当肯定的。

① 《明太祖实录》卷二十六。

元大都的历史文化，要从蒙古开始叙述。

一　蒙古兴起

在13世纪和14世纪前半叶，草原文化与农耕文化、中华文化与中亚文化、东方文化与西方文化之间，发生了空前的碰撞与交融。蒙古族首领铁木真，在13世纪初崛起，影响中国，也影响世界。

铁木真（1162—1227年），蒙古乞颜部人，幼小年纪就饱受磨难。9岁时，父亲带他去弘吉剌部求婚，但他父亲在归途中被人毒死。他母亲诃额伦靠摘山果、挖野菜，苦难度日，抚养子女。一次，他被敌部掠走，戴上木枷，当众游行，备遭凌辱。他乘其不备，逃出敌营。铁木真成年之后，善于学习，联络各部，组织军队，四处征战，势力日强。1206年（南宋开禧二年、金泰和六年），铁木真兴起于呼伦贝尔草原，在斡难河（鄂嫩河）之源蒙古忽里勒台大会上，被推为全蒙古的大汗，号成吉思汗，意思是海洋般的（或勇猛的）大汗。

成吉思汗志愿宏大，意志顽强，统一蒙古，打败金朝，灭亡西夏，征服西辽，进军西域，不断前进，派员打到伏尔加河，占有钦察草原。

蒙古太祖二十二年（1227年），66岁的成吉思汗病死在军营中。尔后经过长期复杂的汗位争夺，成吉思汗的孙子忽必烈（1215—1294年），于中统元年即南宋景定元年（1260年）五月，在位于今内蒙古锡林郭勒盟正蓝旗境，滦河上游闪电河北岸金莲川草原的开平，召开忽里勒台大会，即大汗位。中统四年（1263年）五月，忽必烈将“圣上龙飞之地，天下视为根本”的开平，升为上都。至元元年（1264年）八月，忽必烈颁诏以燕京为中都，作为陪都。四年（1267年），开始在金中都城东北营建新城，即后来的大都城。八年（1271年）十一月，忽必烈定国号为“大元”，是取儒家经典《易经》“大哉乾元”[①]之义。这表明元帝国是中原皇朝的继续，而不只限于蒙古一族。九年（1272年）二月，改中都为大都。从此，北京以“大都”名闻天下，并传诸中外史册。

忽必烈像

元帝国是中国历史上，继汉、唐之后，又一个统一的大帝国。于此，《元史·地理志》记载：

> 若元，则起朔漠，并西域，平西夏，灭女真，臣高丽，定南诏，遂下江南，而天下为一，故其地北逾阴山，西极流沙，东尽辽左，南越海表。……元东南所至不下汉、唐，而西北则过之。[②]

大元帝国的都城设在何处？是在上都开平，还是另择新址？元朝重臣霸突鲁曾提出建议，《元史·霸突鲁传》记载：

---

① 《元史·世祖本纪》卷七。

② 《元史·地理志一·序》卷五十八。

幽燕之地，龙蟠虎踞，形势雄伟，南控江淮，北连朔漠。且天子必居中以受四方朝觐。大王果欲经营天下，驻跸之所，非燕不可。

至元九年（1272年）二月，忽必烈采纳大臣霸突鲁、谋士刘秉忠的谏议，以中都为首都，改名为大都，大都建成后从开平迁过来。

元大都的行政区划，《元史·地理志》记载："大都路，唐幽州范阳郡。辽改燕京。金迁都，为大兴府。元太祖十年（1215年），克燕，初为燕京路，总管大兴府。太宗七年（1235年），置版籍。世祖至元元年（1264年），中书省臣言：'开平府阙庭所在，加号上都，燕京分立省部，亦乞正名。'遂改中都，其大兴府仍旧。"[①]元改中都为大都后，其府名大兴府仍旧。

元大都路总管府的大兴府，领六县、十州，即大兴、宛平、良乡、永清、宝坻、昌平六县；涿州（领范阳、房山二县），霸州（领益津、文安、大城、保定四县），通州（领潞、三河二县），蓟州（领渔阳、丰润、玉田、遵化、平谷五县），漷州（领香河、武清二县），顺州，檀州，东安州，固安州，龙庆州[②]（领怀来县），共十州（州共领十六县）。[③]其总数为十州二十二县。

---

① 《元史·地理志一》卷五十八。

② 龙庆州原为缙山县，因元仁宗爱育黎拔力八达在至元二十二年（1285年）诞生于县境香水园，后升改县名为龙庆州。

③ 《元史·地理志一》卷五十八。

忽必烈迁鼎大都后，北京成为元朝多民族国家的政治中心、文化中心。上都则成为陪都。[①]

元朝以上都为陪都表明，他们保留着蒙古草原文化本色。他们在上都，住蒙古包，吃牛羊肉，喝马奶茶，过着亦游牧亦渔猎的生活；但元帝以大都作全国的政治中心、文化中心。

二　元大都城

元大都城，格局宏大，气势雄伟，规划严整，建筑壮丽，经济繁盛，交通四达，影响深远，是当时中国政治中心、文化中心，也一度是世界政治中心、中外文化交流中心。西人称其为“汗八里”，意思是大汗之城。元大都城被西方认为是当时世界上最宏伟、最壮丽、最繁华的城市。

大都城的建造，从至元元年（1264年）重修琼华岛，到二十二年（1285年）旧城居民迁入新城，历时21年。刘秉忠受命“筑中都城，始建宗庙宫室”[②]。在大都城选址和营建过程中，霸突鲁和刘秉忠是两位有卓著功勋之人。

大都城分为大城、皇城和宫城三重城。

大城略呈方形，周围长2.86万米，南北长7600米，东西

---

① 元朝有大都、上都和中都三都。中都在今河北省张北县鸳鸯泊地方。元成宗去世后，其皇后谋立安西王阿南达为帝。时忽必烈曾孙海山之母等联络宗室王、大臣等迎立海山为帝。海山带兵于大德十一年（1307年），在上都即位。不久，海山下令“建行宫于旺兀察都之地，立宫阙为中都”。元朝虽有三都，但总体上实行两都制，大都为首都，上都为陪都。

② 《元史·刘秉忠传》卷一百五十七。

宽6700米。它的南城墙约在今东西长安街南侧，北城墙在健德门和安贞门外小关一线（今有元大都土城遗迹），东西城墙南段大体与后来明城墙基址相合。城墙全部用夯土筑成。城墙顶部设有半圆形瓦管排水，墙皮用芦苇编席遮盖以避风雨剥蚀。城周设11座城门：丽正门、顺承门、文明门、安贞门、健德门、光熙门、崇仁门、齐化门、肃清门、和义门、平则门。许多地名，今仍存在。城门上有门楼，外有瓮城。城四隅建角楼，环城有护城河。

皇城周长约10公里，将宫城、太液池、兴圣宫和隆福宫围隔起来。皇城南面中门为灵星门，从灵星门到丽正门之间是皇庭广场，左右两侧为千步廊。这里布设重要中央官署。在灵星门内，有金水河穿流，上建石桥，高柳万株，林水交映，气氛庄严。

宫城在皇城内南部偏东，呈长方形，周围约4公里，有四门——崇天门、东华门、西华门、厚载门。崇天门东西长约51米，南北深约16米，高约26米，门11间，门上有楼，左右两观，下开五门。宫城内的主要建筑，南面为大明殿，北面为延春阁。

大明殿是皇帝登极、元旦、庆寿、朝会的正殿。殿外台基丹墀上，种植朔漠的沙草，称“誓俭草”——“却倚阑干望青草，丹墀留与子孙看”，传示子孙要永远记着草原。殿内按照蒙古传统，设皇帝与皇后宝座，帝后并坐，临朝听政。御榻前陈设由郭守敬设计制造的七宝灯漏，高5.22米，以金为架，共分4层，外饰珍珠，内为机械，用12个木偶人，捧十二生肖。每到时辰，两门自开，偶人走出，站在板上，面向御榻，恭敬报时。它的机械藏在柜里，以水激动机器运转。

延春阁比大明殿更高，为30.72米，三重檐。大明殿和延春阁后面都有寝殿，中间有庑廊连接。里面的长春宫、清寒宫等据载住着500位妃嫔。

太液池在宫城的西面，池中盛长芙蓉。在东西两岸之间，以仪天殿（今团城）为枢纽。殿建在池中圆坻上，重檐圆顶，中设御榻。今团城玉瓮亭内，有大玉瓮，重约3500公斤，是中国现存时代最早、形体最大的传世玉器。仪天殿东为木长桥，通宫城；西为木吊桥，中间缺断，架桥船上，皇帝行幸上都期间，移船断桥，以禁往来。仪天殿之北为万寿山（金称琼华岛）。山东麓为灵囿，蓄养奇兽珍禽；山西麓布散亭殿，步移景异，宛转相迷。山巅的广寒殿，藻井彩绘，四面琐窗，中设金龙御榻。

隆福宫和兴圣宫在太液池之西。隆福宫靠南，是皇太后、皇子等的住所。围有砖墙，共开六门；兴圣宫靠北，主要居住妃嫔等。周环砖墙，也开六门。收藏文物图书、招揽学士才俊的奎章阁，也在兴圣宫内。

大都城街道呈棋盘形，南北和东西各有几条大街。大街宽24步（约24米）、小街宽12步。在南北主干大街的两旁，有排水沟渠，用石板砌筑。城内居民分为50坊，坊各有门，门署坊名。

大都城是中国古代都城史上，按照《周礼·考工记》都城方正形理念规划与设计的一个典型。这种规制严整的都城方正形理念，是儒家大一统思想在都城建设上的体现。《周礼·考工记》载述：

匠人营国，方九里，旁三门。国中九经九纬，经涂九轨。左祖右社，面朝后市。[①]

在中国历代都城中，符合上述儒家方正形理念的都城，元大都是突出的一例。太庙在之东（齐化门内），社稷坛在之西（平则门内）。城内的街道与《考工记》9条之数相符。贯穿全城南北的中轴线，南起丽正门，穿过皇城的灵星门、宫城的崇天门、厚载门，直达大天寿万宁寺的中心阁。这在中国城市建设史上既是都城文脉传承，更是一个重大创举。

元建大都，把蒙古草原文化带到大都，并体现在大都城的规划上。具体表现，主要有四：

其一，太液为主，宫殿为客。大都城的布局，中心是太液池，其东岸为大内，就是皇宫；其西岸南为隆福宫，北为兴圣宫。三组宫殿环太液池而鼎足布设。这就形成大都城规划“太液为主、宫殿为客”的格局。这种格局参照了元上都的建设规划。为什么以水为中心呢？因为对草原游牧文化来说，食牛羊之肉，衣牛羊之皮。他们“不待蚕而衣，不待耕而食”，随四时迁徙，逐水草移居。草原文化民族生活中最重要的是水和草，而草又赖水以生。所以，蒙古人视水草如生命，蒙古包的选地多在水边。明朝北京宫殿则相反：宫殿为主，太液为客。这是农耕文化在宫殿园囿建设上的布局，将皇宫用高墙围成紫禁城，西苑只是作为帝后游憩、娱乐之地。

---

① 《周礼·考工记》，十三经注疏本。

其二，宫殿布局，取围帐式。蒙古牧民居住的蒙古包，有单体式、集合式和院心式等类型。王公贵族居住的蒙古包，呈院心式——中心设大帐，环列设小帐，再外有围垣。这种建筑形式映现在大内和隆福宫、兴圣宫等主要建筑上，宫与殿之间，加筑围廊和角楼，形成周庑角楼制。陶宗仪《南村辍耕录》记载：大明殿"周庑一百二十间，高三十五尺，四隅角楼四间，重檐"；延春阁"周庑一百七十二间，四隅角楼四间"；隆福宫"周庑一百七十二间，四隅角楼四间"。朱偰先生认为："可见元代主要宫殿，皆有周庑及角楼。"大都宫殿周庑角楼之制，既是对中原宫殿宫阙廊庑传统的继承，又是蒙古草原毡帐行止在宫殿建筑上的映现。这种建筑形式对明朝北京宫殿建筑影响很大。

其三，建筑装饰，崇尚绿色。如紫檀殿，"草色髹漆"；宫殿丹墀，种植青草；兴圣宫"丹墀皆万年枝"，就是种松树；典型的是万岁山（万寿山），不仅水、树、草为绿色，而且用碧琉璃石盖山、铺路，甚至山顶大殿内外皆为绿色。于是，太液池、万岁山，山绿、水绿、树绿、草绿、石绿、殿绿，成为一片绿色世界——这是蒙古满目蓝绿色的草原文化在大都宫苑建筑色彩上的鲜丽体现。

其四，国家礼制，崇尚白色。周朝尚红，秦朝尚黑，明朝尚黄，元朝尚白。元朝蒙古，以白为尊。一如，现存《元帝像册》中元太祖成吉思汗、世祖忽必烈都戴白帽、穿白袍；二如，元朝正旦（正月初一）百官朝贺，穿白色朝服；三如，《南村辍耕录》记载"国俗尚白，以白为吉"；四如，蒙古以白鹿为图腾；五如，成吉思汗在忽里勒台大会上竖九斿白纛；六如，忽必烈在大都朝会御座旁设白伞盖；

七如，蒙古包为白色；八如，元始祖孛端义儿之母，夜寝帐中，梦白光自天窗中入卧榻，惊觉后，遂有娠，也是白色。这是元代大都的一个重要色彩特点。

总之，元大都是当时世界上最为宏伟繁华的城市。马可·波罗说：“（大都）城是如此的美丽，布置得如此巧妙，我们竟不能描写它了！”

三　国际都会

元大都是一座国际大都会。元朝的疆域，东起大海，北达外兴安岭、库页岛、贝加尔湖，西到西域，西南包括西藏，南到南海。其实，成吉思汗在1225年（南宋宝庆元年）就分封诸子，建立汗国，史称“蒙古四大汗国”或称“四大汗国”。

第一，钦察汗国为成吉思汗长子术赤的封地。术赤第二子拔都西征后，汗国的地图是：西达多瑙河下游，东到额尔齐斯河，南至高加索、里海，北迄北极圈南，地域广阔，建都萨莱（在今俄罗斯伏尔加格勒附近）。因领有钦察草原，故名钦察汗国。后得到忽必烈的正式册封。此后钦察汗国与元朝经常遣使往来。

第二，察合台汗国为成吉思汗次子察合台的封地。最盛时的范围，东起吐鲁番，西到阿姆河（今乌兹别克斯坦西境），南越兴都库什山，北达塔尔巴哈台山（今新疆塔城地域）。大帐设在阿力麻里城。阿力麻里为突厥语，意思是有苹果的地方，在今新疆伊犁河畔霍城县境。这里至今盛产苹果。城周长25公里，东西大道5公里。耶律楚材、丘处机等都到过阿力麻里。这里曾是世界五大文明——古埃及、古巴比伦、古印度、古中国、古罗马的文化交汇之地。忽必烈即位后，察合台汗国承认元朝皇帝宗主的地位，经常遣使往来。罗马教皇尼古拉四世派传教士约翰·孟德高维诺，经由阿力麻里，来到元大都。

第三，窝阔台汗国为成吉思汗第三子窝阔台的封地。其范围有叶密立（今新疆额敏县境）与霍博（今新疆和布克赛尔蒙古自治县境）等地区。后来所控制地域，以伊犁河为中心，成为中亚的一大势力。再后其领地分属，或归元朝，或归察合台汗国，或归伊利汗国。

第四，伊利汗国为成吉思汗第四子拖雷之子旭烈兀的封地。元世祖忽必烈时曾遣使传旨，将阿姆河以西直到波斯（今伊朗）国土和该地军民，划归旭烈兀的封地。其范围：东起阿姆河和印度河，西到小亚细亚大部分地区，南抵波斯湾，北至高加索山。都城先在蔑剌哈（今伊朗阿塞拜疆马拉盖），后为大不里士和苏丹尼叶（今伊朗西北部）。忽必烈曾派孛罗丞相等出使伊利汗国，双方使臣，往来频繁。后蒙古贵族帖木儿（1336—1405年），在伊利汗国基础上，建立帖木儿帝国，定都撒马尔罕（今乌兹别克斯坦境内）。这座历史文化古城，整座城市已被列为世界文化遗产。耶律楚材西行到过撒马尔罕，他的《西游录》留下记载。这个鼎盛时期的帖木儿帝国，含波斯、印度、阿塞拜疆等35个国家和地区的土地。到1507年（明正德二年），帖木儿帝国才灭亡。

由上看出，从1206年铁木真称大汗，到1368年朱元璋建立大明，约一个半世纪间，蒙古文化，盛时范围：东起大海，西达伏尔加河，南到印度河，北近北极圈南。元朝暨四大汗国的执政者，都是成吉思汗的后裔。正如《元史·地理志六》所载：

> 元有天下，薄海内外，人迹所及，皆置驿传，使驿往来，如行国中。[①]

大元帝国和四大汗国，改变了亚欧大陆的政治格局和文化生态。其时，亚洲——东亚、中亚、西亚以及南亚，欧洲——东欧、中欧、西欧以及南欧，还有东非、北非等，人类历史上第一次出现东西海陆大交通、亚欧文化大交流的盛况，文化往来，迈越前代。

四　四域商都

大都还是国际商业市场。此时蒙古的四大汗国，横跨欧亚大陆，尽管各汗国渐趋独立，但仍加强了东西方的商人往来和商品流通。

元朝的陆路贸易，以大都为中心，穿越河西走廊，到今新疆吐鲁番，然后分作3路：南路，到今新疆和田、喀什，越帕米尔高原，到撒马尔罕、阿富汗，去呼罗珊（今伊朗境），至小亚细亚，达君士坦丁堡；中路，经伊犁，南行到今伊朗等，西行经钦察汗国，到达伏尔加河畔的萨莱；北路，经阿勒泰，到俄罗斯、喀尔喀蒙古等地。阿拉伯等商

---

① 《元史·地理志六》卷六十三。

人，往来大都贸易。

元朝的海路贸易相当发达。海上通路，由登州、明州（宁波）、苏州，通往高丽（朝鲜）、日本；由泉州、广州等南达爪哇、苏门答腊，西通印度、锡兰（今斯里兰卡），并通阿拉伯半岛和东非。海外贸易进口的丁香、豆蔻、胡椒、钻石、珠宝、玳瑁、象牙、犀角、珊瑚和药物等，从广州、杭州、苏州等地，经陆路、漕运和海运，汇聚到大都。

大都是元代的交通中心。漕运、海运和驿站的畅通，促进了行政统一、信息传递、使臣往来、商业繁荣、文化交流。元定鼎大都，开会通河，又开通惠河，便利漕运。江南的粮货，经大运河水运，直抵大都积水潭。海运则由长江口刘家港入海放洋，运至直沽交卸。海运官船900余艘，分纲航运，多时运粮达330余万石。还有驿站——陆站、水站。《永乐大典·站赤》篇对元朝驿站有详细记载。东北至奴尔干（黑龙江入海口地带），北到吉利吉斯部落（今叶尼塞河上游），西南达西藏地区，共设驿站1519处。其中，陆站——马站、牛站、狗站与车站、轿站共1095处；水站有424处，从而形成以大都为中心的交通网络。

大都是元代的商业中心。大都城中，商业繁盛，人口稠密，市集四布，各种市集有30多处。依照皇都“面朝背市”的设计原则，城市的商业闹市区在宫城以北、全城中心钟鼓楼一带。钟鼓楼西的积水潭，是繁忙的运河码头，南来的货船都在这里停泊。积水潭附近布满歌楼酒肆，是富商贵族寻欢作乐之地，也是兵民买卖货物之所。商品交易，需要货币。元代纸币“至元通行宝钞”，是1959年在西藏萨迦寺内发现的，纵31厘米，横21.8厘米，弥足珍贵。

马可·波罗说，汗八里城住着许多商人和外国人，这座城像是一座大商场。世界上再没有别的城市能运进这么多的宝货。汗八里城周围各城市的商民都要来到这里买卖货物。他赞叹说："外国巨价异物及百货之输入此城者，世界诸城，无能与比！……百物输入之众，有如川流之不息，仅丝一项，每日入城者计有千车。用此丝制作不少金锦绸绢，及其他数种物品。"天下宝物，尽入大都，世界各都，无与伦比。

大都是世界繁荣的贸易名城。中国名产珍品，由大都输向各国；外国许多商品，来大都贡市销售。西方的葡萄酒传到大都，宫内有酿造葡萄酒室。国外的和外地的百货，经运河或海上，汇聚到大都城内积水潭，舳舻蔽水，繁荣已极。四域富商大贾，八方奇珍异宝，车载舟运，齐集大都。据载：当时举凡"天生地产，鬼宝神爱，人造物化，山奇海怪，不求而自至，不集而自萃"。

五　科技文化

中国科学技术在元代居于世界先列。如郭守敬（1231—1316年），河北邢台人，长于天文学、水利学、历法学、数学等，他设计制造了测量赤道坐标和地平坐标的简仪，并制造了测量日影长度的圭表以及仰仪、候极仪等10余种天文仪器。他主持编制的《授时历》，精确度以365.2425天为一年，与地球绕太阳一周公转的实际时间只差26秒，其准确程度与现行公历相同，但公历的使用要比《授时历》晚300年左右。他主持在全国北纬15°~65°设置27个观测站，进行大地测量。郭守敬为天文历法科学做出了杰出的贡献。他于兴修大都水利工程，也有重大贡献（后文另述）。另外，元继金后，在大都设置司天台。后明、清两代的观象台，也都设置在这里。今存建国门外观象台为明代所建，台上仪器则为清代所造。

大都在文化上既体现了儒释道的交融，又体现了多民族文化交融的特征。其佛寺，华严宏大，宝刹林立，香火繁盛。今阜成门内大圣寿万安寺（白塔寺），寺内的妙应寺白塔，高50.9米，精严壮丽，规模宏阔。其兴建历时8年，尼泊尔工艺家阿尼哥参加设计，并通过他把尼泊尔白塔形制传入大都。白塔中珍藏着许多宝物——1978年夏，北京市文物部门维修白塔，在塔顶发现一尊"赤金舍利长寿佛"，佛身嵌有44颗红宝石，手中捧着一颗舍利子，是一件文物珍宝。居庸关云台，券门内壁石刻梵、藏、八思巴、维吾尔、西夏、汉6种文字的《陀罗尼经咒》等，是研究佛教经典和古代文字的宝贵资料。

元帝不仅崇佛，而且尊儒。国子监是元代的最高学府，主要教授儒学。它建于大德十年（1306年），在今安定门内成贤街。入学的监生有蒙、回、汉、女真等族的学生，还有高丽（今朝鲜）、暹罗（今泰国）、安南（今越南）和日本的留学生。至今孔庙尚有元代进士题名碑3通。现国子监建筑经明、清两代重修。

道教全真道派丘处机（1148—1227年），字通密，号长春子，今山东烟台栖霞人，拜宁海（今烟台牟平）昆嵛山全真教王重阳为师而出家。重阳仙逝后，他诚修苦行，入穴居住，乞食度日，行携一蓑，精心求道，名扬远近。蒙古太祖十七年（1222年），成吉思汗在阿姆河畔营帐里，接见了丘处机。成吉思汗和丘处机论道3日，并请他讲授治国与长生之术。丘处机针对蒙古军的屠杀和焚掠，讲述治国和养生的真言：

为治之方，以敬天爱民为本；
长生之道，以清心寡欲为要。

成吉思汗深信其言，赐号“神仙”，掌管天下道教。后命丘处机住持今北京西便门外的道观太极宫（今白云观）。丘处机逝世后，其遗骨埋葬此处，又改称白云观。元世祖忽必烈对其褒赠，世号长春真人。其弟子李志常撰著《长春真人西游记》，记述其言行事迹。观内珍藏明代正统十年（1445年）刻印的一部道教经典《道藏》，计5305卷，分装480函。这是今存最早的道教经书总集。

雪山应聘图

大都是元杂剧的摇篮。在通称“元曲四大家”中，关汉卿、王实甫、马致远都是大都人；白朴虽不是大都人，也长期在大都生活和创作。《录鬼簿》一书称关汉卿在大都是“驱梨园领袖，总编修师首，捻杂剧班头”。他一生创作杂剧60余种，传世10余种。他的《窦娥冤》《救风尘》《单刀会》等，脍炙人口。著名女演员有珠帘秀、顺时秀、天然秀、赛帘秀和燕山秀等“五秀”，她们歌声高婉，表演动人，技艺精绝，揭帘倾城，对于丰富大都市民的精神生活和促进杂剧发展，并于艺术传承，起了积极作用。

大都的民间技艺——杂技、唱词、相扑，以及傀儡戏等，非常活跃，备受喜爱。

大都书画，人才济济。赵孟頫（1254—1322年），字子昂，工诗文，长绘画，通晓音律，尤精书法，“篆、籀、分、隶、真、行、草书，无不冠绝古今，遂以书名天下”，是一位全面的艺术大师。他原是浙江湖州人，为宋宗室后裔，后到大都，仕元做官。他的画作有《鹊华秋色图》《秋郊饮马图》《红衣罗汉像》等，书法有《四体千字文》《闲居赋》《洛神赋》等。赵孟頫的书法，被誉为“超宋迈唐，直接右军”，世称赵体，开启新风，为元代之第一人，对后世影响极大。尤在清朝乾隆年间，提倡赵书，风行一时。其夫人管道升也诗、书、画俱佳。

大都的画坛呈现出繁荣的局面，据元末《图画宝鉴》一书著录，知名画家约200人，其中一部分是大都人，还有许多人曾经在大都创作，如山水画赵孟頫、张彦辅，竹木画李衎、王冕，人物画李肖岩、陈芝田，界画何澄、王振鹏等，代表了元代的绘画水平。传世的元代界画《卢沟运筏图》，描绘了大都西南卢沟桥一带的秀丽景色，帆船穿梭运行的情景，是一件艺术珍品。

现存关于元大都的两部重要的个人著述：一是熊梦祥所著《析津志》，其原本已佚，清人缪荃孙从《永乐大典》残卷中辑出，成为《析津志辑佚》；二是陶宗仪的《南村辍耕录》。以上二书，具有重要的文献与史料价值。

六　大都英杰

元大都人文荟萃，亦英杰辈出。

刘秉忠（1216—1274年），今河北邢台人，先入全真道，后出家为僧，法名子聪，又兼通儒家经典，是亦道、亦僧、亦儒的杰出之人。秉忠被海云法师荐入忽必烈王府，受知遇30余年至终老。他一生主要做了9件事：一是建议并制定官爵、赋税、礼仪、朝规等各项制度；二是监筑元上都开平城垣宫殿；三是请据《易经》“大哉乾元”之义，建国号为大元；四是主持规划设计并监修元大都城宫殿坛庙；五是建议尊孔子、建文庙、兴学校、开科举；六是建议纂修《金史》，重视以史为鉴；七是提出“国不足、取于民，民不足、取于国，相须如鱼水”的民与国如鱼水协和的理念；八是建议“务农桑、营产业”的农本治策；九是建议废止鞭刑等。他提出的“建言十二策”，有利于草原文化与农耕文化共同发展，均被忽必烈采纳。至元十一年（1274年），秉忠无疾，端坐而卒，年五十九。历官至极品，追谥常山王。史评：“秉忠自幼好学，至老不衰，虽位极人臣，而斋居蔬食，终日淡然，不异平昔。”[①]刘秉忠虽位极人臣，却野服散号，自称藏春散人。死后葬卢沟桥北。[②]

宋本（1281—1334年），字诚夫，大都（今北京）人。自幼好学，颖拔超群，日夜苦读，力求贯通。至治元年

① 《元史·刘秉忠传》卷一百五十七。

② 王启淑《水曹清暇录》卷二。

（1321年），廷试赐进士第一，即状元及第，授翰林修撰。任御史时，惩治特权，纠察贪腐，清廉自励。后升吏部侍郎、奎章阁学士院承制学士、礼部尚书，兼经筵官和国子监祭酒。宋本为官，高抗不屈，持论刚正，坚若金铁，制行纯白。继承其父清贫家风。其父为官贫苦，变卖住宅，居官清慎自持，甚至于连粥都不饱腹。宋本后官宦显通，仍租房居住。卒年五十四。死时，无钱买棺入殓。送葬时约2000人，多为大夫缙绅、门生故旧及国子诸生，哀泣一片，时人荣之。著有《至治集》40卷，流传于世。[①]

七　大元青花

元代青花瓷是瓷器史上伟大的创新。在元代国家空前一统、海陆四通八达、草原文化主体、工匠地位突显的大文化背景下，来自各方各地的陶瓷工匠，对元青花瓷器的创新与发展，做出了重大贡献。

发现　青花瓷器在元代已经远销东南亚、南亚、中亚和西亚等地区，但元亡之后，后人渐不知晓，亦没有文献记载，人们见到青花瓷器，便以为是明朝烧制。到1929年，英国大英博物馆瓷器专家罗伯特·洛克哈特·霍布森（Robert Lockhart Hobson，1872—1941年），发表一篇学术论文，考证该馆珍存的“至正十一年”铭青花云龙纹象耳瓶（后为一对），从瓷瓶铭文可知：时间为元至正十一年（1351年），地点在今中国江西婺源，器用为张文进定制，用途系供奉于

① 《元史·宋本传》卷一百八十二。

星源祖殿，祈愿是“合家清吉，子女平安”。这是至今发现最早、有汉字铭文的元青花瓷瓶，但仅是个例。后经美国学者约翰·亚历山大·波普（John Alexander Pope，1906—1982年）研究，分别在1950年、1952年、1956年发表论文，考证元青花瓷器不是个案，而是“14世纪型”一类瓷器。[①]从此，青花瓷器最先出现在元代中国景德镇，为世人所知，并有了共识。后在江西高安出土窖藏元青花墨书带盖梅瓶（6只）、高足杯（9件）等，在今河北保定出土元青花釉里红开光镂雕花卉纹罐（2个），在北京西直门地区出土元大都窖藏青花凤头扁壶一件。扁壶花纹生动，图饰典雅，造型精美，色彩鲜艳，壶嘴为昂起的凤头，壶腹做蓝彩绘画的凤身，壶把是上卷的凤尾，壶身凤羽丰满，有一腾则飞之妙。另一只元青花扁壶出土于新疆伊犁霍城（元察合台都城阿力麻里）。大量实物、窑址遗存、青花图案、器物汉字等都确凿证明，元青花瓷器出现在中国元朝景德镇。青花瓷器之出现在元代，时代提供了重要的条件。

条件　首先，重视工匠。草原文化的民族，在士农工商四民中，更为重视工匠。如成吉思汗时代，工匠的地位，既优于士农，也优于商贾。成吉思汗西征时，每攻陷一座城镇，往往要屠城，“惟工匠得免”[②]，留下来使用。元朝重视工匠，讲一个故事：一天，成吉思汗拿着一件他亲自射箭也穿不透的铁甲，对制作的工匠赞不绝口说：“你啊！也

---

① 阎崇年著：《御窑千年》，生活·读书·新知三联书店2017年版，第51～69页。

② 《元史·张雄飞传》卷一百六十三。

可兀兰！”匠人大喜，叩头谢恩。因为他知道这是大汗用蒙古语称赞自己是一位“伟大的工匠”！成吉思汗非常器重手工艺工匠，所到之地，广泛搜罗能工巧匠，加以收编，强行迁徙，加以集中，发挥其长。这就为元代瓷器制造准备了工匠群体。《元史》有《工艺列传》，就是记载工匠艺人的传记。是为“二十四史”和《清史稿》所仅见。

其次，数量庞大。成吉思汗仅在攻陷撒马尔罕一地就获得“有手艺的工匠”3万。南京（今开封市）城降之后，令征招诸匠，“一日应募者数千”。忽必烈即位后，多次大规模招收工匠，至元十二年（1275年），从招收的30多万户江南工匠中“选有艺业者”10余万。窝阔台经略金朝地域时，仅从中原“括其民匠，得七十二万余户”[①]。

又次，管理严格。元时官营手工业发达，形成从朝廷到地方的官府手工业系统，其规模、产量和分布都超过前代。政府建立匠籍，进行编户，组织生产，严格管理。《元经世大典》列官营手工业共22个门类，涉及土木、兵器、金工、玉工、纺织、皮毛、瓷器等军器和宫廷、官府消费的一切领域，种类繁多，机构庞大，管理严密。

再次，待遇较优。元政府对属官匠户实行“给之食、复其户”的政策。“给之食”就是供给饭食。在元初，曾规定，每名工匠每月支米4斗、盐半斤。“复其户”就是免徭役，如“一丁入局，全家丝银，尽行除免”。工匠虽丧失许多自由，生活颇为艰苦，但较农民要好一些。

最后，专业精细。元政府对能工巧匠，集中生产，分类

① 《元史·阔阔不花传》卷一百二十三。

管理。通行终身制和世袭制——从小学艺，终身不辍，匠身匠心，匠技匠艺，业业专精，代代相传；又分工精细，技艺纯熟，既保障工匠创新器物，又保障生产精美器物。

创新 元青花瓷器的创新价值在于：第一，用二元配方，即原用瓷石，后加瓷土（高岭土），粉碎成末，按成调和，加以使用。第二，开始烧造彩色瓷器。元之前的瓷器，主要是单色瓷器，如黑、黄、白、密色等。从元代开始，用钴为颜料，经过高温烧制而成乳白色底、蓝色花图的青花瓷器。第三，温度高，用大窑，烧松木，窑火温度能达到1300℃以上。第四，因元朝和四大汗国联通，产于中亚的矿料钴，运到元朝。于是，中国工匠和技师共同烧造出元青花瓷器。中国元青花瓷器是中国文化对人类文化的伟大贡献。后人总结烧造出元青花瓷器，需要72道工序。元青花、釉里红、霁青、蓝釉等创新品种的瓷器，无论在工艺上，还是在艺术上，都呈现出划时代的创新，从而处于世界引领地位。

管理 元朝政府设立将作院，职掌百色工艺。其主官正二品，官位比正三品的吏部、户部、礼部、兵部、刑部、工部的六部尚书还高一品。其下设浮梁磁局，掌管烧造瓷器事务。还设诸色人匠总管府，正三品，掌管百工技艺。这说明元廷对百工制作、对瓷器烧造之重视。

交流 发展促进交流，交流促进发展。元朝海陆，四通八达。其海路，通过今山东登州、江苏太仓、浙江宁波、福建泉州、广东阳江等，通向日本、朝鲜、印度尼西亚、印度、北非、地中海等地域。元朝陆路，前已述及，西达君士坦丁堡、北非等地。在东南亚爪哇、中亚伊朗、西亚君士坦丁堡、北非安哥瓦纳等地，都发现元青花瓷器或瓷片。

八　卓越工匠

在《元史·工艺列传》中，为雕塑家刘元、建筑家阿尼哥等立传。刘元和阿尼哥是元大都工匠的佼佼者。

刘元，字秉元，今天津市宝坻区人。曾从阿尼哥学雕塑佛像，被誉称绝艺。时大都与上都名刹大寺，雕塑佛像，均出元手，神思妙合，天下称赞。后大都东岳庙，塑造关帝像，巍巍然有帝王之度，其侍臣像，乃若忧深思远者。遽走庙中为之，即日成，士大夫观者，咸叹异焉。刘元官做到昭文馆大学士，以寿终。[①]刘元以其雕塑绝艺，在当朝被塑像祭祀。后民间讹传刘元为刘兰，北京西城刘兰塑胡同，相传刘元曾居此，胡同因以得名。在元、明、清，直到当代，沿袭不变。

阿尼哥（1245—1306年），今尼泊尔人。自幼聪敏颖悟，稍长诵习佛书，后专攻塑像。擅长画塑、铸金为像。中统元年（1260年），在吐蕃（今西藏）建黄金塔，尼泊尔选送匠人，阿尼哥年十七，请行，以其年幼未准。他说："我年幼心不幼！"于是，被派遣。第二年，塔成，到大都，受到元帝接见。问他："你来大国，不害怕吗？"回答："圣人子育万方，子至父前，何惧之有？"又指针灸铜像，问他："年久已坏，你能修好吗？"回答："臣请试之。"至元二年（1265年），新像成，巧夺天工，莫不愧服。后大都、上都寺观神像，多出其手。至元十年（1273年），授为匠人总管。后升大司徒、领将作院事。卒，赠太

① 《元史·刘元传》卷二百三。

师、凉国公、上柱国。[①]其子阿述腊，官诸色人匠总管府达鲁花赤。[②]

九　大都水利

对于大都的水利，郭守敬等做出了卓越贡献。

自隋唐至元以前，大运河以洛阳为中心；元代以大都为中心。于是，将原有大运河去弯取直，开挖济宁到临清的会通河等河段。经过调整河段后，京杭之间距离，比隋唐运河缩短近800公里。[③]郭守敬对大都水利的重大贡献，是主持开凿通惠河。

至元二十八年（1291年），都水监郭守敬奉诏主持兴修大都水利，自今北京昌平区化庄村（白浮村）引神山泉（白浮泉）水，西折而南，过双塔、榆河、一亩、玉泉诸水，经瓮山泊（今昆明湖），流过高梁桥，自西水门入城，汇注积水潭，再东折而南，出万宁桥，沿皇城南流，出丽正门水关，流至通州高丽庄入白河，全长约164里。[④]兴工之日，元世祖忽必烈命："丞相以下，皆亲操畚锸为之倡。"[⑤]自广源

---

① 《元史·阿尼哥传》卷二百三。

② 达鲁花赤，蒙古语译音，官名。《辞海》释文："世祖至元二年（1265年）规定，各路达鲁花赤必须由蒙古人或个别出身高贵的色目人担任，汉人、南人一律不得任此职。"

③ 韩国生：《西海之畔仰望郭守敬》，载于《北京晚报》2018年12月26日版。

④ 顾炎武：《昌平山水记》卷上。

⑤ 《元史·河渠志一》卷十六。

闸到通州，长约40公里，因地形西高东低，落差30余米，需要建闸——共24座闸坝[①]，以分段控制与调节水流，使漕船通过。开辟通惠河，直达通州。于是，漕船从通州可以直达积水潭。此前，通州至大都，陆运官粮，每年300多万石，遇上雨季，驴畜死者，不可统计，至是皆罢之。工竣后，忽必烈帝自上都回大都，“过积水潭，见舳舻蔽水，大悦，名曰通惠河”[②]。通惠河的开通，对于便利漕运、大都供水、城市景观和环境绿化等，具有多元的文化意义。

京杭大运河漕运的终点积水潭，又称西海，元时宋本《海子》诗曰：

渡桥西望似江乡，隔岸楼台罨画妆。
十顷玻璃秋影碧，照人骑马入宫墙。

积水潭不仅是大运河漕运终点码头，而且是大都最繁华的闹市区。

郭守敬的重大功绩，改变了元朝一项官制。其时，官员年到七十，可以致仕，唯独郭守敬因其“信得过、用得上、离不开”，两次不许其退休之请。从此，翰林太史司天官不致仕，著为令。郭守敬官至昭文馆大学士、知太史院事，病

① 通惠河24闸：广源上闸、下闸，西城上闸、下闸，朝宗上闸、下闸，澄清上闸、中闸、下闸，文明上闸、下闸，惠和上闸、下闸，庆丰上闸、下闸，平津上闸、中闸、下闸，博济上闸、下闸，通流上闸、下闸，广利上闸、下闸。

② 《元史·郭守敬传》卷一百六十四。

老卒于官，年八十六。今京密引水渠大体沿用郭守敬设计的渠道。后人为纪念郭守敬建汇通祠，建“郭守敬纪念馆”。

大都水利，也有教训，主要是对金口河的处理。金朝治金口失败，前面已述。元顺帝至正二年（1342年），为解决运输烧煤、木材和粮食之需，右丞相脱脱忘记金朝的历史教训，采纳中书参议平章孛罗帖木儿和都水监傅佐的建议，重开金口。左丞相许有壬力诤不从。竣工之后，开闸放水，“水至所挑河道，波涨潺汹，冲崩堤岸，居民彷徨，官为失措，漫注支岸，卒不可遏”[①]。御史纠劾建言者，孛罗帖木儿和傅佐伏诛。

许有壬，历事七朝，达50年，“遇国家大事，无不尽言，皆一根至理，而曲尽人情。当权臣恣睢之时，稍忤意，辄诛窜随之，有壬绝不为巧避计，事有不便，明辨力诤，不知有死生利害”。官中书左丞、集贤殿大学士。卒年七十八。有《至正集》传世。[②]

十　中西文化交流

元大都的对外文化交流，除与亚洲——东北亚、东南亚、南亚、中亚、西亚继续进行文化交流外，出现同欧洲文化广泛交流的新局面、新特点，且影响中国近现代历史进程。为突出这个新特点，从元大都开始，明、清北京继之，于“中西文化交流”多些笔墨，做更多介绍。

---

① 《析津志辑佚》，北京古籍出版社，第244～245页。

② 《元史·许有壬传》卷一百八十二。

先是，蒙古军几次大规模的西征，钦察汗国、察合台汗国、窝阔台汗国、伊利汗国等四大汗国的建立，揭开了中国与中亚、西亚、欧洲、北非文化交流的新篇章。忽必烈定鼎大都后，元大都对亚、非、欧三大洲的文化交流，在中华文化史上，出现了空前之盛况，书写出历史新篇章。外国的使臣、教士、商人、科学家和医生等成批地来到大都，中国的使臣、教士、商人、科学家和医生等也大量地去往世界各地，大都成为当时世界文化交流的一个中心。主要特点是：其一，交流范围空前广阔，包括亚洲、非洲、欧洲；其二，交流途径海路与陆路并行；其三，交流人员包括使臣、僧侣、商贾、学者、探险家等；其四，交流内容极为宽泛；其五，同欧洲文化多元联系；其六，影响之广、之远、之深、之久，实属空前。

在东北亚，高丽（朝鲜）同元朝的关系密切。元仁宗赠给高丽4300多册宋朝秘阁珍藏的善本。两国的商人和僧人也各将本国的大批书籍运入对方境内。高丽纸运到大都，很受士大夫的喜爱。高丽还派留学生到大都国子监学习。程朱理学在元初传入高丽。元至元二十六年（1289年），高丽人安珦在大都获得《朱子全书》，回国后在太学讲授“朱子学”。后来白颐正从大都带回许多程朱理学著作，也在其太学传授。高丽又刊行了朱熹的《四书集注》，理学在高丽开始广泛传播。皇庆元年（1312年），高丽诗人李希贤来大都，长期居住，与赵孟頫等过往甚密。日本是中国一衣带水的邻邦。元代中日商人和僧人的往来，加强了两国经济文化的交流。大都的许多书籍、绘画、书法传入日本，特别是元僧在日本传播程朱理学，后来对日本思想界产生很大的影响。

在东南亚诸国，友好往来，相沿已久，元代大都，更有发展。交趾（今越南）、缅甸、暹罗（今泰国）的使臣到大都，元曾3次遣使往暹罗。南海诸国多遣使至大都纳贡，并进行文化交流。此外，元廷遣使到印度、锡兰（今斯里兰卡），求得佛牙、佛骨等奉还大都。

在中西亚，汪大渊的《岛夷志略》与《出使波斯国石刻》，一文一物，足为史证。全书记述所到诸国的风土人情、物产名胜。书中提及地名200多个，贸易物品300多种。《出使波斯国石刻》于1953年在福建泉州出土，石上文字是："大元进贡宝货，蒙圣恩赐赉。至于大德三年内，悬带金字海青牌面，奉使火鲁没思田地勾当。蒙哈赞大王，特赐七宝货物，呈献朝廷，再蒙旌赏。自后回归泉州本家居住，不幸于大德八年十……"（残）。是说当事者受波斯国之托，向元朝呈献贡品。他又被委派出使波斯。这是元朝与中亚国家往来的珉石之证。

元代的匠师、医生等到中亚、西亚地区，把中国人发明的火药及其使用方法传了过去，并经阿拉伯而传入欧洲，对世界文明的发展做出了贡献。政治家耶律楚材曾亲历中亚。阿拉伯的医学和天文学等也传入大都。波斯大文学家札马剌丁来到大都，带来了天文仪器和回回历法。忽必烈曾一度颁行这种历法。札马剌丁制造了"咱秃哈剌吉"（浑天仪）等7种天文仪器，并担任回回司天监负责人。在大都的秘书监里，保存有大量的回回书籍，其中多数是阿拉伯人关于天文历法、仪器制造和医学药物等方面的著作。回回医学在大都颇负盛名。元政府在太医院下面设置广惠司，掌管回回医药事务。它的创建者是叙利亚人爱薛。著名的《回回药方》，也是从伊斯兰国家传来的。大食人也黑迭儿为大都城的设计和营建，做出了重大的贡献。中西亚的工匠和钴料东传，在元朝创制出元青花瓷器，前述在大都和义门（今西直门）地区出土元大都窖藏青花凤头扁壶，就是一个生动的例证。

元朝同非洲的联系增多。据史书载述，忽必烈时，朝中有埃及地方之人，被忽必烈派往福州城，授民以制糖技术。同书还记载，忽必烈曾派使臣至东非马达加斯加岛。使臣回来后，向忽必烈奏报该岛的奇闻。元末到过中国的摩洛哥大旅行家在《伊本·白图泰游记》一书中，对大都城做了生动的描述，为中非文化交往留下了珍贵的资料。

大都同西方特别是同西欧的文化交流，突出者有3人：

马可·波罗（Marco Polo，约1254—1324年），意大利人，随其父、叔往东方，长途跋涉，历尽艰难，来到大都，深得忽必烈信任。据考证他在华17年，其中在大都居住约有9年。至元二十八年（1291年），忽必烈应伊利汗国请求，将阔阔真公主嫁给阿鲁浑汗。马可·波罗随同阿鲁浑汗的使臣护送公主，任务完成后，返抵威尼斯。后遭下狱，口述见闻，经过整理，成为《马可·波罗行纪》。这是西方第一部较详细介绍中国、着重介绍大都的著作。书中“大汗之宫廷”“桑干河石桥”等尤为具体。还介绍大都宫殿、城垣、门阙、禁卫、朝会、节庆、宴饮、狩猎、太液池、万岁山、街道、用煤、饮酒、民舍、习俗、纸币、商贸等，记述详细，备受赞扬。此书先后有原本、抄本、印本等不同文（英、法、德、俄等文）本、版本，据统计达143种之多。《马可·波罗行纪》被誉为“首次向西方打开了神秘的东方世界的大门”。著名航海家哥伦布熟读《马可·波罗行纪》，在书中做了一百多处眉批，探寻通向大都的航道。[①]

鄂多立克（Odorico da Pordenone，1286—1331年），意大利人，罗马教廷方济各会会士，由海路东游来华，先抵扬州，后循运河乘船北上，元泰定二年（1325年）到大都，五年（1328年）离开，在大都寓居3年。他取道陆路回国后，在病榻上口述东游回忆，后出版《鄂多立克东游录》。其各种不同语言版本达76种之多，影响之大，由此可见。他在书中，专列章节，描述大都的城垣、宫殿、太液池、万岁山、宫廷宴会、园囿动物、元帝出巡、狩猎活动、节庆盛会等，或详或略，都有记述。这是继马可·波罗之后，对大都又一重要见闻录，对西方了解中国、了解大都产生广泛而深远的影响。

孟高维诺（Giovvanni da Montecorvino，1247—1328年），罗马教廷方济各会会士，受教皇尼古拉四世派遣，前往大都。孟高维诺一行，先到波斯，后经海道在印度登陆，再经海道到达中国福建泉州。元世祖至元三十年（1293年）来到大都，受到忽必烈的接见。他被允许在大都传教，曾任大都总主教，并设立3座教堂，据载先后收纳教徒6000余人。他有两封在大都书写并发给教皇的书信。这两封书信分别写于元成宗大德九年（1305年）和十年（1306年）。其第一封信的大意是：

① 欧阳哲生著：《古代北京与西方文明》，北京大学出版社2018年版。

皇帝之号曰大汗。余谒见时递呈教皇之国书，请其改奉基督正宗，然遭到拒绝。大汗对基督教徒颇宽厚。余于京城汗八里筑教堂一所，六年前已竣工。又建钟楼一座，置三钟焉。自抵此以来，共计受洗者达六千余人。

据余所闻，世界王公土地之广，人口之庶，财赋之富，无有能与大汗陛下比拟者矣。

其第二封信的大意是：

一千三百零五年，余在大汗宫门前，又建新教堂一所。堂与大汗宫仅一街之隔。第一教堂与第二教堂，皆在城内。东方诸邦，尤以大汗所辖国境，庞大无比，全世界各国，莫与比京。

罗马教皇收到孟高维诺两封书信后，回了一封书信。这3封书信，被收集在张星烺编注、朱杰勤校订的《中西交通史料汇编》一书中。

这3封书信是元朝与罗马教廷文化往来、西人对大都了解的历史见证。

孟高维诺死后，元顺帝派遣使团往罗马，受到教皇别内迪克十二世的接待。教皇派出一个使团东来，至正二年（1342年）七月，使团抵上都，向顺帝献骏马，群臣争献《天马赋》。使团在大都留居3年，然后西归。

总之，西方到过元大都的商人、教士、旅行家、探险者，如柏朗嘉宾、罗伯鲁、马可·波罗、孟高维诺、和德里、马黎诺里等，都对大都有美好的记忆。大都对世界的影响，超出汉代的西域（中亚）、盛唐的西天（印度），延伸到欧洲——既在中国出现西方文化元素，也在西方出现中国文化元素。后者是一把双刃剑——一方面将中华的文明、礼仪、富强、昌盛，传播到西方；另一方面诱发了西方一些探险家、殖民者，攫取中国土地、资源、财富、珍宝的野心，从而埋下后来西方殖民者以坚船利炮叩打中华国门的强盗行径之诱因。

十一　大都自然灾害

大都自然灾害，列举瘟疫、水灾、地震等几个方面，极为严重者，如下：

瘟疫　元至正十八年（1358年），《元史·朴不花传》记载："京师大饥疫。"仅宦官朴不花请示朝廷恩准，允许买地埋葬饥疫死者尸体，"前后瘗者二十万"。《元史·后妃传》亦记载：顺帝皇后奇氏出资，命官"葬死者遗骼十余万"。上述两个数字可能有张饰，但死亡人数一定相当可观，情状之惨，令人震惊。

水灾　水，一直是烦恼元帝管理大都的一个难题。水丰则涝灾或洪灾，水缺则旱灾或蝗灾。其中，元贞二年（1296年），大都路大水，损庄稼7000余顷；大德四年（1300年），通州等大水；元统元年（1333年），京畿大霖雨，水平地丈余；翌年，通州大水；至元三年（1337年）六月，"浑河水溢，没人畜、庐舍甚众"；六年（1340年），京畿五州十一县大水；至正二十年（1360年），通州大水。

地震　据《北京地震考古》记载统计，元代在元大都地区发生的地震共有15次。[①]平均6.5年一次，算是比较频繁的。其中有3次较大地震，平均约30年发生一次。

十二　大都文化殇鉴

元朝之亡，原因很多，择其要者，主要有三：

其一，灾害严重。元末帝至正后期，各地频繁奏报“大饥”，甚至蔓延到大都：至正十八年（1358年），“京师大饥，人相食”；十九年（1359年），“京师大饥，银一锭得米仅八斗，死者无算。通州民刘五，杀其子而食之。保定路殍死盈道，军士掠孱弱以为食”[②]。既然灾害严重，却又赈灾无方，民众无奈，揭竿而起。

其二，元帝自朽。元朝后期，皇位更替，如走马灯。元英宗在位3年，于行幄被弑，年二十一；元泰定帝在位5年，病死，年三十六；元天顺帝在位一月死，年九岁；元明宗在位一年，被毒死，年三十；元文宗在位5年，两次称帝，病死，年二十九；元宁宗在位两月，死，年七岁。以上六帝，共在位12年。元顺帝虽在位36年，却是皇室腐烂，无药可医，无医可治。宋朝罗从彦有言：“天下之变，不起于四方，而起于朝廷。譬如人之伤气，则寒暑易侵；木之伤心，则风雨易折。故内有林甫之奸，则外必有禄山之乱；内有卢杞之奸，则外必有朱泚之叛。”[③]

---

① 北京市文物工作队编：《北京地震考古》。

② 《元史·五行志二》卷五十一。

③ 《宋史·罗从彦传》卷四百二十八。

民间人食人，皇宫嬉游宴。此种政权，不亡何待？

其三，国策有误。元朝在大都建立统治之后，虽然于草原文化与农耕文化之融合，做了许多事情，也还可圈可点；但是在中央权力顶层，始终没有恰当处理草原文化与农耕文化的关系，最后元亡明兴。北京经过35年的北平府后，成为明朝的京师。

第七章　第三个千年变局·明北京

明太祖朱元璋于洪武元年（1368年）在应天（今南京市）称帝，定应天府为京师，又称南京；改大都路为北平府，隶北平布政使司。后封第四子朱棣为燕王，燕王的驻地在北平府。

明朝的开创者朱元璋做了3件大事：一是推翻元朝统治，建立明朝；二是恢复汉、唐、宋以来的礼法；三是改善百姓生活。朱元璋重新恢复中原农耕文化在中华文化中的主体或主导地位，这在中华文化史上，是一个划时代的大事件。

明洪武三十一年（1398年），朱元璋病死，因其嫡长子朱标先死，以"嫡长制"继承家法，由其嫡长孙允炆继承皇位，改年号"建文"，这就是建文帝。但是，朱元璋第四子燕王朱棣，发动"靖难之役"，攻占南京，夺取皇位，改元永乐，这就是永乐帝。

永乐帝朱棣实际上是明朝第二代君主，也是一位雄才大略的君主。他的历史贡献主要是：

第一，迁都北京并营建北京城，为中国也为世界留下宝贵的历史文化遗产。

第二，派郑和先后七下西洋（第七次在宣德年间），成为人类航海史上的空前宏伟的壮举。

第三，派亦失哈八下奴儿干（在黑龙江入海口附近），设立奴儿干都指挥使司，实现对东北地域的管辖。

第四，派司礼少监侯显等先后"五使绝域"（其中宣德一次）[1]，远达乌斯藏（今西藏），封哈立麻“如来大宝法王、西天大善自在佛，领天下释教，给印信诰制如诸王”，并宴于奉天殿。最远到达印度、孟加拉。

第五，派吏部员外郎陈诚等六下西域，至撒马尔罕等十七国。陈诚上《使西域记》，备记所历山川、城市、风俗、物产等。[2]

第六，编修《永乐大典》，它成为人类文化史上一部空前的古典文化巨著。

第七，继隋、元之后，开通京杭大运河，具有多元文化价值。

第八，促进了中原农耕文化与西北草原文化、东北森林文化、西部高原文化、东暨南部海洋文化的融合。

永乐元年（1403年）正月，朱棣以北平势踞形胜，为“龙兴之地”，便于控制北方，决定迁都北平。升北平为北京，今北京名称就是从这时开始的。改北平府为顺天府，南京作为陪都。明朝实行首都北京和陪都南京的两京制（还有中都凤阳）。

永乐四年（1406年），诏建北京。其时，臣僚等建言：“切惟北京，河山巩固，水甘土厚，民俗淳朴，物产丰富，诚天府之国，帝王之都也。”又言：“伏惟北京，圣上龙兴之地，北枕居庸，西峙太行，东连山海，南俯中原，沃壤千里，山川形胜，足以控四夷、制天下，诚帝王万世之都

---

① 《明史·侯显传》卷三百四。

② 《明太宗实录》卷一百六十九。

也！”[1]随后，在都市规划已定、建筑物料已备、运河疏整已完、臣工认识已同的条件下，开始营建北京的城池宫殿、衙署坛庙的工程事宜。永乐十五年（1417年），营建工程全面展开，十八年（1420年）十二月工程基本告竣。十九年（1421年）正月初一，正式诏告迁都北京，举行宫殿落成大典，以北京为京师，南京为陪都。但洪熙初，仍称行在。正统六年（1441年）十一月，罢称行在，定为京师。

北京继元之后，又一次成为中国统一多民族国家的首都，成为中国的政治中心、文化中心。

明首都北京行政区划的顺天府，在元属大都路，直隶中书省。洪武元年（1368年）八月，改为北平府。三年（1370年）四月，建燕王府。永乐元年（1403年）正月，升为北京，改府为顺天府。十九年（1421年）正月，改北京为京师，有大兴、宛平、良乡、固安、永清、东安、香河、通州（领四县：三河、武清、漷县、宝坻）、霸州（领三县：文安、大城、保定）、涿州（领一县：房山）、昌平州（领三县：顺义、怀柔、密云）、蓟州（领四县：玉田、丰润、遵化、平谷）。[2]顺天府领五州、二十二县。[3]据万历六年（1578年）官方不完全统计，顺天府有户一十万一千一百三十四，口七十万六千八百六十一。

---

① 《明太宗实录》卷一百八十二。

② 《明史·地理一》卷四十。

③ 延庆州，前述元称龙庆州，明永乐改称隆庆州。隆庆元年（1567年），因避“隆庆”年号讳，改名延庆州。永乐十八年（1420年）十一月，直隶京师。领一县，即永宁县。

一　北京城池

明北京城是在元大都城基址上，吸收历代都城规划优长，并参酌明中都（今安徽凤阳）和南京城规制营建的。明朝官书记载：“初营建北京，凡庙社、郊祀、坛场、宫殿、门阙，规制悉如南京，而高敞壮丽过之。”①

宫城，又称紫禁城，即今故宫，是皇帝治居之所，也是北京城的核心。宫城周6里16步。城墙高耸，全部包砖，庄严坚固。宫城六门：正南第一重为承天门，第二重为端门，第三重为午门，东为东华门，西为西华门，北为玄武门。宫城外有一条护城河（俗称筒子河）环绕。北京宫殿规制较大都宫殿布局做了重大改动，具有8个特征：一是突出君权至高，皇权至上；二是先设定一条子午线即中轴线，纵贯南北，作为北京城总体布局的主轴；三是与元大都“太液为主、宫殿为客”的草原文化理念相反，而以“宫殿为主、太液为客”农耕文化理念进行布局；四是宫城位置居于皇城之中心主位；五是宫殿居于宫城之中；六是紫禁城两侧，左祖（太庙）右社（社稷坛）襟连皇宫；七是宫前气势，宏阔雄伟，皇宫前有“三凸”；八是宫后稳重，高厚雄踞，皇宫后有“三靠”。这里简释宫前“三凸”和宫后“三靠”。

宫前“三凸”：

第一个“凸”字形的格局，是依托宫城向南凸出。北依

---

① 《明太宗实录》卷二百三十二。明北京城分为宫城、皇城、内城和外城四重。

午门五凤楼，经端门，南望雄伟壮丽的承天门（天安门），东西两侧，各有一道红墙或庑廊围合。两翼分别布置一组对称的建筑群：左祖——祭祀祖先的太庙（今北京市劳动人民文化宫），右社——祭祀社（土地）和稷（五谷）的社稷坛（今中山公园）。前者，是生命的延续，感恩祖先；后者，是生活的维系，感恩土地及其生长的粮食。“左祖右社”按照明清规制，都在皇城之内。从社会伦理看，这个布局，体现了对生命的敬畏、对自然的敬畏；从建筑格局看，这个布局，既突出了宫城的雄伟气势和帝王至尊至上，又突现了天之骄子的历史使命和社会责任。

明代的中原地区，以农耕文化为主，土地既是农桑之本，也是农桑之源。所以，以农耕文化为主的汉族，其祭祀土地和五谷的庙坛是社稷坛，而社稷坛上的中心是“土”。社稷坛上的五色土——中为黄土，东为青土，南为红土，西为白土，北为黑土。为什么西方是白土呢？多年以来，我困惑不解。1994年，我到新疆伊犁河畔察布查尔考察，见到伊犁河畔土地确为白色。所以，社稷坛的五色土，既含着阴阳五行的意蕴，也是中国东西南北中五方土地的象征，还是中原大地上农耕文化的象征，更是中华帝国之国土皇权的象征。

第二个“凸”字形的格局，是依托皇城向南凸出。北依承天门（天安门），中经大明门（大清门），南望正阳门（前门），东有长安左门，西有长安右门，中间为宽阔的御道，两旁有东西向的千步廊，各110间，折而北向，廊房各34间，共288间，连檐通脊，协合有序，组成巨大的宫前场院，既四向通达，又红墙封围。两侧红墙外面（约今正义路以西、石碑胡同以东、长安街以南、前门大街以北），对称地布列着中央政府主要官署：左文——吏部、户部、礼部、刑部、工部和翰林院等，右武——中军、左军、右军、前军、后军的五军都督府和兵部、锦衣卫等。都在千步廊东西两侧和皇城附近。这个布局，既突出了宫前雄伟气象和皇权至尊至上，又表现出了中央政务区集中办公的特点。后来城市发展，拆除宫前广场红色围墙，又加以拓展，成为现今的天安门广场。宫前广场西拓，建了人民大会堂；东拓，建了国家博物馆；南拓，临近正阳门（前门），更增加天安门前的恢宏气势。

第三个“凸”字形的格局，是依托内城向南凸出。从正阳门（前门）暨箭楼往南，到永定门，两侧最重要的建筑群是“左天右地”——东面是天坛（圜丘、天地坛、大祀殿等），西面是先农坛（先农祭坛、太岁殿、庆成宫、神厨、神仓、俱服殿等）。这两组建筑群，天与地、乾与坤，相互呼应，彼此对称。这个布局，既突出了宫城的博大气势和皇权至高无上，又表现出敬天礼地和天人感应的玄秘色彩。

以上这三个“凸”字形空间，在皇宫以南，沿着中轴线宏阔展开，高潮迭起，既烘托出皇宫布局的壮丽气魄，更延展了城市轴线的雄伟气象。

宫后“三靠”：

第一“靠”是景山。在皇宫北侧堆土，形成高49米的万岁山（又称煤山，清改称景山），收住宫气，形成皇宫后的第一靠。清乾隆十六年（1751年），又在景山五峰上建起五亭——中为万春，左为观妙、周赏，右为辑芳、富览，增添了秀丽的景色，也为今天欣赏故宫提供了登高望远的景观。

第二“靠”是钟鼓楼。中轴线上的通道，从南到北绵延近8千米，气连运通，到此打住，收拢城气，形成皇宫后的第二靠。

第三“靠”是北城墙。内城北城墙正中不开城门，形成东有安定门、西有德胜门的格局，宫气至此，完全收住，形成皇宫后的第三靠。[①]

皇城，在宫城（紫禁城）外面，周长18里余。皇城南城墙，在今天安门东西长安街一线，所见南河沿南口至府右街南口的红色墙、黄琉璃瓦顶是其主要遗存。今东黄城根、西黄城根和北黄城根街，是其东、西、北三面城墙的遗迹。它有6个门：正南为大明门（清改称大清门），其东转为长安左门，西转为长安右门，东为东安门，西为西安门，北为北安门（清改称地安门）。承天门（清改称天安门）前有一条宽阔的御道，两旁有连檐通脊的千步廊，组成巨大的宫前广场。广场两侧宫墙外面，左文右武，东西对称，完整有序地布列着皇朝中枢的衙署。

这里还有一个问题：皇城的正门是大明门（大清门），还是承天门（天安门）？据《明万历会典》卷一八一“皇城门楼规制”载：皇城六门，大明门、长安左门、长安右门、东安门、西安门、北安门。《明史·地理志一》也载：皇城六门即“正南曰大明，东曰东安，西曰西安，北曰北安，大明门东转曰长安左，西转曰长安右”。《明宫史》《春明梦余录》《天府广记》等书均同此。清顺治改大明门名为大清门，仍以大清门为皇城正门。自清乾隆二十九年（1764）三

① 参见阎崇年《大故宫》（上）第二讲。

修的《清会典》载称，皇城四门：南曰天安、北曰地安、东曰东安、西曰西安。清中期以后，天安门为皇城正门。[1]

内城，原称京城，在皇城外面，周长45里，城墙高12米，城墙内外全部用砖包砌。共有9座城门：南面，正阳门（初称丽正，正统初改今名）、崇文门（原称文明）、宣武门（原称顺承[2]）；东面，朝阳门（原称齐化）、东直门；西面，阜成门（原称平则）、西直门（原称彰义[3]）；北面，安定门、德胜门。门建门楼，构筑瓮城，城外有护城河围绕。初建时称京城，又称大城，嘉靖朝修建外城后才称作内城。

外城，在内城南面，转包东南与西南角楼。外城增筑较晚。嘉靖二十九年（1550年），蒙古骑兵至北京城下，京师九门，白昼戒严。蒙古军撤后，群臣议请仿“城必有郭，城以卫君，郭以卫民”之制，增修外城，初称重城。三十二年（1553年），兴筑外城竣工。原议修外城120里，将整个内城，四面包围住。但因工程浩大，财力不足，只修了环包南郊长28里的外城。城墙全部用砖包砌，并挖护城河。外城七门：南面，永定门、左安门、右安门；东面，广渠门、东便门；西面，广宁门（清避道光帝旻宁名讳改称广安门）、西便门。各城门有城楼和月城，设水关，装铁栅。

这样，北京的城门，皇城四门，内城九门，外城七门，

---

① 阎崇年：《北京皇城正门析辨》，载于《北京晚报》1988年2月6日版。

② 有书作“顺成”，也有书作“顺城”。

③ 有书作“彰仪”。

于是京城百姓有“内九、外七、皇城四”20座城门的通俗说法，或“内九、外七”16座城门的通俗说法。

北京城平面呈“凸”字图形。北京宫城、皇城、内城、外城的建筑布局，当下基本存在。其正面南门的称谓，因大明门（大清门）已被拆除，故宫城、皇城、内城、外城的正门依次称午门、天安门、正阳门、永定门。此四门尚在（永定门为复建），并建在中轴线上。

以宫城为中心的北京城的建成，反映出15世纪初的中国，国家强大统一，财力丰实雄厚，人民聪明勤劳，建筑水平高超。北京的外城、内城、皇城和宫城（紫禁城），从永定门到钟鼓楼，以一条子午线即中轴线为基线而对称展开，形成格局规整的、完美和谐的、雄伟壮丽的建筑群。

这是中国古代都城史上最辉煌的杰作，举世无双，既彰显中华传统文化的文脉传承，又展现中国亿万人民的宏大愿景。

二　紫禁宫殿

紫禁城又称宫城，就是皇宫。在北京紫禁城宫殿里，明代先后有14个皇帝，共242年，君临天下。

皇宫之南，以承天门（天安门）、端门、午门，为紫禁城中三大殿的前引。奉天门（后改皇极门、清改太和门）是紫禁城中最恢宏壮丽的一座宫门。明初规定，文武官员，每天清晨，到此早朝，皇帝也亲自来处理政事。但后期皇帝贪婪酒色，怠于政事，这个制度几同虚设。皇极门和午门之间，是一个宽阔的广场，面积为2.6万平方米。人们站在这座门前庭院中，红色宫墙，朱漆门柱，金黄瓦顶，蔚蓝天空，碧绿河水，雪白栏杆，灰色墁地，仿佛置身于一幅色彩斑斓的立体图画之中。

宫城分为外朝、内廷和御园三大部分。

外朝，以奉天殿（皇极殿）、华盖殿（中极殿）、谨身殿（建极殿）三大殿为主体，文华殿和武英殿为两翼，是皇帝举行重大典礼和从事政务的殿堂。奉天殿（皇极殿）是宫城中最高大的宫殿，全高35.5米，面宽60.1米，进深33.33米。它是皇权的象征，皇帝登极、大婚、册立皇后、命将出师和每年的正旦、冬至、万寿（皇帝生日）三大节等重大典礼，皇帝要在这里举行仪典，接受群臣的朝贺。殿内设金龙宝座，而宝座正设在子午线即中轴线上。宝座两侧有6根盘龙金柱，上方是金漆蟠龙戏珠藻井，整个大殿，光彩华贵，金碧辉煌，宏丽壮观。

在这个宝座上坐过的，明朝有14位皇帝。其中在位时间最长的是万历帝，凡48年；在位时间最短的是泰昌帝，仅1个月；年龄最高的是永乐帝，享年65春秋；年龄最小的是天启帝，只活了23岁；登极时年龄最大的是洪熙帝，时年47岁；年龄最小的是英宗，只有9岁；寿命60周岁以上的皇帝只有永乐帝一人；皇帝平均寿龄只有40周岁。

谨身殿（建极殿），也是平面呈长方形的殿堂。它的后面铺设一块巨大石雕。这也是一座礼仪性殿堂。在奉天殿（皇极殿）与谨身殿（建极殿）之间是华盖殿（中极殿）。

华盖殿（中极殿）是一座方形小殿，不设重檐，殿顶为金色圆形，寓意是“天圆地方”。殿身纵横各3间，共9间，符合周制“明堂九室”之制。

这里有一个问题：为什么在两座平面呈长方形的奉天殿（皇极殿）与谨身殿（建极殿）之间的华盖殿（中极殿），平面呈方形呢？文献未载，见仁见智，众说纷纭，莫衷一是。我带着这个问题，做了测量：奉天殿（皇极殿）北阶到谨身殿（建极殿）南阶，仅有29.3米，但奉天殿（皇极殿）内墙南北宽37.17米，可见其容纳不下一座规模相似的宫殿。此为空间因素。建筑美学，讲求变化。在两座平面呈长方形宫殿之间，建了一座平面呈方形的宫殿。此为美学因素。在两座平面呈长方形大殿之间建一座平面呈方形小型宫殿，既在前三殿之间保持和谐与平衡，也在后三宫之间保持和谐与平衡，更在前殿后宫间保持和谐与平衡。此为哲学因素。以上三种因素，决定其为正方形。

三大殿的建筑、装饰、陈设和色彩，光华夺目，宏丽辉煌，都为着显示：皇位至高，君权至上。奉天殿则显示：苍天之下，唯予一人；神州之内，唯予臣民。紫禁城的三大殿，殿体高大，易遭雷火。明宫三大殿遭到雷火焚毁，重要的有三次：第一次，永乐十九年（1421年）正月元旦，奉天殿、华盖殿、谨身殿三大殿建成正式启用，四月初八日，“奉天、华盖、谨身三殿灾”，三大殿遭雷火焚毁。正统六年（1441年）九月，三大殿重修告成。第二次，嘉靖三十六年（1557年）四月，雷雨大作，火光突起，奉天、华盖、谨身三大殿又遭雷火焚毁。嘉靖四十一年（1562年）九月，三大殿再建成后，命建雷神庙，并更名奉天殿为皇极殿、华盖殿为中极殿、谨身殿为建极殿。第三次，万历二十五年（1597年）六月，皇极殿等再遭雷火焚毁。天启七年（1627年）八月，再修皇极殿、中极殿、建极殿三大殿工程告竣。

文华殿和武英殿在三大殿的左右两翼。在文华殿之南有内阁大库，贮藏内阁档案和重要文献。武英殿前为武英门，后为敬思殿，东西各有配殿，是一组与文华殿相对称的宫殿建筑群。皇后生日的朝贺典礼，有时在武英殿举行。明末李自成率领农民军攻入北京后，曾在这里即皇帝位。清初摄政王多尔衮率领清军占领北京，也曾在此理政。它的后面仁智殿，俗称老虎殿，是明代皇帝死后停灵的地方。这里还常有画家作画，如著名山水画家吴伟，曾被明成化帝召至殿内。一次他喝得大醉，蓬首垢面，靸着破鞋，跄踉而至。成化帝见后大笑，命他作《松泉图》。吴伟跪翻墨汁，信手涂抹，神韵惊异。成化帝见他傲视君王，要杀他；大臣劝解说：要是杀了他，则皇上得了恶名而他得了善名，不若放了他。吴伟出入宫廷，卑视权贵，后被放归乡里，称为画状元。

外朝三殿之后是内廷三宫——乾清宫、交泰殿和坤宁宫，其两翼是东六宫和西六宫。这里是皇帝及其家属居住的地方。

乾清宫在明代，是皇帝的寝宫。在乾清宫的正中，摆设着华贵的宝座。乾清宫的陈设和装饰有两个特点：一是颜色尚黄，二是图案尚龙。从艺术上烘托出一个主题——皇帝神圣，至高无上。

交泰殿是一座方形、单檐、四角攒尖、镏金宝顶的宫殿。皇后生日的千秋节，诸王、官员的内眷在这里举行庆典。

坤宁宫是皇后的正宫。其形制与乾清宫相同，但建筑体量略小。

乾清宫、交泰殿、坤宁宫同建在“工”字形的台基上。东六宫和西六宫，分布在后三宫的左右两翼，是妃嫔的宫室。每座宫室为一个庭院，由前殿、寝殿和配殿组成。各庭院之间，以纵横的街巷联系，街巷的两端设宫门和警卫值房。据康熙帝询问故明太监所说，明朝宫女9000人，内监10万人，饮食不能遍给，日有饿死者。[①]这个数字或有张饰，但反映出明朝的宫女和太监人数之多，实在惊人。太监，大多数是终生苦役，只有极少数受到皇帝宠信而权势煊赫。宫女多为10～15岁入宫，做一些服侍后妃的宫务。如嘉靖帝仅4次选取宫女即达1080人。有的宫女进宫时年龄很小，如成化帝万贵妃4岁入宫，天启帝张裕妃7岁入宫，泰昌帝李庄妃10岁入宫。宫女虽少数人得到帝后宠信，但大多数在宫中的生活极为悲惨，皇帝和后妃稍不如意，宫女就要受申斥，遭鞭笞，甚至被打死，有的不堪折磨而自杀，也有的长期抑郁而患症疯癫。

宫内西区3组宫殿——慈宁宫、寿康宫、寿安宫，是皇太后、皇太妃居住的地方。按照规定，皇后在当朝皇帝死后，就成为太后，从所居的东西六宫迁到这里。先朝的太妃、太嫔，随皇太后同住一宫，同嗣皇帝都要各年过五十，才可能开始相见。所以这一片宫殿俗称为寡妇世界。

在皇宫东北区，有佛日楼和梵华楼，两楼各自成院，相为毗邻，第二层有檐廊相通，中间有一座共同的楼梯，楼梯东为梵华楼，西为佛日楼。二楼因其朴素建筑和偏隅位置，免遭庚子（1900年）的劫难，以所珍藏众多的佛塔和佛像而著称于世。以梵华楼来说，二层楼的内壁，全部布满佛龛，每个佛龛之内，都有一尊佛像。同时还有藏传佛教黄教创始

① 《清圣祖实录》卷二百四十。

人宗喀巴大师的塑像。整个楼上，供奉着藏传佛教主要各佛的塑像，配以1.09万尊小佛像，金光四射，满壁生辉。楼下陈设着清乾隆6座高大的珐琅佛塔，制作精细，工艺复杂，是艺术瑰宝。

同期，中央官府衙署以及相关建筑，相伴兴筑，基本完工。

明朝的北京，不仅皇宫的城池宫殿雄伟壮丽，而且皇家的坛庙寺宇庄严肃穆。

三　坛庙寺宇

国之大事，在祀与戎。焚香祈祷神灵，挥戈保卫疆土，是明朝帝王的两件大事。中世纪的中国同欧洲各国一样，神权至高，皇权至上。但也有所不同，罗马教皇利奥三世于公元800年（唐德宗贞元十六年）圣诞节，在罗马圣彼得大教堂为查理大帝加冕；中国皇帝的登极，则只是告祭神祇，无须其干预。神权与皇权，相互依援，主客难定。中国在中世纪，从哲理上讲，神权为主，皇权为客，所以皇帝才称为天子；但从现实上讲，皇权为主，神权为客，所以皇帝才敢于灭佛毁经。中国皇权一元，但神权多元。语云：“天生英物，必有神主之。”天下万物，神以百计。

明朝所祀之神，有天神——日月星辰，风云雷雨；有地神——五岳（泰山、衡山、嵩山、华山、恒山），五镇（沂山、会稽山、霍山、吴山、医巫闾山），四裔名山；有水神——江河湖海，泉潭川泽；有农业神——农蚕五谷，蝗虫大雩（旱神）；有军事神——旗马舰炮，铳枪弩石；有社会神——历代帝王，功臣良将；有宗教神——佛祖道尊；有文化神——孔子，文昌；有市民神——门户灶井等，祭祀之神，数以百计。同人间有等级一样，受祀之神，也分等级。祀分三等：大祀者，为天地、宗庙、社稷、孔子，皇帝亲祭（有时派臣代祭）；中祀者，为朝日、夕月、先农、先蚕等，或亲祭，或遣官；群祀者，为先医、火神、城隍、玉泉等，则皆遣官。祭祀诸神的场所，为坛庙宫观寺宇。

北京坛庙的总体布置，讲求对称，趋求和谐。天坛在南，地坛居北，日坛在东，月坛居西。再加上先农坛、神祇坛、太岁坛、社稷坛、先蚕坛合称九坛[①]，其中以天坛建筑最为气势磅礴，宏伟壮丽。

明代北京不仅有九大坛，而且有今存七大寺。

五塔寺，创建于明永乐年间，时因印度高僧来北京，贡进五尊金佛和金刚宝座塔规式，而为其建寺以居。成化九年（1473年），建金刚宝座塔。座上建五塔，中央大塔13层密檐，四角各建一小塔。后寺毁塔存。此塔为中国现存金刚宝座塔中建造时间最早的一座。

大钟寺，即觉生寺，寺以大钟而闻名。大钟铸于明永乐年间，通高6.94米，外径3.3米，钟唇厚18.5厘米，重约46.5吨。钟身内外铸满佛教经咒17种，总计经文22.7万多字。轻击大钟，声音圆润，深沉悠长，播及远方。《长安客话》记载：“昼夜撞击，声闻数十里，时远时近，有异它钟。”此钟在现存诸钟之中，为最大最重，被誉为“钟王”。

智化寺，明正统八年（1443年）兴建，于翌年建成。智

① 俗称的北京“九坛”，因时代变迁、称谓变化，说法不同，此为其一。

化寺的建筑艺术精品——藻井，被寺僧盗卖，现陈列于美国费城艺术博物馆。[①]智化寺建成后，僧人演奏佛教乐曲——京音乐（又称经音乐）。艺僧传袭，已28代。寺内尚存明代乐器，保留古曲牌150余种，现能演奏曲牌30余个。京音乐在曲谱、乐调、乐器和演奏上，承袭了唐燕乐和宋鼓吹乐之遗音，并与宫廷音乐、民间音乐相糅合，具有极高艺术与学术、历史与文物的价值。

大慧寺，明正德八年（1513年）建。殿宇规模很大，占地400余亩。后寺毁，但大悲殿幸存。大悲殿藻井瑰丽，并有明代雕塑二十八诸天神像，神态各异，生动逼真，服饰精美，色彩浓重，技艺超凡，堪称珍品。

法海寺，大雄宝殿内的壁画——佛龛后壁画为观音、文殊、普贤菩萨像等，观音半身裸露、身披轻纱、面容祥和、色彩艳丽；北壁画的是《礼佛护法图》，画中有帝后、天龙八部及侍从共36人，神态各异，烟云缥缈；东西两山墙画的是十方佛、飞天、仙女等；正殿北壁有《帝释梵天图》，所画人物富于精神与性格的特征。特别是3幅菩萨画像，神采隽永，轻妙透体，如飞似流，尤为精湛。法海寺的壁画，可与敦煌、宋元壁画媲美，为中国绘画史上之杰作。

碧云寺，在香山北聚宝山东麓，初名碧云庵，创建于元。明两次扩修。清乾隆十三年（1748年），对寺院进行扩建，又兴建了金刚宝座塔和五百罗汉堂等，寺之殿宇，未作大动，总体布局，存明遗构。碧云寺在清代成为京城西郊

---

① 笔者在20世纪80年代，作为访问学者到费城宾夕法尼亚大学，曾到该馆参观，得以亲睹原物。

名刹。

慈寿寺，明万历四年（1576年）兴建，六年（1578年）建成。原称永安万寿寺，后称慈寿寺，并建八角13层密檐式实心砖塔，称慈寿寺塔。这是为万历皇帝生母李太后建造的，供奉九莲菩萨。李太后年轻守寡，又有东太后，照料10岁的儿子朱翊钧登极。她说梦中遇见九莲菩萨，自己是其化身，于是建造寺塔供奉九莲菩萨，使自己的后权神化。寺久不存，高塔独在。在维修时发现寺塔内经卷，长3米、宽10厘米，其卷尾莲花与荷叶间方框内印有“大明慈生皇太后发心造”字样。

四　文化工艺

明代中原无大战，文化积累颇丰厚。文化的历久积萃，则是科学、文学、书画、瓷器以及工艺发展的土壤。

科学　明代出现了伟大科学家及其名著——李时珍的《本草纲目》、徐霞客的《徐霞客游记》、宋应星的《天工开物》、徐光启的《农政全书》和朱载堉的《乐律全书》等。

文学　明代市民文学逐渐发展，章回小说成为当时文学的主流。明代出现著名的4部章回体小说——《三国演义》、《水浒传》、《西游记》和《金瓶梅》，广泛流传。明代四大文学名著，不仅标志着中国古典小说达到一个新的顶点，而且在北京文化史上产生了广泛深远的影响。还有明代戏曲成就很高，如汤显祖的《牡丹亭》等。

书法　明代北京书坛，初期以沈度为代表，其“台阁体”著名。中期以文徵明为代表。晚期称“南董北米”，就是董其昌和米万钟。董其昌擅长绘画，尤工书法，自成一家。清康熙帝喜爱其书法，因之风靡全国。米万钟，顺天宛平（今北京市）人，文翰之誉，已满天下。他的书法，潇洒生动，名噪一时。其人又爱收蓄奇石，人称为“友石”。

编书 《永乐大典》先后动员3000余人，历时5年，编成空前的最大类书——它有2.2937万卷，辑入图书七八千种，书成后装订成1.1095万册，计3亿多字。《永乐大典》因卷帙浩大，只缮写一部，未曾刊印。隆庆元年（1567年），另摹成副本一部，藏于皇史宬。珍贮在南京的正本毁于明亡之时，也有人猜度被嘉靖帝陪葬在永陵之中。其副本在清代遭到英法联军和八国联军的焚劫，世间所余无几，已为古籍珍本。

藏于皇史宬的另一部大书是官修编年体史书——《明实录》。“实录”修成后，誊录正、副本各一部，正本藏于皇史宬，副本藏于内阁。《明实录》凡3045卷，帙册浩繁，洋洋大观。此外，永乐《顺天府志》和万历《顺天府志》，是明代关于北京的两部重要方志文献。

瓷器 继元青花之后，明在景德镇设御器厂，负责烧造明廷祭祀、生活、礼品用瓷。永乐、宣德年间，尚存有或从境外运来的钴料，青花瓷器得到发展。永乐，特别是宣德青花瓷器，在世界上居于领先地位。而后，明廷设监陶官，加强对御器厂管理。明成化斗彩瓷器，工艺精美，争艳竞奇。如成化鸡缸杯、三秋杯，胎薄、画美、彩艳、工精，为明瓷中的奇葩。嘉靖、万历时期，五彩瓷器，工艺复杂，绚丽多彩，瓷器烧造艺术达到新的水平。但是，朝廷烧造的瓷器，数量大，工期紧，难度高，成品少。如监陶官陈有年疏称

“奉旨烧造瓷器，共九万六千六百二十四个副对枝口把”，但这些瓷器，或十难选一，或百不得五，或百不成一，或从无一成。特别是驻御器厂执掌太监潘相，苛刻盘剥，徇私肥己，无法无天，激起民变。民变虽然平息，潘相却回明宫。此后，御器厂随着明朝日益衰落，而逐渐走向衰败及至关厂。

明代北京工艺，如奇花名卉，竞放异彩。珐琅（又称景泰蓝）、雕漆、玉器、牙雕、宣德炉、刻瓷、绢花、地毯、宫灯、风筝、琉璃、印章、掐丝镶嵌、京作木器、字画装裱等，工艺精美，影响深远。

五　三位英杰

明代保卫北京最著名的人物，主要有三杰——于谦、戚继光和袁崇焕等，他们的伟大功绩彪炳千秋。

于谦（1398—1457年），字廷益，钱塘（今浙江杭州）人，是明朝前期御守北京有大功之人。幼机智，勤读书，少有奇志，《石灰吟》云：“千锤万凿出深山，烈火焚烧若等闲。粉身碎骨浑不怕，要留清白在人间。”中进士后，先任御史，后巡抚山西、河南19年。每次到京，清廉俭素：“手帕蘑菇与线香，本资民用反为殃。清风两袖朝天去，免得闾阎话短长。”居官清廉自律，决不馈赠权要，得罪了宦官王振，遭诬被下狱论死。但山西、河南百姓万人，伏阙上书，吁请于谦恢复原任，众怒难犯，明廷允准。后调至京师任兵部侍郎。正统十四年（1449年），蒙古瓦剌部首领也先率骑入犯，宦官王振挟持英宗朱祁镇，率50万大军亲征。明军败

于谦像

于土木堡（今河北宣化），旗鼓散乱，裸袒践踏，尸体蔽野，英宗被俘。在败军混乱之时，护卫将军樊忠以长锤击死王振，并骂道："我替天下诛奸贼！"败报传京，朝廷震惊。侍讲徐珵（有贞）主张迁都，于谦斥道："倡议南迁者，当斩首！"庙堂混乱中，朱祁镇之弟祁钰，做了皇帝，改年号为景泰，是为景泰帝。朝廷官员，多主力守，于谦升为兵部尚书。

景泰帝立后，于谦提督各营军马，列阵九门外御敌。于谦亲自指挥，在德胜门和广宁门两败敌军。后瓦剌兵退，于谦领导的北京保卫战取得胜利。于谦胜而愈谦，尝以工作为重，留宿直庐，不还私第。及回第，嗜读书："清风一枕南窗卧，闲来只读几卷书。"不久，英宗放归，居于南宫。

天顺元年（1457年），英宗发动"夺门之变"，复辟帝位，加害于谦。谦受刑之日，"阴霾四合，天下冤之"。抄于谦家时，"家无余资，独正室镉钥甚固。启视，则上赐蟒衣、剑器也"[①]。后昭雪，谥忠肃。在今东城区东长安街路南有"于忠肃公祠"。其灵柩后移葬杭州西湖畔，后人以"赖有岳于双少保，人间始觉重西湖"之诗句，褒扬岳飞和于谦

① 《明史·于谦传》卷一百七十。

的功绩。

戚继光（1528—1588年），字元敬，号南塘，山东蓬莱人，是明朝中期御守北京有大功之人。戚继光出身于世袭登州卫（今山东蓬莱）指挥佥事世家。其父不仅严以自律，而且严于教子。戚继光早年怀有“封侯非我意，但愿海波平”的壮志。后到东南沿海抗倭，他在东南浙、闽、粤沿海抗倭，招练义乌等地农民、矿工，建戚家军，严加训练，智勇抗敌，屡获大捷。他在东南沿海平息倭寇后，被调北山上，嘉靖中期后，五戍蓟门，过着“一年三百六十日，多是横戈马上行”的军旅生活。隆庆二年（1568年），受命以总理兼镇守蓟州、永平、山海等处，督率12路军戍事，卫京师畿防，在镇16年。他们在金山岭、慕田峪、黄花城一带险峻山岭上，修长城，筑台堡。其中有一段俗称“单边”，就是一面建墙垣垛口。城墙之窄，构筑之险，难以想象，令人惊异。在一处绝险的地方，为了使前后长城相连贯，而又不使一座奇险的制高点留在长城外面，城墙必须从这险地外侧断崖绝壁上通过。就是在两山夹隙间放置两根铁梁，铁梁上面建筑城墙。往下看去，万丈深渊。现在人们仍不明白，当年没有起重吊车，铁梁是怎样横跨在两山之间的。他还创议在长城上修建敌台，奏《请建空心台疏》云：“跨墙为台，睥睨四达。台高五丈，虚中为三层，台宿百人，铠仗、糗粮具备。令士卒画地受工，先建一千二百座。”获准。他亲自督工，日夜辛劳，历时6年，工程如期告成。其建台之举，垂永世之功。今见北京蜿蜒雄伟长城，主要是在戚继光时重修的；其上的高耸敌台，则是戚继光首创之杰作。戚继光的“戚家军”在修长城中艰苦卓绝，贡献巨大。其后裔繁衍在长城内外，称“义乌村”，延续至今。

其时北方官兵纪律松弛，练操之时雇人顶替。他募练浙兵，严格军纪，检阅之日，天下大雨，兵士植立，半日不动，边军才知有军令。他镇蓟期间，击败南犯的北骑，京师未警，蓟门晏安。但是，戚继光后遭排挤，病退乡里，连治病的钱都没有。有《纪效新书》《练兵实纪》《止止堂集》等传世。

戚继光为国忠心和丰功伟绩，正如蓬莱“戚祠”门联所书：

丹心映日月，伟业壮山河。

袁崇焕（1584—1630年），字元素，祖籍广东东莞，落籍广西藤县，是明朝后期御守北京有大功之人。万历进士，任邵武（今福建省邵武市）县令。时满族兴起于辽东，万历四十四年（1616年），努尔哈赤建立后金。接着，后金兵下抚顺、清河，陷开原、铁岭，夺沈阳、占辽阳，进军辽西攻取广宁、义州等城。天启二年（1622年），他单骑出边考察，说“予我军马钱谷，我一人足守此”，自请守辽，投笔从戎。后赴辽东，驻守宁远（今辽宁兴城）。天启六年（1626年），他以寡击众，大败努尔哈赤，取得宁远大捷。努尔哈赤兵败受伤，不久死去。其子皇太极继承汗位。翌年，又大败皇太极，取得宁锦大捷。袁崇焕连获两捷，朝野震惊，但因得罪巨阉魏忠贤而去职。

崇祯元年（1628年），袁崇焕受召起用，任兵部尚书、督师蓟辽。第二年，皇太极率军破长城，兵临北京。袁督师闻警，自山海关率九千骑，“士不传餐，马不再秣”，驰援京师。在北京广渠门、左安门外与后金军接战，他身先士卒，中矢如猬，大败敌军。皇太极设反间计，崇祯帝中计，将袁崇焕下诏狱，翌年，被寸磔于北京西市。袁督师戍辽9年，身捍京师，以“杖策只因图雪耻，横戈原不为封侯”的气概，血洒北京，魂动万世。袁督师具有大仁、大智、大勇、大廉的高尚品质与修养。清乾隆帝为其平反。后在今北京广渠门内有袁督师的墓、祠、庙，其祠“与文文山（文天祥）祠并垂不朽”。两粤也有其纪念祠宇。

明正统帝、万历帝和崇祯帝，均不能吐奸纳忠，使于谦、戚继光、袁崇焕这些伟岸英杰，皆以悲剧而终其生。这不仅是他们个人的悲剧，更是整个明朝的悲剧。明廷这类悲剧演多了，就自毁其长城，自绝其社稷，而被李自成所推翻，被清朝所取代。

六　三大工匠

明代北京城的实体建设者，有官员，有技师，也有工匠等，但对许多杰出的工匠，明朝官修史书，或疏略，或缺载。兹则其要，选介4位：

蒯祥（1398—1481年），今江苏省苏州市胥江镇香山村人。香山在历史上是个木作之乡，这里的木工被称作“香山帮”，木工制品被誉为“苏作”，与“京作”齐名。蒯祥出身于木工世家，又适逢永乐帝迁都北京，营建紫禁城宫殿，并大量兴建皇家坛庙寺宇。永乐帝兴工建皇宫时，蒯祥19岁；皇宫告成时，他25岁，正是年富力强、贡技献艺之年。

永乐十九年（1421年），皇宫兴建告成3个月，一场天火，皇宫三大殿化为灰烬。后到正统时，决定重建三大殿。蒯祥遇到一个施展才华的天机。他聪明灵巧，技艺高超，勤劳谨慎，为人和善，尽心尽职，敬事敬业，得到步步提升。他参与京师大兴隆寺（大庆寿寺）重修工程。重修后的大兴隆寺伟丽、庄严、堂皇、精美，被誉为“壮丽甲于京都内外数百寺”[①]。

蒯祥先后实际主持了多项重大工程，受到朝廷重赏。从工部营缮所的所副，后为工部主事、员外郎、工部右侍郎和左侍郎。蒯祥在工部，任职久，技艺精，品格高，信得过，用得上，离不开。而后，蒯祥在72岁高龄，已经考满，“例当致仕，特命复职”。后又满考，祥七十五。谕旨：不许，但享受尚书级俸禄。又过6年，年八十一，宜令退休。皇帝仍命祥复任，照旧监督工程，并升俸禄一级。84岁的蒯祥，卒于任职岗位。历史对工匠出身的蒯祥，评价道：

> 以木工起，隶工部，精于其艺。自正统以来，凡百营造，祥无不预积劳累。祥为人恭谨详实，虽处贵位，俭朴不改，常出入未尝乘肩舆，既老犹自执。寻引指使，工作不衰。至是，卒于位，年八十四。赐祭葬如例。[②]

蒯祥木工精于其艺，为人恭谨详实，虽然贵居高位，仍

① 《明英宗实录》卷一百六十三。

② 《明宪宗实录》卷二百一十三。

然简约朴素，兢兢业业，84岁，鞠躬尽瘁，卒于岗位，赐祭葬，敕建碑。虽《明史》无传，但蒯祥是中华工匠史上一位典范。既有木工蒯祥，还有石工陆祥。

陆祥（？—1469年），今江苏无锡人，石匠，是与蒯祥经历几乎雷同的又一个工匠典范，“蒯善攻木，陆善攻石”，大体同龄，又是同乡，一木一石，双璧生辉。他们有“六个同”：同为工部营缮所副丞，同日升主事，同日升员外郎，同日升太仆寺少卿，同日升工部右侍郎，也同日升工部左侍郎。在《明正统实录》《明天顺实录》《明景泰实录》《明成化实录》四朝实录中，他们都是同时出现。但是，陆祥比蒯祥早逝七年。《明宪宗实录》对陆祥之卒及其事迹，评论道：

> 祥，初以石工，隶工部。郑王之国，选授工副，后有荐其有异技者，召改工部营缮所丞，以营作称旨。祥有老母病，或以闻，命光禄日给酒馔，并钞五锭，以为养。擢工部主事，进郎中，以至侍郎。祥有巧思，尝用石方寸许，刻镂为方池以献，凡水中所有鱼龙荇藻之类皆备，曲尽其巧。然为人颇谨愿，士夫不以其出自杂流而弃之。[①]

陆祥的石作特有异技，工艺曲尽奇巧，为人颇具谨愿，一生恭俭谦让，潜心修炼技艺，朴素简约律己，虽然出身工匠，士夫恭敬有加。那些身世高贵、学富五车、自诩清高、

① 《明宪宗实录》卷七十四。

傲俯群黎的士大夫，对待工匠出身的陆祥，却倍加敬重，而不敢矮视。虽《明史》无传，但陆祥是中华工匠史上一位典范。

冯巧，生卒年不详，《明史》《明实录》均无记载。《清史稿·梁九传》载："梁九，顺天人。自明末至清初，大内兴造匠作，皆九董其役。"他的师父正是冯巧。《梁九传》又记载："明时，京师有工师冯巧者，董造宫殿，至崇祯间老矣。"这时，梁九在冯巧门下，已经学徒数年，未得师傅真传。梁九沉下心，更勤勉，更虔敬，"服事左右，不懈益恭"。于是，感动了冯巧。一天，梁九单独侍奉师傅冯巧，冯巧对他说："子可教矣！"于是，把自己的经验、技能，及其奥妙、绝活，无保留地传授给了梁九。冯巧死后，梁九隶籍工部，代执冯巧职责，执掌工程营造。后康熙三十四年（1695年），重建太和殿，"梁九手制木殿一区，以寸准尺，以尺准丈，大不逾数尺许，四阿重室，规模悉其奥，工作以之为准，无爽"[①]。

阮安，交趾（今越南）人，生卒年不详，少年入宫，成为太监，在宫中受过教育，聪慧善于学习。阮安生正逢时，值明建北京宫殿。他长于规划，善于设计，时城池宫殿，官府衙署，操持工程，均有巧思，"目量意营，悉中规制，工部奉行而已"。不久，皇宫三大殿遭焚毁，正统初重建皇宫三殿二宫，他又立下大功，受赐金50两。他还同工部尚书吴中等，督率军夫数万人，修建京师九门城楼。[②]时北京大城

① 《清史稿·艺术四·梁九传》卷五百五。

② 《明英宗实录》卷二十四。

外墙已经砌以砖石，内墙仍为土筑，阮安等主持、督工完成内侧城墙用砖石包砌。[①]他还善于治水，堵塞通州河水决口，并疏治杨村河、张秋河，皆有功勋。阮安忠于职任，日夜操劳，殚精竭虑，过度劳累，死在道上。查其遗物，“囊无十金”[②]。这样一位杰出人物，《明史》本传仅62个字。

七　明京文人

明朝著名文人，或在京考中进士，或在京科试落榜，或在京做官，或居京任事，都同北京有着密不可分的关系。挂一漏万，兹举4位特有骨气者。

李时勉（1374—1450年），江西安福（今吉安）人。家境贫寒，童时读书，天气寒冷，身上裹着被子，脚放在热水桶里，诵读不已。永乐二年（1404年）中进士，官翰林侍读。历仕建文、永乐、洪熙、宣德、正统、景泰六朝。李时勉志愿宏大，性格刚耿，以天下为己任，身蒙四大磨难。

永乐时皇宫三大殿火灾，李上疏15条，其中言辞，触犯帝意，疏被扔在地上，帝复取后再读，其言多被采纳。不久，被谗下狱，关押年余。是为李时勉一难。

永乐帝死，洪熙帝立，李时勉又上疏。洪熙帝大怒，把李时勉召到便殿，时勉不屈答对。洪熙帝命武士将李时勉扑倒，以金瓜痛打，折断3根肋骨，拖出殿外，奄奄一息。明日，改为交趾道御史，命一天重审一名囚犯，一天上言一件

① 《明英宗实录》卷一百二十九。

② 《明史·阮安传》卷三百四。

要事。李时勉三上奏章，又被下狱，身罹重伤。因他曾对锦衣千户某人有恩，这位官员秘密召来医生，给他治病，得以不死。是为李时勉二难。

洪熙帝临终前，对尚书夏原吉说："时勉廷辱我。"当晚，帝崩于钦安殿。宣德帝继位后，听说李时勉当廷羞辱先帝皇父之事，大为震怒，立命使者："缚以来，朕亲鞫，必杀之。"一会儿，又下令王指挥："即缚斩西市，毋入见。"我不见他，立即逮捕，斩于西市！然而，王指挥从西门出，前使者捆着李时勉从东门进，恰巧错过，没有相遇。宣德帝遥见李时勉，骂道："尔小臣敢触先帝！疏何语？趣言之。"李时勉叩头说："臣言先帝不宜近妃嫔，皇太子不宜远左右。"宣德帝听后，气消些。宣德帝叹息，称赞李时勉忠心，立命赦免，官复侍读。及王指挥回来时，则见李时勉已袭冠带立在阶前。是为李时勉三难。

后李时勉参与修纂《明成祖实录》告成，迁侍读学士。宣德帝到史馆，撒金钱赐诸学士。诸学士都俯身拾取，唯独李时勉正立不屈。宣德帝便取出余下的钱赐给他。后与修《明宣宗实录》成，升内阁学士，兼经筵讲官。正统六年（1441年）为国子监祭酒。时大太监王振奉命到国子监，祭酒李时勉待王振没有格外奉承。王振记恨在心，伺机报复。一件小事被王振利用：彝伦堂前树木旁枝下垂，妨碍师生走路，便下令修剪。王振借此上纲上线，诬奏：李时勉擅伐官树入家。他派锦衣卫到国子监，时勉正在阅生员考卷，被押到院里，在师生前，戴枷示众。时值酷暑，戴枷3日，折磨不堪。千余生员跪在宫前请愿，呼声震彻殿庭。助教李继感于时勉旧恩，请求于太后父亲孙忠，孙忠又转请太后，太后跟皇帝说了，时勉才被释放。是为李时勉四难。

正统九年（1444年），正统帝到国子监视学。李时勉进讲《尚书》，辞旨清朗，气宇轩昂，皇帝大悦。连上疏3年，方允其退休。朝臣及国子监师生3000人，在都城门外为祭酒饯行。有的远送，舟发才去。

景泰元年（1450年），李时勉病故，年七十七。李时勉一生，历六朝，蒙四难，为祭酒6年，训励严格，学风醇正，督令读书，灯火达旦，吟诵声不绝。他教育学生：重诚正，崇廉耻，抑奔竞（跑关系），别贤否，培养出一批杰出人才。贫穷生员，不能婚葬，他节省餐钱，给予补助。李时勉生前受到敬重——英国公张辅暨诸侯伯奏请，到国子监听讲。时勉升师席，诸生以次立，讲"五经"各一章。讲毕，设宴，诸侯伯谢让道："受教之地，当就诸生列坐。"以学生身份入座。诸生歌《鹿鸣》之诗，宾主雍雍，尽暮散去。李时勉身后受到称赞："以直节重望为士类所依归者，莫如时勉。"①

文震孟（1574—1636年），江苏吴县（今苏州市吴中区）人，先祖文徵明与唐寅等齐名，被誉为"吴中四才子"。震孟弱冠中举，但科试不顺，19岁参加第一次会试，落榜。文震孟挫而不折，败而不馁，10次到京，十赴会试，愈挫愈奋，愈磨愈强，到天启二年（1622年），会试考中，殿试状元，年四十九，授修撰，入翰林。其中30年磨砺，虽万分艰难，然不惧失败。时魏忠贤专权，斥逐忠臣，庙堂之上，乌烟瘴气。震孟气愤，上《勤政讲学疏》说：大小臣

---

① 《明史·李时勉传》卷一百六十三。

工，因循粉饰，官员上朝，长跪一诺，北面一揖，跪拜起立，如傀儡登场，这将使祖宗天下日销月削，非陛下大破常格，鼓舞豪杰心，天下事未知所终也！又说：经筵日讲，侍臣进读，铺叙文辞，如蒙师诵说已耳。尖锐指出：“唐、宋末季，可为前鉴。”疏入，魏忠贤不即上奏。他乘天启帝看戏，摘录疏中“傀儡登场”一句，说文震孟“比帝于偶人（傀儡），不杀无以示天下，帝颔之。一日，讲筵毕，忠贤传旨，廷杖震孟八十”[①]。首辅叶向高、次辅韩爌力争，言官上章疏救。文震孟被降级外调，又被斥为民。讲官文震孟，敢讲真话，敢犯天颜，时称“真讲官”。

讲官文震孟与奸臣温体仁的较量又是一个例证。崇祯元年（1628年），惩治阉党，起用正人，召文震孟入朝，官以侍读，充日讲官。宰辅温体仁，“为人外谨而中猛鸷，机深刺骨”[②]，是个内外不一、阴狠狡诈的小人。体仁主持礼部，礼部主管经筵，经筵影响皇帝，皇帝看重清流。所以，温体仁和清流之间，矛盾一触即发。

时阉党余孽谋翻魏忠贤逆案，文震孟抗疏批驳：“群小合谋，欲借边才翻逆案。天下有无才误事之君子，必无怀忠报国之小人。举朝震恐，莫敢讼言。臣下雷同，岂国之福！”矛头直指阉党余孽和奸臣宦官，但遭到报复。文震孟做大学士仅3个月，遭小人暗算，被免官回乡。不久死，时63岁。《明史》本传评论文震孟说：“刚方贞介，有古大臣风。”

---

① 《明史·文震孟传》卷二百五十一。

② 《明史·温体仁传》卷三百八。

杨慎（1488—1559年），四川成都人，字用修，号升庵。著名文学家，工诗文，善词曲。父廷和年十九，中进士，正德、嘉靖时，官至首辅、吏部尚书、华盖殿大学士。杨慎中正德六年（1511年）状元。嘉靖初，任经筵讲官。因“大礼仪”之争，直言获罪，遭受廷杖，被谪戍云南剑齿即永昌（今云南保山），扶病行11845里，抵戍所，几不起。谪戍长达36年，死于戍所，年七十二。杨家一门四代“一宰相一状元六进士”——即慎之祖父春、父廷和与叔廷仪、慎与弟惇、廷和之孙有仁。门楣文昌，光显四代。杨慎经36年磨难，36年忍辱，没有被吓倒，没有被摧垮，意志力顽强，生命力刚毅，磨出大气象，达到新境界。其词《临江仙·滚滚长江东逝水》曰：

滚滚长江东逝水，浪花淘尽英雄。是非成败转头空：青山依旧在，几度夕阳红。

白发渔樵江渚上，惯看秋月春风。一壶浊酒喜相逢：古今多少事，都付笑谈中。

上词后被引作《三国演义》开篇词和电视剧《三国演义》主题曲，大江南北，家喻户晓。著述多达百余种，有《升庵全集》传世。

杨继盛（1516—1555年），今河北省保定市容城人，字仲芳，号椒山，嘉靖二十六年（1547年）进士，后以劾大将军仇鸾误国被贬官。起用后，任兵部员外郎。又弹劾权相严嵩五奸十罪，疏入，帝怒，下狱，受酷刑，杖之百。其妻张氏伏阙上书。继盛被杖，遍体鳞伤，有人送他蚺蛇胆，敷之消炎减疼。他却之曰："椒山自有胆，何蚺蛇为！"及入狱，创甚。夜半苏醒，碎瓷碗，手割腐肉。肉尽，筋挂膜，用手截去。狱卒执灯，惊吓手颤，灯几坠地，但继盛意气自如。朝审时，观者塞衢，皆叹息，有泣下者。三十四年（1555年）十月初一，弃西市，年四十。继盛临刑赋诗曰："浩气还太虚，丹心照千古。生平未报恩，留作忠魂补。"观者涕泣，百姓传颂。有《杨忠愍集》。后严嵩败，隆庆帝立，赠太常少卿，谥忠愍，予祭葬，任一子为官。[①]其在京故居，今为"杨椒山祠"，列为文物保护单位。

八　长城与运河

在中华大地上，在北京的南北，有两项伟大的文化奇迹：其一是蜿蜒起伏、横贯东西的万里长城，其二是平直晶明、纵穿南北的京杭大运河。长城与运河其历史之悠久，工程之宏巨，功用之显著，影响之深远，在中国，在世界，都是仅见的。然而，万里长城拱卫的中心点，京杭运河漕运的终始点，就是北京。大长城像"人"字的一撇，大运河像"人"字的一捺，两者的交会点，就在大北京。万里长城与京杭运河，本节略加叙述。

长城，是世界现存规模最大的人工建筑遗存，是中华的民族精神、历史文化、建筑遗产、文化景观之伟大象征。长城有悠久的历史，先是春秋战国时期的一个伟大创造。秦统一六国后，将燕、赵、秦等北部段长城连为一体，"延袤万

---

① 《明史·杨继盛传》卷二百九。

余里”。后两汉长城、金朝界壕等，曾局部多次修整。到了明朝，面临着西北草原文化族群与东北森林文化族群双重冲突的严峻局势。明初期的徐达、明中期的戚继光等，先后两次对长城进行大规模的修整、加固、增建。明代长城军事防御重点是“九边”，即“九镇”——辽东、蓟镇、宣府、大同、太原、榆林、宁夏、固原、甘肃。“九边”拱卫的重点和核心是京师北京。

万里长城，拱卫北京。明朝推翻元朝后，故元势力总想复辟，这就促使明廷要修整长城，以加强防御。明朝大规模修缮和加固长城是在公元16世纪后期。其主要原因是：正统十四年（1449年）“土木之变”和嘉靖二十九年（1550年）“庚戌之变”，京师两次遭到蒙古骑兵困扰；明朝经过200年的生息、发展，经济实力大为增强；隆庆、万历年间张居正执政后，任用戚继光、谭纶等得当，上下协合，内外一致。

据调查：长城遗存分布在15个省（自治区、直辖市）的404个县（市、区），总长21196.18公里。明拱卫北京的长城，遗存总长8851.8公里[①]，其中北京段长城573公里，分布于全市6个区。主要有居庸关（居左）、古北口（居中）、山海关（居右）3个要隘。

清朝没有再修长城。康熙帝说：“昔秦兴土石之工，修筑长城。我朝施恩于喀尔喀，使之防备朔方，较长城更为坚固。”[②]今人看到被列为世界文化遗产的长城，包括墙体、敌楼、壕堑、关隘、烽火台和城堡等，基本上是明代长城的遗

---

① 国家文物局：《中国长城保护报告》。

② 《清圣祖实录》卷一五一。

迹。其北京段长城的精华，例如：

居庸关长城，在北京城西北50余公里处，建筑在一条长约20公里的溪谷中间。这条溪谷俗称关沟，有“关沟七十二景”。溪谷两旁，山岭重叠，怪石突兀，景色优美。山峦间树木葱茏，翠嶂重叠，因有“居庸叠翠”之称，为“燕京八景”之一。居庸关不仅风景优美，而且形势险绝。明人“重门天险设居庸，百二山河势转雄”的诗句，说明了这道雄关的形胜。居庸关自古以来就是北京的西北门户。明、清两代，居庸关成为拱卫北京的重关要塞。居庸关有南、北两个隘口，是关沟的出入口，南面的叫南口，北面的就是著名的八达岭口。

八达岭地势险峻，居高临下。“居庸之险不在关，而在八达岭”，可见八达岭之险要。明弘治十八年（1505年），在八达岭的岭口，构筑了关城。关城设东、西城门：东面额题“居庸外镇”，刻于嘉靖十八年（1539年）；西面额题“北门锁钥”，刻于万历十年（1582年）。两门均为砖石结构，券洞上为平台。台之南北连接关城城墙，台上四周砌砖垛口，从“北门锁钥”城台两侧延伸出万里长城。此段长城，依恃山势而筑，高低宽窄不一（平均约高7.5米，宽5.5米）。墙基用条石垒筑，墙体包砌巨大城砖，内填黄土碎石，墙顶地面铺墁方砖，内侧为女墙，外侧为垛墙。垛墙上方有望口，下面有射洞，以便瞭望和射击。

从八达岭关城向两侧长城望去，有许多台堡（500米左右一处，依地形而定）。台堡的一种叫作墙台，为兵士巡逻放哨而用。另一种叫敌台，分上下两层——上层顶部为平台，周围有望口和射洞；下层为空室，可住宿兵士和贮存武器。还有一种叫作烽火台（或叫烟墩），主要用于传递军情。如遇有敌情，夜间举火，白天燃烟，抑或鸣炮。明成化二年（1466年）规定：敌兵百人以上，举放一烟一炮；500人以上，举放二烟二炮；千人以上，举放三烟三炮；5000人以上，举放四烟四炮；万人以上，举放五烟五炮。烽火台有的设在城墙上面，也有的建筑在山顶上，作为长城守卫的信号传递站。

古北口长城，是京师北面重要的长城隘口，金贞祐二年（1214年），在古北口建铁门关。明洪武十一年（1378年），在古北口设关城。城周长2公里余，设南、东、北三门。古北口两侧的长城，有的横跨在潮河之上，下设三道水门，建筑奇特，十分雄伟。

明初，朱元璋派大将军徐达等督率军据守古北口，增派民夫修筑长城。但这仍未能阻止蒙古骑兵南下，屡次失守，震动京师。为此，多次扩建、加固关城。关城筑于潮河东、西两山之上，周长约2公里，沿河川还广筑烽火台，似固若金汤。然而，嘉靖二十九年（1550年），蒙古鞑靼俺答部的军队避开关城，从山间小路拆毁长城，破墙而入，迂回包抄，古北口再次失守。俺答的军队在北京城外大掠8天，又从古北口退出。仅嘉靖三十三年（1554年），俺答就经古北口大掠3次。为此，隆庆、万历年间，大规模修筑金山岭等段长城。

金山岭长城，位于古北口东侧，西距古北口约5公里。隆庆元年（1567年），明朝大学士张居正，任原在东南抗倭的名将谭纶为总督、戚继光为总兵，调到北方镇守蓟辽防区，又调刘应节为顺天巡抚。他们共同制定防御措施，在张居正支持下，他们对蓟辽等防区长城进行了大规模的改建。金山岭长城东起望京城，西止龙峪口，全长10.5公里，雄险高峻，敌楼密集，设有大小关口5处，间距100米左右，在地形复杂处仅距50～60米，筑有不同形式的敌楼67座。修敌楼时，戚继光要求两座敌楼可以交叉火力，封锁墙面。这里的敌楼从外形看有方的、扁的和拐角的，均为两层。下层用以驻兵及贮放粮草和武器，上层外侧筑垛墙，中间是一座小房子，称“楼橹”，也叫铺房，供瞭望士卒避风休息用。铺房下层都有箭窗，箭窗数目不等。在67座敌楼中有一座设防严密、重城围护的大敌楼，称为“总台”，为前线指挥机关所在地。

在金山岭长城上发现的一块碑记，不仅记述了谭纶、戚继光、刘应节等人视察长城的情形，还记有戚继光之弟戚继美率领山东籍部分官兵在金山岭长城施工的情状。经过这次改建，长城大为坚固，整个防区得以安定数十年。

金山岭长城体现了冷兵器时代防御思想的杰出想象力，又因其工程浩大和雄姿壮伟而成为世界工程史上的划时代之作。它视野开阔，气势雄伟，设防严谨，布置巧妙，是中国现存长城的雄险部分。

慕田峪关长城，位于北京怀柔区三渡河乡北，建于低缓的花岗岩岭谷，地势较为开阔，关口相邻的岭峰，高差在百米之内。其墙体为十几层褐色花岗岩条石砌筑，双面垛墙，青砖垒砌，十分坚固。

慕田峪关东南，是海拔603米的大角楼山，有三条长城汇集其上。慕田峪关西北是海拔940米的牛犄角边。由慕田峪关循长城一路向西，峰回路转，物换景移，目不暇接，过了牛犄角边长城之后，峰岩陡峭，幽谷雾绕，气势磅礴，其峻其奇，其隘其险，正和慕田峪关处长城的平缓、秀丽成为明显的对比。

总之，明长城北京地段，依山修筑，雄险至极。长城的下部为石条，中间填土石、外层包城砖，上部为女墙。这次大规模修筑长城，东起山海，西止镇边，绵亘1000余公里，城垣普遍加厚，两面皆设垛口，并在城墙上兴建敌台。明沿着长城新建敌台，具有举燧、御守、驻兵和仓储4个功能。敌台一般高17米，四面宽40米，中空，3层：上为平台、雉堞，设哨瞭望、集兵御守、燃燧报警；中为室屋，住宿官兵；下为仓室，储存粮械。至隆庆六年（1572年），共建成敌台1200余座，沿线墩台耸立，声势相连，精坚雄壮。今见雄伟壮观之北京地区长城，主要是明朝隆庆、万历年间的产物。万里长城既是中华民族风骨之骄傲，也是中华民族精神之象征。

大运河，不仅是中国一项伟大的文化工程，而且是世界一项伟大的文化工程。先是，元大运河年久失修，局部淤塞，故废弃改为海运。明迁都北京后，兴建北京城池宫殿。时转运粮食、砖瓦和物料等，仍沿元之旧，水、陆、海兼运。中国经济重点在南方，军政重点在北方。北方的皇粮、官粮、军粮、民粮等，不能自足，仰仗南方。南粮北运途径主要有三：海运、河运、陆运。前者，明初海盗猖獗、倭寇泛滥，再加上海运风浪大、季风强，存在诸多困难。首选之策，是疏浚、开通京杭大运河。于是，永乐帝诏令修通京杭大运河。其工程为永乐九年（1411年）开会通河，使黄河与卫水相连。后疏开通惠河，即北京至通州的河道。工程艰难，几修几废。直至嘉靖六年（1527年），采纳御史吴仲之议，修通惠河，浚治河闸，历时4个月，河工告成。自此，漕船直达北京城大通桥（今建国门外），迄于明末。吴仲所编《通惠河志》，皇帝命送史馆，采入《会典》，并颁工部刊行。人思吴仲之功，建祠通州祭祀。经过军民的奋战，京杭大运河开通。

京杭大运河北起北京，南至杭州，经今北京、天津二直辖市及河北、山东、江苏、浙江四省，将本来不相连通的海河、黄河、淮河、长江和钱塘江五大水系连接起来，全长约1794公里，成为中国古代南北经济与文化交流的大动脉。并经浙东运河，到达宁波，与海上"丝绸之路"连通。京杭大运河全面开通，漕船多至1.1万余艘，年运至京师的粮食，成化八年（1472年）额定为500余万石。今北京昌平白浮泉和通州张家湾，山东济宁和枣庄，江苏徐州、淮安、扬州和镇江，浙江杭州、萧山、绍兴和宁波等，都有它的遗迹。某些河段，甚至沿用至今。

京杭大运河有着多元的价值：政治上，促进中华一统；经济上，实现南北物流，成本低、速度快；文化上，利于南北与东西的交流；国际上，京杭大运河与浙东运河连通，由宁波、太仓等出海，与东北亚、东南亚、南亚、地中海沿岸等诸多国家往来；历史上，留下有着重大历史价值的文物。

大运河到北京，先到通州，因"漕运通济"之意，名为通州。明永乐帝迁都北京，出现南北两个通州，即南通州和北通州。后为避免重名，南通州改称南通。通州就专指北通州，即今通州。通州为通惠河、坝河、温榆河、潮白河、北运河等五河汇流之地，成为元明清三代京东漕运重地、水利枢纽。[①]

九　明十三陵

明朝十六帝，明太祖朱元璋死后葬于南京明孝陵；建文帝因“靖难之役”，下落不明，遗体未见，未建陵寝；景泰帝因“夺门之变”，英宗复辟，死后葬于西山。所以，明帝葬于今昌平天寿山下的只有13位皇帝及其皇后，故习称为明十三陵。[②]其中，主要介绍3座明陵——长陵、定陵和思陵。

长陵　为永乐帝及其皇后陵寝。先是，永乐帝皇后徐氏，为明开国元勋、中山王徐达之长女。洪武九年（1376年）册为燕王妃。燕王即位，册为皇后。永乐五年（1407年）七月，徐皇后崩，年四十六。而后，永乐帝开始在昌平天寿山营建寿陵。十一年（1413年），安葬徐后遗体于长陵。永乐二十二年（1424年）七月，永乐帝崩于北征回军途

---

① 1966年，笔者同赵铮、刘天心、梁新华、杨建萍一行，骑自行车，沿京杭大运河，进行考察。我等骑行一个月，到达杭州，并到绍兴。沿途踏查、访问，开阔眼界，获益丰硕。

② 这13座陵寝分别是：明成祖永乐帝朱棣的长陵、明仁宗洪熙帝朱高炽的献陵、明宣宗宣德帝朱瞻基的景陵、明英宗正统帝天顺帝朱祁镇的裕陵、明宪宗成化帝朱见深的茂陵、明孝宗弘治帝朱祐樘的泰陵、明武宗正德帝朱厚照的康陵、明世宗嘉靖帝朱厚熜的永陵、明穆宗隆庆帝朱载垕的昭陵、明神宗万历帝朱翊钧的定陵、明光宗泰昌帝朱常洛的庆陵、明熹宗天启帝朱由校的德陵、明思宗崇祯帝朱由检的思陵。

中榆木川，年六十五。八月，皇太子迎灵柩入仁智殿。九月，庙号成祖，永乐帝梓宫与徐皇后梓宫合葬于长陵。

长陵在天寿山中峰之下，是明十三陵中第一座皇陵。陵前为神道，又称神路，南北向，从石牌坊到长陵宫门，长约14.6里。神道两侧，布列石望柱二、石人十二（武将、文臣、勋臣各四）、石兽二十四（狮子、獬豸、骆驼、象、麒麟、马各四），均为明初整块巨石雕制而成。长陵前为神功圣德碑及其碑楼。长陵建筑形制为前方后圆。前方，为方形三进院落：主体建筑为稜恩殿，9间重檐，殿内有24根金丝楠木的独木巨柱，其中心4根巨柱，高14.3米、直径1.17米。其他梁、檩等均为楠木，因此被称作楠木殿。它是明代帝陵中唯一完好保存至今的稜恩殿。后圆，为宝城，周围2里，城下有甬道，有重檐明楼，宝城下就是永乐帝后棺椁放置的地宫，其上为圆形宝顶（封土）。

明帝死之后，有宫人殉葬。长陵有东西井，十六宫人殉葬。明自英宗始，废止宫人从葬。

定陵 在大峪山，为万历帝及其皇后陵寝。其形制大体与长陵相同。里面埋葬的万历皇帝和两位皇后——孝端王皇后和孝靖王皇后的梓宫。1956年，经国务院批准，对定陵进行考古发掘，揭开了定陵地宫之谜。地宫内设有万历帝及两位皇后白玉石神座，座上摆设五供、万年灯、棺椁及金银珠宝等。出土金丝编织的金翼善冠、孝端皇后六龙三凤冠，以及青花大龙缸、青花缠枝莲花纹梅瓶、万历帝缂丝十二章衮服、百子衣等3000余件珍贵文物。

思陵 为崇祯帝及其皇后陵寝。崇祯帝登极之后，未卜山陵。先是，田贵妃死，葬鹿马山，是为田贵妃之墓。周皇后自缢死、崇祯帝煤山自缢后，“迁帝、后梓宫于昌平。昌平人启田贵妃墓以葬”[1]。州民将崇祯帝和周皇后梓宫葬于田妃墓内，崇祯帝居中，周后居左，田妃居右，以田妃之椁为崇祯帝之椁。后建碑亭。五月，清军入京师，“以帝体改葬，令臣民为服丧三日，谥曰庄烈愍皇帝，陵曰思陵”[2]。

十　中西文化交流

明朝北京的中西文化交流，分作早期、中期、晚期，情况不同，各具特色。

明朝前期，最重大的中西文化交流事件，是郑和下西洋。其时除传统的东北亚朝鲜、日本，东南亚安南（越南）、暹罗（泰国）、缅甸、菲律宾、爪哇等之外，郑和下西洋及其以后，西方开始大航海时代，中西文化的交流，进入一个新时期。

郑和（1371—1433年），本姓马，名三宝，后赐姓郑，云南昆阳（今晋宁）人，受派于永乐三年（1405年）至宣德八年（1433年），先后率领庞大船队7次下西洋。郑和所乘的大号宝船，有学者计算，长125.6米，宽50.9米，深12米，有九桅十二帆，装载1000余人，排水量1.48万吨，而哥伦布航行的那艘海船排水量为250吨。宝船的锚残高2.68米，残重758.3公斤，舵杆长11.07米，这充分显示了明初政治、经济、文化、科技的实力。郑和下西洋比葡萄牙人迪亚士发现非洲

① 《明史·庄烈帝本纪》卷二十四。

② 《明史·庄烈帝本纪》卷二十四。

南端好望角早82年，比哥伦布发现美洲早87年，比麦哲伦环球航行早114年。郑和等一行，从太仓刘家港（今江苏太仓东浏河镇）起航，在“洪浪接天，巨浪如山”的浩瀚海洋上，云帆高扬，昼夜兼程，航经30多个国家和地区，最远到达红海和非洲东海岸，传播中华文明，进行文化往来。郑和船队所经东南亚一些国家，至今仍保留和收藏着郑和下西洋的遗迹和文物。郑和以德为邻，厚往薄来，下西洋时所带的物品有瓷器、丝绸等，沿途许多地方都发现了明代瓷器的遗存，如“永乐青花花果执壶”“宣德青花灵芝石榴尊”等；马欢《瀛涯胜览》、费信《星槎胜览》和巩珍《西洋番国志》，都记载船队将丝绸等所运到之处，受到当地人的喜爱。当地以不同的方式，纪念郑和这位中华文化使者。从越南的占城到柬埔寨的真腊，从泰国的大城府到马来西亚的马六甲，从印尼的三宝垅到印度的古里，从南亚斯里兰卡到非洲东岸的肯尼亚、坦桑尼亚，特别是在曼谷、马六甲、三宝垅，都建有纪念郑和的庙宇。

明代前期的中西文化交流，除官方使臣、朝贡等之外，商人、教士来华，是其一大特点。据统计，明代共有18位耶稣会士来到北京。他们分属于意大利、葡萄牙、德国、法国和西班牙。[①]

明代中期的中西文化交流，与葡萄牙有深入交往。正德

① 意大利有利玛窦、郭居静、龙华民、艾儒略、罗亚谷、毕方济六人，葡萄牙有李玛诺、费奇规、阳玛诺、傅汎济、陆若汉五人，德国有邓玉函、汤若望、万密克、熊三拔四人，法国有金尼阁、方德望二人，西班牙有庞迪我一人。

十一年（1516年），葡萄牙人剌菲尔别斯罗附帆来华，是为欧洲船舶入中国之始。而后，十六年（1521年），葡萄牙使臣皮雷斯一行到北京，住在会同馆，居留4个多月，被逐出北京。这是葡萄牙国第一次通使中国，且到了北京。使团的维埃拉和卡尔渥分别写回的两封信，叙述了皮雷斯使团的使华经历及其见闻，是为访问北京并写回书信的最早的欧洲人，具有重要的史料价值。明嘉靖二十年（1541年）到过北京的葡萄牙人、耶稣会士费尔南·门德斯·平托（1514—1583年），在北京驻留两个半月，后来撰成《远游记》，明万历四十二年（1614年），用葡萄牙文出版。他在《远游记》中写道：北京是个富庶、宏伟、文明、法治的“世界大都会”，殿阁房顶“颜色多变，光彩夺目”。城中商店林立，百货充塞，“行走于街市之中如入幻境”。他称赞北京：北京城宏伟壮观，大厦林立，生活富裕，物品充盈，人如过江之鲫，帆樯如林。在他看来，当时世界上其他名城如罗马、君士坦丁堡、威尼斯、巴黎、伦敦、里斯本等诸城，“与伟大的北京相比都相去甚远”。

明朝后期的中西文化交流，其中影响最大者是利玛窦。

利玛窦（Matteo Ricci，1552—1610年），意大利人，天主教耶稣会士。万历十年（1582年）来华，初在广东传教。二十九年（1601年）经南京，乘大运河船只来到北京，进呈自鸣钟、《坤舆万国全图》等。《坤舆万国全图》是根据绘有五大洲的拉丁文世界地图，用经纬度制图法加以改绘，并用汉文注释的世界地图。这使京师士大夫耳目一新。利玛窦在北京，一面传教，一面传播西方自然科学。徐光启等向利玛窦学习新的西方科学知识，两人合作译著欧几里得几何学的《几何原本》，是在北京译著的第一本西方数学著作。利玛窦还同明朝官员李之藻合作编译西方算学著作《同文算指》等。这些著作对中国数学发展有较大影响。利玛窦还研读"四书"——《大学》、《中庸》、《论语》和《孟子》，用拉丁文节释和注释，呈送给梵蒂冈教皇，中国儒家经典传布到欧洲。他经御准在北京设立天主教堂（今南堂），在京10年，卒于北京，葬在今西城区车公庄大街6号院内。著有《利玛窦中国札记》一书，原稿为意大利文，后译成拉丁文，以及英、德、法、西等文。其中文译本于1983年由中华书局出版。书中介绍中国疆域、人口、物产、科技、工艺、人文、科举、礼法，尤其是北京的城垣、宫殿、街巷、风俗、生活、贸易、用煤、见闻等内容。利玛窦著述北京，宣传北京，对西方文学、历史学、哲学、宗教学等产生广泛影响，并奠定了西方汉学的基础。《明史·天文志》记载："明神宗时，西洋人利玛窦等入中国，精于天文、历算之学，发微阐奥，运算制器，前此未尝有也。"[①]马可·波罗与利玛窦是促进中西文化交流最具影响的两位重要历史文化人物。

西方人来华，海路之外，还有陆路。他们有使臣、商人和传教士等。自明中叶后，俄罗斯人越过亚欧界山乌拉尔山，进入西伯利亚，从陆路到达明朝政治中心、文化中心北京。

伊万·佩特林使团是俄国第一个官方赴华考察并到达北京的使团。他们在明万历四十六年（1618年）到达北京。佩特林使团只有4人，用俄文写有3份呈奏，存圣彼得堡皇家

---

① 《明史·天文一》卷二十五。

图书馆，后译成英文。其使命被认为是搞清通往中国的道路和中国政治、经济、文化状况。伊万·佩特林等在北京停留4天，没有受到万历皇帝接见。但明廷修国书一封，由佩特林带回俄国。这封国书，因无人认识汉文而被尘封。50多年后，另一使团来华带着此国书，行至托摩尔斯克时，被一位懂汉文的人翻成俄文译本，得以保存至今，并知晓其内容。

伊万·佩特林留下记载北京印象的文字：

> 从白城到大中国城（北京），两天行程，大明皇帝就住在这里。这座城市非常大，石头砌成，洁白如雪，呈四方形，绕城一周需四日。城市四角，耸立高大城楼。
>
> 中国京城的男女居民，都很健壮干净。但汉族妇女的脚非常小，小得和孩子的一样。他们穿的棉袄都很短，开襟，不过袖子却很宽大，像我们的夏衫。

伊万·佩特林不仅第一次向俄国介绍北京的宫殿、民俗，而且开辟了一条陆路经蒙古到达北京的道路，并很快传到欧洲，填补了欧洲陆路通达北京的地理知识空白。

明代后期，瓷器大量出口。万历三十二年（1604年），荷兰人袭击葡萄牙船，得到中国瓷器约60吨。后运到荷兰阿姆斯特丹拍卖，法王亨利四世买了一套餐具。据《荷兰印度公司与瓷器》一书记载，运往荷兰的瓷器，万历四十年（1612年）有3.8641万件，万历四十二年（1614年）有6.9057万件，崇祯九年（1636年）达25.938万件，崇祯十二年（1639年）竟达36.6万件，可见西方对中国瓷器的喜爱与需求。

十一 严重自然灾害

明朝北京自然灾害，举其极严重者，如下：

瘟疫 明崇祯十六年（1643年），京师大瘟疫，疫情极严重。夏燮《明通鉴》记载："京师大疫，死者无算。"《明崇祯实录》也记载："京师大疫，死亡日以万计。"这是形容数字，并不一定准确。但上述官方记载说明：当时大瘟疫，势态极严重。死亡人数过多，竟然无人收尸——"有阖家丧亡，竟无收敛者"。

水灾 明朝京师水灾，《明史·五行志》记载：京师大水，21次。其中，洪武十年（1377年）七月，"北平八府大水，坏城垣"；十五年（1382年），"北平大水"；永乐十年（1412年）七月，"卢沟水涨，坏桥及堤岸，溺死人畜"；洪熙元年（1425年）七月，"浑河决卢沟桥东狼窝口"；宣德三年（1428年）七月，"浑河水溢，决卢沟河堤岸百余丈"；正统四年（1439年）五月，"京师大水，坏官舍民居三千三百九十区"；成化十八年（1482年）七月，"昌平大水，决居庸关水门四十九，城垣、铺楼、墩台一百二"；万历三十二年（1604年），京畿大水，"淹男妇无算"，据载：北京豪雨成灾，许多民房倒塌，村庄与农田被水淹没，死伤累累；[①]三十五年（1607年）闰六月，"京师大水，长安街水深五尺"，民房倒塌，农田被淹，死伤众多，灾情严重；天启六年（1626年）七月二十日，顺天巡抚

① 《利玛窦全集》第4册，辅仁大学出版社。

刘诏奏言："顺、永二府，新罹水灾，人畜漂溺，边垣坍塌，最甚者莫如顺天之丰润、宝坻、霸州道属，其在边关莫如昌镇之横岭城。比闻大兴地方，又有冰雹损伤麦苗。"[①]上述水灾，多在七月。此期防汛，极为重要。

地震 《明史·五行志》记载：京师地震51次。《北京地震考古》则记载大小地震上百次。[②]其中最严重者有3次：

其一，明成化二十年（1484年）正月初二（1月29日），北京地区等发生强烈地震："京师及永平、宣府、辽东皆震。宣府地裂，涌沙出水。"[③]《明实录》记载："庚寅（初二），京师地震。是日，永平等府及宣府、大同、辽东地皆震有声如雷。宣府因而地裂，涌沙出水。天寿山、密云古北口、居庸关一带，城垣、墩台、驿堡，倒裂者不可胜计，人有压死者。"[④]其震中，推定在居庸关北，即北纬40° 4′，东经116° 1′。[⑤]其裂度定为8～9度，震级为6.8级。

其二，天启四年（1624年）二月三十日："京师地震，宫殿动摇有声，铜缸之水，腾波震荡。"[⑥]其震中在今滦县，定其裂度为8度，震级为6.5级。

其三，天启六年（1626年）五月初六日，宣武门西王恭厂灾（今宣武门内光彩胡同地带），其破坏，《畿辅通志》

① 《明熹宗实录》卷七十四。

② 北京市文物工作队编：《北京地震考古》，第8～29页。

③ 《明史·五行志》卷三十。

④ 《明宪宗实录》卷二百四十八。

⑤ 北京市文物工作队编：《北京地震考古》，第133页。

⑥ 《明史·五行志》卷三十。

记载："屋以数千，人以数百。"此次灾害，极为严重："地中霹雳不绝，火药自焚，烟尘障空，白昼晦暝，凡四五里，死者甚众。"[①]此灾原因，学界有两种看法：一是王恭厂火药库爆炸；二是由地震引发火药爆炸——"北京发生地震，并诱发了王恭厂火药库大爆炸。"[②]火药库设在居民区，未做任何隔离措施，是个历史教训。

十二　明都文化殇鉴

明亡之因，非常复杂，举其要，列3点：

第一，灾荒严重，赈灾无策。史载："崇祯元年（1628年），陕西饥，延、巩民相聚为盗。二年（1629年），山西、陕西饥。五年（1632年），淮、扬诸府饥，流殍载道。六年（1633年），陕西、山西大饥。淮、扬洊饥，有夫妻雉经于树及投河者。盐城教官王明佐至自缢于官署。七年（1634年），京师饥，御史龚廷献绘《饥民图》以进。太原大饥，人相食。九年（1636年），南阳大饥，有母烹其女者。江西亦饥。十年（1637年），浙江大饥，父子、兄弟、夫妻相食。十二年（1639年），两畿、山东、山西、陕西、江西饥。河南大饥，人相食，卢氏、嵩、伊阳三县尤甚。十三年（1640年），北畿、山东、河南、陕西、山西、浙江、三吴皆饥。自淮而北至畿南，树皮食尽，发瘗胔以食。十四年（1641年），南畿饥。金坛民于延庆寺近山见人云，

---

① 陈鹤《明纪》卷五。

② 贺树德：《北京及周边地区地震研究》，第100页。

此地深入尺余，其土可食。如言取之，淘磨为粉粥而食，取者日众。又长山十里亦出土，堪食，其色青白类茯苓。又石子涧土黄赤，状如猪肝，俗呼‘观音粉’，食之多腹痛陨坠，卒枕藉以死。是岁，畿南、山东洊饥。德州斗米千钱，父子相食，行人断绝。大盗滋矣。”[①]崇祯帝不肯出库银赈灾，却让其岳父捐资。他岳父向皇后哭穷，皇后出点私房钱了事。后李自成进入紫禁城，发现库里金山银山。国君不以民急为急，国民何以君难为难。

第二，民族关系，治理不当。草原蒙古，天旱草枯，提出请求，以马易粟。袁崇焕建议做，却被诬之“市米资盗”。皇太极则与之相反，给粮济困。其结果是，本来蒙古是明朝的朋友、满洲的敌人，却变成满洲的朋友、明朝的敌人。

第三，弃贤用奸，自乱朝纲。《诗》云：“济济多士，文王以宁。”明代十六帝，凡是能用贤能之臣，就朝政平稳，有所发展；凡是信用奸佞之臣，就政争不息，朝纲紊乱。如正统帝用王振、正德帝用刘瑾、嘉靖帝用严嵩、天启帝用魏忠贤、崇祯帝用温体仁和周延儒等都是例证。崇祯帝在煤山自缢时，仍御书衣襟曰：“皆诸臣误朕！”而崇祯一朝大学士50人，杀、戍、罢、免、闲住者竟24人，多不得好下场。

总之，树必自朽，而风折之。明亡清兴，北京成为清朝的京师。

---

① 《明史·五行志三》卷三十。

第八章　第三个千年变局·清京师

在中华五千年文明史上，由少数民族建立的大一统皇朝只有两个：一个是蒙古族建立的元朝，另一个是满族建立的清朝，而这两个皇朝的都城都在北京。

清朝自顺治元年（1644年）迁都北京，至宣统三年（1911年）溥仪退位，共十帝，268年。[①]

清朝对中国历史，超越汉、唐、元、明的主要贡献是，将蒙古、新疆、西藏、台湾等地区完全纳入中华帝国版图，并设立政区、任免官员、驻扎军队、定期巡边、征纳赋税、举行科举考试等。就是说，清朝将中华文明的中原农耕文化、西北草原文化、东北森林文化、西部高原文化、沿海暨岛屿海洋文化，完全统合在中央政权管辖之下。而这个一统多元的大帝国的政治中心、文化中心就是北京。

清朝定都北京，与以往辽、金、元、明四朝定都北京之不同，在于满洲承载着属于东北森林文化的文脉。这里先要把森林文化略作交代。

---

① 清朝从努尔哈赤于天命元年（1616年）建后金，到宣统三年（1911年），总共296年。从皇太极于崇德元年（1636年）改国号为清，到宣统三年（1911年），则共276年。

一　森林文化简说

中国森林文化的地理范围、祭祀主神、语言属性、多元经济与历史悠久等，分述如下。

地理范围　中国森林文化覆盖的区域，西起大兴安岭，东北到鄂霍次克海的库页岛（今萨哈林岛），东到乌苏里江及其以东沿海，北达贝加尔湖和外兴安岭一线，南接长城一线，总面积约300万平方公里，同西北草原文化、中原农耕文化（核心部分）、西部高原文化所覆盖的面积大致相当。

祭祀主神　农耕文化祭祀的主神为社稷，就是土地和五谷之神，因为土地和五谷是农耕文化民众的衣食之源。森林文化祭祀的主神为森林，就是森林和树木之神，因为林中动物和植物为森林部民的衣食之源。如清宫坤宁宫前、堂子八角亭前、满洲民居院落东南角竖立神杆，就是祭祀森林之神的象征。[①]

语言属性　东北森林文化的语言，主要属于阿尔泰语系的满—通古斯语族。其文字为满文，明万历二十七年（1599年），由努尔哈赤主持、额尔德尼和噶盖创制。满文系借用蒙古字母来拼写满语，所以表面看来满文同蒙古文相似。满文为拼音文字，同汉文方块字不一样。西方人学满文，因都

---

① 清朝皇城内既突出满洲祭祀主神，也有祭祀多元的特色。如皇城八庙——太庙（祀祖神）、马神庙（祀马神）、火神庙（祀火神）、永佑庙（祀城神）、宣仁庙（祀风神）、凝和庙（祀云神）、昭显庙（祀雷神）、关帝庙（祀关公），有的沿袭明旧，有的为清所建。

是拼音文字，所以比汉人更容易一些。汉语则属于汉—藏语系，同满语在语言与文字上有较大的差异。

多元经济 清朝满洲先人以渔猎经济为主，兼以采集、畜牧、农耕等。到满洲崛起时期，其经济重点是牧猎与农耕。满洲经济的多元性，是后来满洲入主中原后，能融合多种经济形态的内在文化因素。

历史悠久 从《史记·周本纪》《后汉书·挹娄传》等记载，可以理出一条森林文化发展的脉络，就是从商周的肃慎、秦汉的挹娄、魏晋的勿吉、隋唐的靺鞨、辽金的女真，到明清的满洲，文脉相承，曲折演进，不断发展。早在东晋"十六国"时期，鲜卑人慕容儁于元玺元年即永和八年（352年），从龙城（今辽宁朝阳）迁都蓟城（今北京）。尔后，契丹辽朝的南京、女真金朝的中都均在今北京。但是，鲜卑、契丹、女真人以今北京为都城，或时间短暂，或半壁山河，北京都没有成为统一的、长久的全国政权的都城。满洲在清入关之前，已有渔猎、农耕、游牧、高原等经济与文化的四元性，进而统合多元经济与文化，因而满洲人建立的清朝，在北京定都，北京不仅是清朝统一多民族的都城，而且是当时东亚的政治与文化的中心，也是清朝前期国际上最大的都会。

满洲文化和蒙古文化不同。满洲文化的特点是具有四元性，开始它是一元——渔猎文化。后来不断地南迁，由黑龙江北部，南迁到今吉林，又南迁到今辽宁的辽河流域。清太祖努尔哈赤发祥地是现在辽宁省抚顺市新宾满族自治县赫图阿拉村。他们到明朝中期以后逐渐南迁——鸭绿江以西是明朝的农耕文化，以东是朝鲜的农耕文化，受到两面农耕文化影响，密切接触，不断融合，形成二元文化。满洲同蒙古为邻，也有草原经济，形成森林、草原、农耕三元文化。满洲在入关前，同西藏藏传佛教联系密切，后接纳并统合高原文化。于是，满洲在入关前已有森林、草原、农耕、高原的文化四元性。清入主中原后，接着统一台湾，其版图南至曾母暗沙，又实现同海洋文化的统合，具有森林、草原、农耕、高原、海洋的文化五元性。中华文化“五合一”，才出现盛清时，东极三姓所属库页岛，西极新疆疏勒至于葱岭，北极外兴安岭，南极广东琼州以及曾母暗沙，出现“汉、唐以来未之有”[①]的大清帝国。乾隆后期，清朝衰落，将在后文加以阐述。

二　迁都北京之争

后金—清朝的都城，先在赫图阿拉（今辽宁新宾），后清尊称兴京；一迁到辽阳，后清尊称东京；二迁到沈阳，后清尊称盛京；三迁到北京。清军进占北京后，都城是留在沈阳，还是迁都北京，当时有一场重大政治争论。

顺治元年（1644年）五月初二，清摄政睿亲王多尔衮率领八旗军，驰抵北京，进朝阳门，入紫禁城，登临武英殿视事。六月十一日，多尔衮召集王大臣会议，议商定都大政。会上，反对迁都北京的是努尔哈赤第十二子、多尔衮胞兄、英亲王阿济格等。

阿济格说：“初得辽东，不行杀戮，故清人多为辽民所

① 《清史稿·地理志一》卷五十四。

杀。今宜乘此兵威，大肆屠戮，留置诸王，以镇燕都。而大兵则或还守沈阳，或退保山海，可无后患。”[①]

多尔衮回答说：“先皇帝尝言，若得北京，当即徙都，以图进取。况今人心未定，不可弃而东还。”

多尔衮说的“人心未定”，指的是北京民众盛传“八月屠民”、清兵要“放抢三日，尽杀老壮，只留孩赤”等流言。多尔衮摄政的当务之急，就是迁都北京，安定民心，并图进取，统一天下。所以，多尔衮上奏顺治皇帝，陈述迁都北京的理由是：

> 燕京势踞形胜，乃自古兴王之地，有明建都之所。今既蒙天畀，皇上迁都于此，以定天下，则宅中图治，宇内朝宗，无不通达，可以慰天下仰望之心，可以锡四方和恒之福。[②]

多尔衮奏述迁都北京的理由：一是北京舆地形胜重要；二是辽、金、元、明四朝建都之地（辽为陪都）；三是位置南北约略居中；四是符合万民的意愿；五是便于进取中原；六是利于民和国安。

经顺治帝旨准，决定迁都北京，而以沈阳（盛京）为陪都。清没有采取辽朝五京、金朝六京、元朝三京的制度，而实行南北即北京和盛京的两京制。清廷以北京为基地，分兵南下，逐鹿中原，消弭抵抗，一统全国。十月初一，清顺

---

① 朝鲜《李朝仁祖实录》卷四十五。

② 《清世祖实录》卷五。

治帝因皇极殿（今太和殿）被焚，便登临皇极门（今太和门），颁诏天下，定鼎燕京。

清初，多尔衮对故明宫殿加以保护和利用，这是保护历史文物的重大贡献。先是，大一统皇朝——秦、周、汉、唐、元、明、清等，除清之外，对旧朝的宫殿，或焚，或拆，或弃，或迁，只有清朝利用前朝宫殿。如果多尔衮下令焚毁故明宫殿，今人就不能看到明北京紫禁城宫殿了！

清定都北京后，顺天府的行政辖区，分西、南、东、北四路厅，分领大兴、宛平、良乡、固安、永清、东安、香河、通州、三河、武清、宝坻、宁河、昌平州、顺义、密云、怀柔、涿州、房山、霸州、文安、大城、保定、蓟州、平谷，共五州十九县。乾隆八年（1743年），遵化升为直隶州，领玉田、丰润两县。顺天府最多时领六州二十五县。其幅员，广440里，袤500里。[①]西路厅隶大兴、宛平、良乡、房山、涿州，驻卢沟桥；南路厅隶固安、永清、东安、霸州、文安、大城、保定，驻黄村；东路厅隶香河、通州、三河、武清、宁河、蓟州、宝坻，驻通州；北路厅隶昌平、顺义、密云、怀柔、平谷，驻巩华城。

三　旗民分城居住

顺治元年（1644年），清定都北京后，在北京实行旗、民分城居住的政策和制度。旗，就是旗人，也叫“在旗的”；民，就是民人，也叫“不在旗的”。清廷规定，

---

① 《清史稿·地理一》卷五十四。

八旗所居："镶黄，安定门内；正黄，德胜门内；正白，东直门内；镶白，朝阳门内；正红，西直门内；镶红，阜成门内；正蓝，崇文门内；镶蓝，宣武门内。星罗棋峙，不杂厕也。"[①]

这里所谓旗，是指旗人；所谓民，是指汉人等。旗、民分城居住的政策和制度，在北京历史上，既是空前的，也是绝后的，此为清代北京的一大特点，也是清朝政府的一大弊政。

族群分城居住，辽朝已有先例。在辽上都，有南、北城，北城居住契丹人等，汉人则居南城："南城谓之汉城，南当横街，各有楼对峙，下列井肆。"[②]

早在清军入关以前，就已经建立起八旗制度。清朝的八旗，旗有正黄、正白、正红、正蓝和镶黄、镶白、镶红、镶蓝8种不同的颜色。它分为八旗满洲、八旗蒙古和八旗汉军，共24旗，但统称为八旗。每旗约有7000人，官兵的家属也隶属于同一旗。清初的八旗，既是军事组织，又是行政组织，也是经济组织，还是宗族组织。

八旗官兵及其眷属进驻北京后，清廷下令圈占内城的房屋给旗人居住。原来在内城居住的汉民、回民等，一律搬到外城居住。原房主的房屋，或拆除别建，或卖给旗人。这样北京四重城，每重城都有严格的区分——皇帝理政和居住在宫城即紫禁城，内苑和衙署设在皇城，旗人居住在内城，民人（汉人等）则住在外城——正阳门、崇文门、宣武门以

---

① 《八旗通志·旗分志》卷一。

② 《辽史·地理志一·上京临潢府》卷三十一。

外。每重城都有城墙环围，城门按时启闭，不得擅自越制。

在内城居住的旗人，按八旗分立四隅八方。两黄旗居北：镶黄旗驻安定门内，正黄旗驻德胜门内；两白旗居东：镶白旗驻朝阳门内，正白旗驻东直门内；两蓝旗居南：镶蓝旗驻宣武门内，正蓝旗驻崇文门内；两红旗居西：镶红旗驻阜成门内，正红旗驻西直门内。汉人等白天到内城探亲会友或到庙里上香，当天必须返回，不许在内城过夜；旗人到外城购物、娱乐等，也必须在晚间回城，不许在外城住宿。城里各街巷，设栅栏1750座，派兵巡逻，昼夜警戒。

清代北京的王府，除摄政睿亲王多尔衮府在皇城内（今南池子），其余王府主要分布在内城，个别例外。如康熙帝废太子胤礽之子弘晳，雍正初封为理郡王，又晋封为理亲王，其王府在今昌平郑各庄。有清一代，重要的王府约有60座，都是深宅大院，富丽堂皇。王府有严格的等级规制，未经旨许，不得僭越。规定亲王府有大门5间，正殿7间，后殿5间，后寝7间，左右有配殿，形成多进四合院，不少府邸有后花园。但是，许多王府历经沧桑，早已面目全非，只有醇亲王府、礼亲王府、恭亲王府、庆亲王府等保存较好，而恭王府是北京现存王府中最为完整的一座。

恭亲王奕䜣是道光帝第六子，因帮助慈禧太后发动宫廷政变而成为权势煊赫的议政王、铁帽子王（世袭罔替）。恭亲王府分为府邸和花园两个部分，占地总面积达5.7公顷。府邸分东、中、西3路，正门开5间，门前一对石狮，显得格外气派。往里是五开间的二门。再里面是大殿，设有正座，后置屏风，殿顶覆盖绿琉璃瓦。再往里是后殿，最后为东西长160米的二层延楼。东路与西路，各有三进院落，多座厅堂。王府的后部为花园，全园布置着曲廊亭榭，游廊蜿蜒，湖水碧绿，叠石假山。有20余处景区，掩映在奇花茂树、怪石修竹之间，极尽工巧，精美入画。还有戏园、榆关——既有城门，又有雉堞。有人将它说成是中国古典文学巨著《红楼梦》中的大观园，这虽出于附会，但不妨从中观赏《红楼梦》所描绘大观园院馆堂榭的意境。

雍和宫原是雍亲王的府邸，雍正帝即位后改为喇嘛庙。其主要建筑是由3座精致牌坊和五进大殿组成，另有许多配殿。整个建筑布局规整，具有满、蒙、汉、藏民族的建筑风格和艺术情调。雍和宫内的五百罗汉山、木雕佛龛和26米独木雕成的迈达拉佛像，被称为雍和宫的"三绝"，遐迩闻名。

四　满洲宫殿特色

清朝北京的宫殿，前朝后寝，泾渭分明。从外朝到内廷，虽沿袭明制，但有所损益，依照森林文化，做出若干调整。举其大端，分述如下：

其一，更名殿门匾额。清朝满洲军事贵族，从关外一隅，入主中原，联合蒙古、汉、藏、维吾尔等，统一中国。它最关心的是两个字："和"与"安"。北京作为清朝的京师，这一国策在各方面均有体现。顺治二年（1645年）五月，重建原明皇极殿、中极殿、建极殿，依次改其名为太和殿、中和殿、保和殿，并将皇极门改名为太和门，均突出一个"和"字。以太和殿为例，它的名称：永乐初建名奉天殿，突出"天"；嘉靖重建名皇极殿，突出"极"；顺治再建名太和殿，突出“和”。这在哲学理念与政治观念上，有着明显的变化，由突出神权，到突出皇权，再到突出社会和谐。尽管当权者不能完全做到这一点，但作为社会理念来说还是有积极意义的。顺治八年（1651年）九月十八日，重修承天门竣工，改承天门名为天安门。第二年七月初七，改皇城后门地载门名为地安门，再加上原有皇城的东安门和西安门，这样皇城东、南、西、北四门和长安左门、长安右门，共6座门，都突出一个“安”字。广宁门后为避道光帝旻宁名讳，也改称广安门。

其二，改变宫殿规制。以坤宁宫为例。坤宁宫在明代是皇后寝居的正宫，共9间。清定都北京后，将坤宁宫按照盛京（沈阳）清宁宫的格局加以改建，使中部和西部成为萨满祭神祭天的场所。正门开在偏东一间，其东北角隔出一小间，里面安置煮肉的3口大锅，外面有杀猪、打糕（供品）的用具；宫内东边两间暖阁留作皇帝大婚临时居住的洞房；中间4间为祭神场所，北、西、南3面有连通大炕；西边一间存放佛像、神像、祖宗板子及祭祀用品；两端各有通道一间。窗户改明代菱花格窗为满洲直棂吊窗，窗纸糊在窗外。门前有祭天神杆。祀日，在宫的前庭杀猪、煮肉、献礼。奉猪颈骨、猪胆及肉、米于索罗杆顶的斗内。礼成，帝、后等受胙肉。宫的西暖殿后，按关外习俗，矗立起烟囱，为宫内煮祭肉时出烟之用。

其三，宫内建造箭亭。在紫禁城内建箭亭，讲骑射，习武事。亭中设宝座，宝座东有碑，上镌乾隆帝的《上谕》，诫其子孙“学习国语，熟练骑射”。宫内还建鹰房和狗房。这是满洲崇尚骑射文化在宫廷的映现。

其四，建盝顶式碑楼。皇宫文渊阁仿宁波天一阁，于乾隆四十一年（1776年）建成，为储藏《四库全书》之用。乾隆帝曾动员全国许多著名学者，从乾隆三十七年（1772年）开始纂修，历时15年，才告完成。全书一律使用宣纸，墨笔精抄，共抄成7部，另有副本一部。阁内珍藏的《四库全书》，分经、史、子、集四部，共收书3503种79337卷，装帧成36304册，是古代世界最大的一部丛书。阁前有《文渊阁记》碑，碑楼上的盝形顶，应是满洲骑射文化在宫廷建筑上的表现。

其五，兴建堂子祭祀。在宫外建堂子，作为满洲皇室、贵族、八旗祭神祭天的殿堂。堂子竖立神杆，象征森林，进行祭祀。汉族官员，不准入祀。

堂子

其六，满洲宫廷习俗。如衣，穿马褂、皮靴、马蹄袖，长袍、旗袍都开衩，便于骑马；如食，肉食以鹿、狍、猪、鱼、鸡、鸭为主并忌食牛肉、狗肉，菜蔬以蘑菇、木耳、松茸等为主，干果如松子、榛子等，甜品如蜂蜜等；住，“卍”字炕、山野搓罗子；行，骑马、坐爬犁等；用，如鹿角椅——据清宫专家考证，现存世鹿角椅共有7把，其中一把在沈阳故宫，为皇太极的座椅；一把在内蒙古博物馆；另5把在故宫博物院，其中康熙朝3把、乾隆朝2把，都是使用在木兰围场围猎时猎获的鹿角，由宫廷造办处制作。这些都是森林文化狩猎经济于生活习俗的明显象征。

五　外城工商列肆

清朝在北京实行旗民分城居住后，特别是前三门——正阳门、崇文门、宣武门之外地区，经济文化得到迅速发展，形成前三门外的闹市区。

早在元大都时，按照《周礼·考工记》“前朝后市”的规制，朝廷在前，市场在后。市场主要在积水潭和钟鼓楼一带。

而在明朝北京，前三门地区，人烟更稠密，市场更发达。市井生活，也更为丰宁。《旧京遗事》记载万历年间京城：“道路无警守，狗不夜吠。中秋明月之夕，长安街笙曲哀曼，宫城乌雀惊起复栖。”①

到清朝，前门外一带市场更加繁荣。从元到清，由“后

①　《旧京遗事》，不分卷。

市”衍变为“前市”，“前市后朝”的格局完全形成，并更加发展。主要是因为：

第一，元大都漕运终点码头在积水潭，帆樯蔽水，百货山积，积水潭和钟鼓楼一带成为商业中心区。但元末积水潭淤缩，漕运中梗，原来的商业区便逐渐衰落。

第二，明代漕运终点在正阳门外迤东，每年自杭州，经3000里大运河，有漕船多至一万余艘，运漕粮多达600余万石，还有随船往来运输的行人和货物，南方货物如瓷器、丝绸、茶叶、用品、书籍、纸张等，多在这一地区交易和集散，从而使北京商业中心南移。

第三，清代北京旗民分城居住，在内城居住的旗人，以弓马为本，不务生计，他们买卖东西要到外城；规定内城禁设戏院，不许演戏，他们娱乐消遣也要到外城。外城便成为新兴的旅游区、商业区、娱乐区、文化区。

第四，正阳门以东，有崇文门税关，门内往西有会同四译馆，各少数民族来京的贡使和商队，要到正阳门外市场交易。

第五，崇文门外，手工艺品作坊和市场，有瓷器、景泰蓝、漆雕、玉器、地毯、料器、绢花、牙雕等，种类繁多，做工精美。还有花市，为制花与卖花的集中地区，作坊和花店多达数百家。

第六，正阳门以西，宣武门外，大栅栏地带，会馆林立，店铺丛集，聚集许多来京科试的举子，在这一地区，尤其在琉璃厂店铺，购买文房用品，搜求古籍文物，形成驰名中外的琉璃厂文化街。琉璃厂的册籍、碑帖、钟鼎、字画、器玩、宣纸、徽墨、湖笔、端砚等，琳琅满目，列架充肆。

第七，回民从内城搬出后，多聚居在牛街一带，这里成为房舍鳞次、灯火万家的北京最大回民聚居区。他们多以清真小吃、素制糕点等小本经营为生，从而促进了外城经济的发展，也方便了京城居民生活。

第八，外域的贡使、商人、士子、传教士等，也住在外城。他们要出入前三门地区，观光民间风情，购买所需物品，促进了这个地区的繁华。

正阳门、崇文门、宣武门外的前三门地区，成为人烟稠密、商业兴盛、文化繁荣、游客如织之区。

因此，前三门以外，特别是正阳门外到大栅栏一带，棚房栉比，百货云集，摩肩接踵，五色迷离。六必居、同仁堂、都一处、内联陞、盛锡福、瑞蚨祥、布瀛斋、丰泽园、全聚德、东来顺、萃华楼、同和居、荣宝斋等老字号，店铺林立，牌匾相望。市场上的日用百货、茶叶瓷器、绫罗绸缎、珠宝玉器、文房四宝、典册秘籍等，琳琅满目，应有尽有。还有茶楼、酒肆，以及戏院、青楼，这里成为清代北京最繁华的闹市区。

六　兴建皇家园林

清朝开国帝王，长期生活在关外，过着射猎的生活。他们喜动不喜静，耐寒不耐热。摄政王多尔衮曾说过：北京春秋尚可，暑夏溽热难耐。所以，他要在塞外建避暑城，既能避暑，又能射猎。但是，事未成，身先死。顺治帝在位时间较短，常在南苑狩猎，或到京东游幸。特别是康熙、雍正、乾隆三朝，社会比较安定，府库财力充裕，造园经验丰富，满洲崇尚骑射，于是兴建避暑、狩猎、游乐、理政的皇家园林，从而使京师皇家园林有新的开拓，尤其是“三山五园”的建设，成为中国古典园林史上的明珠。清代是北京皇家园林发展史上的鼎盛时期。

在皇宫内，有御花园、慈宁宫花园、建福宫花园，特别是在皇宫内新建的宁寿宫花园（乾隆花园），为乾隆帝归政后颐养天年休憩之处。宫前的九龙壁，以海水为衬景，有9条戏珠巨龙在奔腾，灵气勃勃，形象生动。它由247块预制七色琉璃砖拼砌而成，总宽29.4米，高3.5米。它与大同九龙壁和北海九龙壁相比，更以雕制精细和色彩华美而见长。宁寿宫花园布置在南北深160米、东西宽37米的纵长地带，共占地5920平方米，其格局灵活紧凑，空间时畅时闭，曲径通幽，景致各异。它分为四进院落，景点布设，琳琅满目。古华轩、禊赏亭、流杯渠、旭辉庭、遂初堂、三友轩、符望阁等，间隔纵横，曲折迂回，景色各异，步移景随。最后为倦勤斋，室中设有小戏台，斋内嵌竹挂檐，布局精巧，工艺精细，镶玉透绣隔扇，一派江南景色。

皇宫外西苑，分为南海、中海、北海。

南海　从宝月楼（今中南海新华门就是改宝月楼为门而成的）以北，到蜈蚣桥以南，因在西苑海子（太液池）南部，所以称作南海。乾隆二十三年（1758年），在南海的南端建宝月楼。楼分上下两层，面阔7间，朱柱红墙黄瓦，庄严壮丽精美。相传是乾隆帝为香妃而建的。香妃即容妃，出身于新疆维吾尔贵族。香妃入宫，很受宠爱。据说她身上溢放香味，因称香妃。香妃久居深宫，思念家乡。乾隆帝命在宝月楼对面，按回人习俗，建筑房屋，居住回民，并建礼拜寺，使宝月楼成为香妃的望乡之阁。乾隆帝《宝月楼诗》

说：冬冰俯北沼，春阁出南城；鳞次居回部，安西系远情。登楼望月，是为安定对西部疆域管辖，维护中华帝国版图一统。

宝月楼北邻一片荡漾碧波，内有一个湖心岛，岛上的建筑，清初重加修葺，使它成为一座水上宫殿，宛如中国古代传说中的瀛洲仙境，所以改名为瀛台。台上主要建筑为涵元殿。光绪二十四年（1898年），戊戌变法失败后，光绪帝被幽禁在瀛台涵元殿，并死在这里。

中海 从蜈蚣桥以北，到金鳌玉蝀桥（今北海大桥）以南，因在西苑海子（太液池）的中部，所以称作中海。中海主要分为南岸、西岸和东岸3个景区。南岸景区，西苑门里，与瀛台隔池相望的是勤政殿。在夏季或大内兴工时，清康熙帝移居在这里听政。殿西一水横带，稻田数亩，为丰泽园。康熙帝曾在这里试种新稻种。康熙帝宫中吃的大米，一度是自己种的。园中有一座典雅的殿堂，后称颐年堂，乾隆帝常在这里举行宫廷宴会。园内有春藕斋，堆山凿池，亭阁错落，林木浓荫，景色迷人。斋北为海晏楼，西洋式样，是晚清慈禧皇太后招待女宾的楼堂。

西岸景区，主要建筑为紫光阁。清朝皇帝在这里观骑射，还在阁前阅试武进士。乾隆帝仿麟阁绘形之制，将重大战争功臣绘像挂在阁内，并在阁内为蒙古王公、回部伯克等赐宴，还请他们观冰嬉、看歌舞。紫光阁还是清廷接见外国使臣的殿堂。同治十三年（1874年），同治帝在紫光阁接见日、俄、美、法、荷、英六国使臣，并接受各国使臣呈递国书，这是清帝第一次正式接见外国使臣来递交国书。紫光阁铁路尤需一述。北京最早的铁路，是同治三年（1864年）英人杜南特在宣武门外修建的半公里长的小铁路，次年试驶，后来废弃。光绪十四年（1888年），在三海建紫光阁铁路，南起中海瀛秀门外，沿中海、北海西岸，至镜清斋站，长1.5公里。在一段时间里，慈禧皇太后偕光绪帝，每日在勤政殿御政后，乘坐小火车至镜清斋用午膳。因西太后怕火车鸣笛声败了紫禁城风水，小火车由太监牵绳曳引而行。在离紫光阁不远的中海西门内，有一座仪鸾殿，曾做过西太后的寝宫。在庚子事变中，仪鸾殿被焚，经重建后改名怀仁堂。

东岸景区，主要建筑为万善殿。清初派太监在寺庙中削发为僧，焚香礼佛。殿西有亭出水中，故称水云榭。亭中立清乾隆帝御书“太液秋风”石碑，为燕京八景之一。[①]

北海　因在西苑海子（太液池）的北部，所以称北海（今北海公园）。北海正门之西南有团城，即圆城，本是琼华岛南一个小屿。琼华岛是北海景物的中心。元代在岛上建的广寒殿，明中期已经颓圮。顺治八年（1651年），在岛上建白塔，塔顶高112米（塔高35.9米），为全城最高点。清初，塔上设立号杆、龙旗、灯笼、信炮，一旦有警，白天悬旗，夜间挂灯，发信炮，传警报。琼岛东麓，耸立乾隆帝御书“琼岛春阴”石碑。琼华岛之北、太液池西北岸，濒水建有五座亭，习称五龙亭。五龙亭是帝后赏月、避暑、观鱼、赏灯的地方。

清朝对北京苑囿的开拓和经营，其主要成就是对西郊园林——“三山五园”的进一步开发。所谓“三山五园”，一

---

① 始自金中都的“燕京八景”，流传多种版本，乾隆帝加以整合，并御书立碑，即为：太液秋风、琼岛春阴、金台夕照、蓟门烟树、西山晴雪、玉泉趵突、卢沟晓月、居庸叠翠。

般是指香山静宜园、玉泉山静明园、万寿山清漪园（后改名颐和园）和畅春园、圆明园。

畅春园 原为明万历帝外祖父武清侯李伟的别墅。这一带万泉庄诸泉水，汇聚于丹棱沜。康熙帝借丹棱沜泉水，依高为阜，即卑成池，兴建楼阁，凿湖堆山，建成畅春园。园围城垣，内分东路、中路和西路。中路大门内的“九经三事殿”为园中正殿，是康熙帝听政之所。东路主要建筑为澹宁居，前殿是康熙帝理政、选官和引见之所，后殿为其读书之处。被西人誉为“皇家科学院”的蒙养斋也在园里。康熙三十年（1691年）以后，康熙帝很少住紫禁城，多居畅春园，清溪书屋为其宴寝之所。他最后就死在这里。西路的无逸斋，康熙时太子胤礽在此读书，后为皇子皇孙读书之所。今畅春园的建筑荡然无存，北京大学西门外残存恩佑寺和恩慕寺两座山门，是昔日繁华园林的遗迹。

颐和园 原称清漪园，康熙四十一年（1702年）在明代好山园基址上扩建为瓮山行宫。乾隆十五年（1750年），乾隆帝为了庆祝他母亲六十寿辰，在此兴建佛寺，改瓮山名为万寿山，改西湖名为昆明湖，开始大规模营造园林，命名清漪园。又拓展湖面，使原在东堤上的龙王庙，坐落在南湖岛上。在今佛香阁的位置上建有九层宝塔，后湖建有仿照江南水乡的街市房屋，后山兴建喇嘛庙和藏式碉楼。又引湖水出闸，沿长河入城。清帝可以乘辇出宫，至西直门外高梁桥附近的倚虹堂，弃辇登舟，溯长河至清漪园游幸。“何处燕山最畅情，无双风月属昆明。”昆明景色，幽美秀丽。咸丰十年（1860年），清漪园惨遭焚掠。至光绪年间，慈禧皇太后重新修建，改名为颐和园。全园分为5部分：一是宫殿区，包括仁寿殿等建筑。二是内廷区，由乐寿堂、玉澜堂、宜芸馆和德和园等堂馆院落组成，用五六十间游廊加以连通。园内古玉兰，其树围2.29米，树高8.5米，冠幅7.4米，树龄约180年。前院的玉澜堂，是光绪帝的寝宫。三是前山区，与内廷区由一条273间、长728米的画廊相连接；牌楼向北，经排云门、排云殿，通往山腰的佛香阁、山顶的众香界、智慧海。四是湖区，湖中有一个南湖岛，岛上有龙王庙；从昆明湖东岸经长虹十七孔桥，可直达岛上。昆明湖西堤上仿西湖建有6座桥。五是后山区。颐和园集中了中国古代北雄南秀的造园艺术精华，是中国园林艺术的瑰宝，也是世界园林艺术的佳作。

圆明园　在畅春园之北，清漪园（颐和园）以东，康熙四十八年（1709年）开辟，初为雍亲王藩邸赐园。雍正帝即位后，着手对圆明园进行全面修建。乾隆帝即位以后，六巡江南，命模仿江南名园胜景，规划全园布局，进行扩建工程。并向北拓展了圆明园，东面增修了长春园，在二园南面又合并了数处官邸花园修成绮春园（万春园），形成著名的圆明三园，但习惯上统称为圆明园。全园占地5200余亩，建筑面积与紫禁城全部建筑面积相当，水面约略等于昆明湖。清廷依恃国家统一，政局稳定，财力富厚，物资充裕，役使全国能工巧匠，经过康、雍、乾150余年的精心营建，使圆明园成为中国园林史上最辉煌的杰作。圆明三园周长10公里，圆明园有四十景，后增八景，长春园有三十景，万春园也有三十景，三园共有108处景区。全园除绮丽的风光和壮丽的建筑外，还有数以百万株计的名贵花木，珍藏和陈设历代传承下来的名人字画、秘府典籍、宫廷档案、钟鼎彝尊、精美瓷器、古物文玩、金银珠宝和稀世文物，集中了中国古代文化的精华。

圆明园规模宏大，设计精巧，借山环水，佳胜万千，亭阁锦错，景色奇丽，瑶台蓬岛，宛如仙境。它继承中国两千多年的优秀造园传统，也借鉴江南风景与园林精华，移缩南秀北雄的风格，并吸取西方古典造园艺术手法，建成清代最宏伟、最优美的皇家园林。圆明园被世界誉为“万园之园”，犹如镶嵌在北京原野上的一颗艺术明珠，闪烁着中华民族五千年文明的灿烂光辉。

但是，圆明园于咸丰十年（1860年）和光绪二十六年（1900年）两遭焚劫，建筑被焚毁，文物被劫掠，断垣残壁，一片废墟。

还有木兰围场和避暑山庄，虽不在今北京行政区划范围内，却为清廷内务府所管辖，在今京、津、冀一体化推进的文化大势下，更值得简述。

木兰围场　位于今河北省围场满族蒙古族自治县境，与内蒙古草原接壤。早在辽代，这里是辽帝的狩猎之地。金代有所沿袭。元帝在此围猎并建行宫。

清康熙十六年（1677年），康熙帝首次北巡塞外，看上了这块“万里山河通远檄，九边形胜抱神京”的地方。康熙二十年（1681年）四月，康熙帝第二次来到这里，以“喀喇沁、敖汉、翁牛特诸旗敬献牧场”的名义，划定南北200余里、东西300余里、周长1300余里，面积14000多平方公里的围猎场。[1]这是世界上规模最大的皇家猎苑。为什么选在这

① 《钦定热河志》卷四十五。

里呢？

其区位。木兰围场南近京师，北接蒙古，左连喀喇沁，右邻察哈尔，地处漠南蒙古诸部之中。在这里设置围场，清帝可以就近接见、宴请、封爵、赏赉蒙古等少数民族王公贵族，并编班行围。王公大臣也随驾赴围场处理政务，皇帝“驻营莅政，接见臣下，一如宫中”。

其地理。有高山、高原、丘陵、森林、草原、峡谷、河流、泡子，林木葱郁，水草丰沛，动物繁多，野鹿成群，其他野兽，不计其数。至今还有兽禽类100多种，包括黑琴鸡、天鹅等珍稀动物，被誉为“万灵萃集，高接上穹，群山分干，众壑朝宗”的灵囿胜地。

其文化。这里为八旗将士和宗室贵胄行围习武提供了合适的场所。当时行围打猎，对于八旗官兵来说，相当于现在模拟军事演习。

其气候。比东北温暖，比京师凉爽，适宜避暑。

“木兰围场”的“木兰”，是满语Muran的音译，意“哨鹿”；“哨鹿”是打猎时扮鹿人头顶鹿角，身披鹿皮，隐藏在树林里，扛着木制长哨，模仿公鹿鸣叫，引诱求偶母鹿出动，以便围猎；“围场”就是合围打猎的场所。木兰围场共有72个围（猎区）。规定：每次秋狝只选10余围，围场轮番使用，以便动物生息；“遇母鹿幼兽一律放生”，设围时留有缺口，方便年轻力壮之兽得以逃生。

围猎过程，分为6步：一是布围；二是撒围；三是合围；四是莅围；五是射猎——如一次乾隆帝射虎，先鸣枪惊虎，诱虎出山洞，虎出之后，咆哮跳跃，瞄准射猎，虎中枪而死；六是罢围，猎毕，收场，回营，欢宴。《乾隆木兰秋狝图》描绘了清代围猎的壮观情景。

每次围猎，一般要进行二十几天。围猎结束以后，饮酒歌舞，摔跤比武，并宴请蒙古等王公，按军功大小，予以奖赏。显然，夏秋季，离开炎热的北京到凉爽的塞外坝上，避暑行围，空气清新，水草丰美，无暑清凉，云山胜地，鹿鸣鸟叫，多么惬意。这既是战斗，又是体育，还是娱乐，更是敦谊，融习武、体育、娱乐、联谊于一体。乐人奏乐唱歌，以伴酒食，并表演诈马（赛马）、什榜（奏乐）、相扑（摔跤）和教駣（táo，套马）等具有蒙古草原文化特色的体育娱乐活动。

从康熙二十年（1681年）到嘉庆二十五年（1820年）的140年间，康熙、乾隆、嘉庆三帝举行“木兰秋狝”共105次。雍正帝在位时，没到过围场。康熙帝除因战争外，每年都去木兰围场，共48次，每次在避暑山庄约4个月。康熙帝晚年说：“朕自幼至今，凡用鸟枪、弓矢，获虎一百三十五、熊二十、豹二十五、猞猁狲十、麋鹿十四、狼九十六、野猪一百三十二，哨获之鹿凡数百，其余围场内，随便射获诸兽，不胜记矣。朕曾于一日内，射兔三百一十八。”[①]这是满洲为森林狩猎族群的例证。道光帝时秋狝之制废止。晚清，宫廷下令开垦木兰围场，原始森林遭到砍伐。

避暑山庄 在今河北省承德市。康熙四十二年（1703年）建，为康熙、乾隆、嘉庆时清帝避暑、听政之所。总面积564万余平方米，分为宫殿区、湖区、平原区、山林区，围以10公里的虎皮墙。园内有七十二景，楼台亭阁100多处。这

① 《清圣祖实录》卷二百八十五。

是我国现存最大的皇家宫殿园林。

避暑山庄选在这里是因为：

一是地理形胜。左接辽沈，右连蒙古，南距京师，北到围场，远近适度，交通便捷；“群山回合，清流萦绕，形势融结，蔚然深秀”。

二是气候适宜。满族人进关后，不适应北京盛夏溽暑酷热的气候，要找一个避暑之地，这里水土、风物皆佳，风清气爽，水甘土肥，树草茂密，风景秀丽，适宜帝王养身颐神避喧理政。北国雄奇，江南清幽，南北美景，兼而有之。

三是民族之需。蒙古族、维吾尔族、藏族王公朝觐，未出痘的王公贵族，到避暑山庄更为合宜。

四是军政形势。康熙初年，北方相继出现察哈尔蒙古布尔尼叛乱和厄鲁特蒙古噶尔丹东犯，东进的沙俄也屡犯边境。为推行“绥怀蒙古，以构筑塞上藩屏”之策，需在塞外接近蒙古的地方，营造一个清帝北巡视察基地，便于皇帝“理政视事”，也利于边疆各民族王公贵族朝见清帝，实现清帝“察民瘼，备边防，合内外之心，成巩固之业”的雄图大略。

五是骑射传统。避暑山庄南距京师600里，北达木兰围场400里，木兰秋狝，骑射习武，是为佳胜。

避暑山庄布局疏阔，主要分作：

宫殿区——山庄南部，丽正门里，是清帝理政、寝居的宫殿所在。至今珍藏着两万余件清帝的陈设品和生活用品。如澹泊敬诚殿，是清帝在避暑山庄期间亲理朝政、举行庆典、接见朝臣的重要殿堂。殿用楠木构建，俗称“楠木殿”，虽显朴拙，却极昂贵。区内有四知书屋，乾隆帝依古训“知微、知彰、知柔、知刚”题写屋名。乾隆帝在这里接见过哲布尊丹巴呼图克图、章嘉呼图克图、六世班禅和土尔扈特部首领渥巴锡等重要宗教、民族领袖。还有烟波致爽殿，咸丰帝在英法联军侵入北京时，避难至此，病死于此。嘉庆帝也死在这里。慈禧、慈安和奕䜣的“辛酉政变”，就密谋在烟波致爽殿。殿里悬挂咸丰帝书写的“戒急用忍”匾，本来是康熙帝告诫皇四子胤禛的，却被咸丰帝用来面对英法侵略。

湖泊区——山庄东部，湖面宽阔，洲岛罗列，亭台楼榭，风景秀美。康熙帝和乾隆帝都曾六下江南，将南方名园美景，择其优者，因地制宜，移到山庄，如烟雨楼、金山寺、狮子林等胜景。区内分成8个湖面——上湖、下湖、镜湖、银湖、半月湖等，湖面与洲屿之间，堤岸相通，虹桥横卧，曲径通幽，意境如画，展现“山重水复疑无路，柳暗花明又一村”的意境。

平原区——山庄北部，为草地树林，万树园依偎于此。万树园是皇帝举行赛马活动的场地，也是避暑山庄内重要的政治活动中心之一。这里设大蒙古包，乾隆帝在此接见六世班禅，赐宴、看戏，看马术、相扑等表演。乾隆帝接见英王特使马戛尔尼也在这里。

林区——山庄西北部，占全园森林面积的4/5。群峰环绕，沟壑纵横，清泉涌流，密林幽深。

康熙时有避暑山庄三十六景，乾隆时又有三十六景，共七十二景。沈瑜的《避暑山庄三十六景图》，郎世宁等的《万树园观马术图》，形象生动，实录历史。

避暑山庄既以自然之美与人文之美相融合，又将各地风景名胜融于一园，是中国古典园林艺术的辉煌杰作。

庄外八庙，从康熙五十二年（1713年）到乾隆四十五年（1780年）60年间，兴建了著名的避暑山庄外八庙——溥仁寺、溥善寺、普宁寺、安远庙、普乐寺、普陀宗乘之庙、殊像寺、须弥福寿之庙，总占地面积约47万平方米，成为举世闻名的庄外八庙。其金碧辉煌的建筑，气势宏伟的组群，融汇了满、蒙古、藏、汉等多民族的建筑特色，堪称中国古代建筑的杰作，也体现清廷“合内外之心，成巩固之业”的治国理念。

每座寺庙，都有故事，像一部壮丽的史诗。兹举六庙，略加解说。

普宁寺——乾隆二十年（1755年），仿西藏桑耶寺而建，其大乘之阁内大佛像，须弥座高1.22米，佛像高22.29米，共高23.51米，被誉为世界现存最大的金漆木雕佛像，俗称大佛寺。寺名“普宁”，寓意“普天之下，永远安宁”。

安远庙——乾隆二十九年（1764年），为纪念蒙古准噶尔部达什达瓦率领部众，迁居热河，仿其故乡伊犁河畔的固尔扎庙而建。庙重檐歇山顶，3层黑色琉璃瓦，背群山，顶蓝天，安定远方诸部。

普乐寺——乾隆三十一年（1766年），为纪念新疆南北两路的杜尔伯特等归顺而建，突出圆亭式建筑，俗称圆亭子。寺名寓意为“普天之下，安乐太平”。寺构建精美，壮丽辉煌。

普陀宗乘之庙——乾隆三十二年（1767年）始建，乾隆三十六年（1771年）竣工，为乾隆帝六十大寿及其母八十五大寿而建。寺名“普陀宗乘”为藏语“布达拉”的汉译，因仿西藏布达拉宫而建，为外八庙中规模最大的一座寺庙，占地22万平方米。寺建成适逢蒙古土尔扈特部渥巴锡率众万里回归祖国。于此，有一部清代政治与民族、宗教与爱国的悲壮史诗。

早在明末，天山以北塔尔巴哈台（今新疆塔城）地带，厄鲁特蒙古的土尔扈特部，于崇祯初，由这里向西迁徙，到额济勒河（今伏尔加河）下游、里海之滨一带，开拓家园，劳动生息。后受当政者欺逼，发愿回归。在首领渥巴锡带领下宣誓：返回祖国去！乾隆三十五年（1770年）初，凌晨集合，紧急启行。穿过伏尔加河和乌拉尔河之间的草原。在哥萨克骑兵追赶下，9000名土尔扈特人牺牲。土尔扈特人面对伤亡、疾病、饥饿、寒冷，人口大减，艰难前进，历经8个月，行程万里，既摆脱围追堵截，又克服严寒、饥饿，终于回到伊犁河畔。据清宫档案《满文录副奏折》记载，离开伏尔加草原的17万土尔扈特人，“其至伊犁者，仅以半计”。乾隆三十六年（1771年）三月，土尔扈特部首领渥巴锡等13人及其随从44人，到避暑山庄觐见乾隆帝。其时恰逢普陀宗乘之庙落成，举行盛大法会。乾隆帝命在普陀宗乘之庙竖起两通巨大石碑，用满、汉、蒙古、藏4种文字铭刻御撰《土尔扈特全部归顺记》和《优恤土尔扈特部众记》。清政府拨专款采办牲畜、皮衣、茶叶、粮米，接济土尔扈特人，并将巴音布鲁克、乌苏、科布多等地划给土尔扈特人做牧场，以安居乐业。

殊像寺——乾隆三十九年（1774年），仿五台山的殊像寺而建。宝相阁内供奉文殊菩萨像。乾隆帝驻跸山庄时，常到此庙拈香，被称作“乾隆皇帝家庙”。

须弥福寿之庙——乾隆四十五年（1780年），为六世班禅额尔德尼来热河朝贺乾隆皇帝寿诞，在此住锡、讲经而建。

避暑山庄外八庙的兴建，运用我国佛教建筑中的汉式、藏式和汉藏结合的艺术手法，见证了我国多民族统一国家最后形成的过程，是一座民族团结的历史丰碑。

木兰围场、避暑山庄暨外八庙，是清朝兴起骑射习武的记忆，也是清朝强盛民族融合的象征，还是清朝衰落贪逸覆亡的戒碑。

七　清代京师士人

清代京师名士多矣。择选4位介绍，其中，京籍三人、京外籍一人；汉族二人，满族、蒙古各一人——王熙、徐元梦、王懿荣和崇绮。

王熙（1628—1703年），字子雍，顺天宛平（今北京市）人。其父崇简，明崇祯十六年（1643年）进士，顺治三年（1646年），因被荐补选庶吉士，授检讨，后官至礼部尚书。顺治四年（1647年），王熙考进士，选庶吉士，授检讨。会满文，译《大学衍义》，充日讲官，进讲称旨。晋弘文院学士。时其父崇简任国史院学士。顺治帝曰："父子同官，古今所罕。"后晋礼部侍郎，兼翰林院掌院学士，加尚书衔。十八年（1661年）正月，顺治帝病重，召王熙到养心殿东暖阁撰拟"遗诏"。熙伏地饮泣，笔不能下，谕勉抑哀痛，即御榻前先草第一条呈进。寻奏移乾清门撰拟，进呈3次，均报允可。是夕，顺治帝崩。

康熙帝嗣位，王熙改兼弘文院学士。他首疏请裁兵减饷，略言："直省钱粮，半为云、贵、湖广兵饷所耗。就云、贵言，藩下官兵岁需俸饷三百余万，本省赋税不足供什一，势难经久。臣以为滇、黔已平，绿旗额兵亟宜汰减。"又疏：许多地方官吏"挟赀贸易，与民争利。或指称藩下，依势横行。宜饬严禁"。再疏："现任官吏，捐输银米，博取议叙，名出私橐，实取诸民，宜一切报罢。"奏请废止买官卖官，从之。后因天旱，诏求直言。熙疏言："则例繁多，官吏奉行，任意轻重"，奏请详察现行事例，重新审查，裁定划一。命各部院逐条审议，删繁就简，凡数十事。请旨，钦定。迁工部尚书。

康熙十二年（1673年），调兵部，吴三桂反。京师闻变，都城内外，夜火四起，为吴三桂之子应熊一伙所为。后用王熙之言，诛额驸吴应熊。寻命王熙专管密本，"汉臣与闻军机，自王熙始"。二十一年（1682年），拜保和殿大学士，兼礼部尚书。时三藩已平，王熙奏议：以和平宽大，与民众休息。《清太祖实录》告成，加太子太傅。四十年（1701年），许致仕，晋少傅。明年上元节，赐宴其家，遣官赍手敕存问。四十二年（1703年），卒，年七十六。康熙帝命皇长子直郡王胤禔、大学士马齐临丧，行拜奠礼。

王熙识大体，有远谋。平三藩后，开方略馆，多所建树。熙子克善、克勤，都是顺治帝命名。克善能文，熙不令与试，遇乡、会典试，熙辄注假，为避嫌，尤慎之。雍正中，入祀贤良祠。[1]

徐元梦（1655—1741年），舒穆禄氏，满族正白旗人。

---

① 《清史稿·王熙传》卷二百五十。

康熙十二年（1673年）进士，年十九，后充日讲起居注官。徐元梦以讲学负声誉，大学士明珠要笼络他，但他不登权相明珠之门。徐元梦任左都御史、翰林院掌院学士、日讲起居注官、经筵讲官，为一代大儒，在康熙朝，经三大坎坷，受三次考验。

第一次考验。康熙二十六年（1687年）夏，康熙帝御乾清宫，召陈廷敬、汤斌、徐乾学、高士奇、德格勒和徐元梦等入试，题为《理学真伪论》。刚起草稿，传旨诘责德格勒和徐元梦二人。康熙帝看完卷，命同试官互校，太子师傅汤斌仍称徐元梦的文章为好。不久命徐元梦授诸皇子读书。

第二次考验。同年秋，康熙帝御瀛台，教诸皇子射箭。因徐元梦不能弯强弓，康熙帝不悦，谴责徐元梦。徐元梦奏辩，康熙帝更怒，命扑倒杖责，创伤重，籍其家，戍其父母。当夜，康熙帝气消，派御医给他治疗创伤。翌日，命元梦照旧教诸皇子读书。徐元梦请求赦免父母，时其父母遣戍已在路上，派官追还。

第三次考验。同年冬，翰林院掌院学士库勒纳奏劾日讲起居注官德格勒私抹《起居注》，并说德格勒与徐元梦互相标榜，命将德格勒夺官下狱。[1]康熙二十七年（1688年）春，狱上，拟德格勒斩，徐元梦绞。寻命免徐元梦死，荷校（戴枷）三月，鞭一百，入辛者库。

康熙帝经考察，知徐元梦很忠诚。康熙三十二年（1693年），命直上书房，仍授诸皇子读书。徐元梦学问醇厚，品德优秀。后康熙帝谕："徐元梦翻译，现今无能过之。"他

① 《清史稿·德格勒传》卷二百八十二。

的满语、满文应是清定都北京后水平最高的。康熙五十二年（1713年），升为内阁学士，仍回归原旗。翌年，任浙江巡抚。行前，受赐《御制诗文集》及鞍马。在任期间，修复万松岭书院，康熙帝赐"浙水敷文"榜，因名敷文书院。康熙五十六年（1717年），任左都御史和翰林院掌院学士，后任工部尚书。后康熙帝病中赐诗给徐元梦，诗前小序云："病中偶尔问及工部尚书、翰林院掌院学士，乃同学旧翰林，康熙十六年以前进士，再无一人矣。率赋一律，以遣闷怀。"诗曰："七旬彼此对堪怜，病里回思一慨然。少小精神皆散尽，老年岁月任推迁。常怀旧学穷经史，更想余闲力简编。诗兴不知何处至，拈毫又觉韵难全。"雍正帝即位，徐元梦仍直上书房，授诸皇子读书。雍正元年（1723年），徐元梦署大学士，充明史总裁，后两次夺官。

乾隆帝即位，徐元梦奉诏与鄂尔泰等纂辑《八旗满洲氏族通谱》。徐元梦年逾八十，仍在供职。乾隆六年（1741年）秋，发病，遣御医诊视。十一月，病危，乾隆帝遣使问有什么话要说。徐元梦伏枕流涕曰："臣受恩重，心所欲言，口不能尽！"使出，呼曾孙取《论语》检视良久。第二天病故，年八十七。乾隆帝评曰："尚书徐元梦，人品端方，学问优裕，践履笃实，言行相符。历事三朝，出入禁近，小心谨慎，数十年如一日，谓之完人，洵属无愧。"①其孙舒赫德，官武英殿大学士，以军功图形紫光阁。

王懿荣（1845—1900年），福山（今烟台市福山区）人。祖巡抚，父道台，少聪颖，学勤奋。光绪六年（1880

① 《清史列传》卷十四。

年）进士，后为翰林，直南书房。甲午战起，日据威海，又陷荣城，登州大震，王懿荣请归练乡团。和议成，回北京，为国子监祭酒。凡3任，共7年，为人师表，诸生咸服。其学问与人品值得记忆。

其学问。王懿荣泛涉书史，酷嗜金石，“笃好古彝器、碑版、图画”，历时19年，撰成《汉石存目》《南北朝石存目》《天壤阁藏器目》等书，成为著名的金石文字学家。他不仅几乎花尽了俸禄，甚至把妻子的嫁妆也拿去典卖以购买文物。他作诗说：“廿年冷臣意萧然，好古成魔力最坚。隆福寺归夸客夜，海王村暖典衣天。从来养志方为孝，自古倾家不在钱。墨癖书淫是吾病，旁人休笑余癫癫。”深厚的金石文物学养，使他为中华文明做出重大贡献，即最先发现了甲骨文。光绪二十五年（1899年），王懿荣在中药“龙骨”中首先发现甲骨文刻辞，并断为古代文字，是我国第一位甲骨文学家。

其人品。光绪二十六年（1900年），八国联军入侵，任团练大臣。七月，八国联军攻东便门，王懿荣率勇抵拒，不胜。回家说：“吾义不可苟生！”家人环跪泣劝，但死意已决。仰药未即死，在墙壁题《绝命词》：“主忧臣辱，主辱臣死。”掷笔投井死。妻谢氏等同殉。太学生捐钱埋葬之。[①]王懿荣投井殉国，舍身成仁，体现士人的高风亮节。

崇绮（1829—1900年），字文山，阿鲁特氏，蒙古正蓝旗人，大学士赛尚阿之子。以同治帝皇后之父而显贵，抬隶满族镶黄旗。英吉利兵舰窥天津，录守内城功，擢主事。

---

① 《清史稿·王懿荣传》卷四百六十八。

后迁员外郎。同治三年（1864年），成一甲一名进士。清朝定都北京220年，满族人、蒙古人科试汉文获得状元者，止崇绮一人，士论荣之。九年（1780年），迁侍讲，出典河南乡试，充日讲起居注官。十一年（1872年），诏册其女为皇后，锡三等承恩公。历迁内阁学士，户部、吏部侍郎。

光绪二年（1876年），充会试副考官，补镶黄旗汉军副都统。时河南旱，大吏匿不报，为言官所劾。受命按问，得到实情，巡抚李庆翔等获罪。后出为热河都统、调盛京将军、任户部尚书。

同治帝崩，皇后身殉。后署翰林院掌院学士。义和团事败，随荣禄走保定，居莲池书院，自缢死，年七十二。其妻瓜尔佳氏，在京师陷前，预挖深坑，率子散秩大臣葆初及孙员外郎廉定，笔帖式廉容、廉密，监生廉宏，分别男女入坑生埋，阖门死难。[①]

八　杰出工匠

梁九，顺天（今北京市）人。在明朝时，师从冯巧（见上章），得其真传，并亲临明宫大内工程兴作。冯巧死后，梁九在工部注册，代替冯巧掌管营造工程之事。明末，皇极殿遭火。清康熙八年（1669年）重建皇极殿，康熙十八年（1679年）皇极殿火灾，康熙三十四年（1695年）再建皇极殿。竣工后，改名为太和殿。其后三大殿的格局，没有大变，延续至今。太和殿是中国古代建筑技术和艺术的集大成

① 《清史稿·崇绮传》卷四百六十八。

者，也凝聚了无数能工巧匠的心血。这项大工程由梁九主持设计、施工。梁九亲手用木头做了太和殿模型，模型虽小，但很精确，“以寸准尺，以尺准丈”[①]，匠人们以这个模型做基础，进行施工，没有出错，圆满竣工。

唐英（1682—1756），字俊公，内务府造办处满洲正白旗包衣（家内奴），历康、雍、乾三代。康熙时入宫，直养心殿。雍正六年（1728年），命以内务府员外郎衔，监江西景德镇窑务，时47岁。唐英走出内务府到景德镇御窑厂，于陶瓷烧造，却茫然无知。唐英面临新的职责，做了24个字的概括：“用杜门，谢交游，聚精会神，苦心竭力，与工匠同其食息者三年。”3年之后，唐英能基本掌握烧制瓷器的72道工序。唐英作为一个内府官员，下到景德镇，能躬下身来，向工匠学习，变外行为内行，实在难能可贵。撰《陶成纪事碑》，备载经费、工匠解额，胪列诸色䌷釉，仿古采今，凡57种。奉敕编《陶冶图》，为图二十：采石制泥、淘炼泥土、炼灰配釉、制造匣钵、圆器修模、圆器拉坯、琢器做坯、采取青料、炼选青料、印坯乳料、圆器青花、制画琢器、蘸釉吹釉、旋坯挖足、成坯入窑、烧坯开窑、圆琢洋采、明炉暗炉、束草装桶、祀神酬愿。各附详说，详载工艺。英所造者，世称“唐窑”。[②]

唐英一生，酷爱读书。他说：“予性喜读书，每漏下四五，披阅不休。”留下《唐英全集》。其诗作有600余首。特别是留下美轮美奂的“唐窑”瓷器。唐英烧制出的“唐

① 《清史稿·梁九传》卷五百五。

② 《清史稿·唐英传》卷五百五。

窑”瓷器，在陶瓷史上领先于世界，后人不能及，继承创新，灿烂辉煌，成为千年一瓷人。

明清皇家建筑工匠中，除上述冯巧和梁九外，杰出的建筑匠师雷发达，子承父业，传承八代，从清康熙，直到民国，史称“样式雷”。中国皇家宫殿园林，秦阿房宫、汉上林苑、唐大明宫、宋艮岳等，伟丽辉煌，不胜枚举，但皇家宫苑建筑工匠、建筑大师的资料，却如凤毛麟角。“样式”就是“式样”——“图样”（图纸）与“烫样”（模型）。有了“烫样”，如圆明园虽已被毁，但通过“烫样”能知其原貌。“样式雷”留下建筑“图样”、“烫样”和谱牒、档案资料，仅国家图书馆和故宫博物院所藏达1.6万余件，中国第一历史档案馆还有很多。这是极其罕见、极其珍贵的文物，已被列为世界记忆遗产。

雷发达（1619—1693年），祖籍江西建昌（今江西省永修县），清初举家迁往南京。康熙二十二年（1683年），在平定三藩、收复台湾之后，北京开始大规模地兴建宫殿园林。康熙帝招募工匠，发给薪禄。木工技艺高超的雷发达，应募到北京供役清宫营建。

康熙中叶，营建三殿大工，雷发达以南匠供役其间。故老传闻云：“时太和殿缺大木，仓猝拆取明陵楠木梁充用。上梁之日，圣祖亲临行礼。金梁举起，卯榫悬而不下，工部从官相顾愕然，惶恐失措。所司私畀发达冠服，袖斧猱升，斧落榫合。礼成，上大悦，面敕授工部营造所长班。时人为之语曰：‘上有鲁班，下有长班；紫微照命，金殿封官。’”[①]

---

① 朱启钤《哲匠录·样式雷考》。

古代皇家工程，实行“匠籍”制，就是世代为工匠；民工则实行“征发”制，就是征发徭役。康熙帝将各地能工巧匠、技术人员“招募”到北京，发挥所长，发给薪俸。雷发达因技艺优秀，应募到京，住在海淀槐树街。后来他的儿子雷金玉入国子监读书。雷家成为既有工匠技艺，又有文化教养的家族。

九　文化大融合

编纂图书　康熙、雍正、乾隆、嘉庆等朝，集中全国文萃，汇集京师，整理编纂册籍，敕撰100余种，10万余卷。其中，辞书《佩文韵府》444卷，志书《一统志》500卷，唐诗总集《全唐诗》900卷，唐文总汇《全唐文》1000卷。康熙三十九年（1700年），开始编纂《古今图书集成》，历时25年成书，共一万卷，5000册，是中国完整保存至今最大的百科全书。《古今图书集成》用铜活字印刷，字模用铜刻成，字体清晰秀丽，纸洁墨润，印装精美，是中国历史上最大的一部铜活字印本图书。“武英殿聚珍本丛书”138种则是中国印刷史上最大的木活字印书工程，成为北京文化的嘉宝。但这些铜活字、铜版后来多被销毁改铸铜钱，大量珍贵木活字后被值班卫兵拿去烤火取暖。还有套色印本，就是彩色套版印刷的书本。它有朱墨套印本，如康熙《避暑山庄诗》；四色套印本，如《唐宋诗醇》；五色套印本，如《古文渊鉴》等。康熙时孝庄太皇太后发愿写造的《内府泥金写本藏文龙藏经》，简称《龙藏经》，为藏传佛教三宝之一，共5万叶，10万面，108函，重约50公斤，分10层包装，镶嵌宝石14364

颗，彩绘佛像756尊，为满、蒙古、藏、汉文化共同体现出精益求精、富丽堂皇、美轮美奂、书籍之最。乾隆八年（1743年）刻印的三十二体篆文《盛京赋》，乾隆二十五年（1760年）铜版印刷的《皇舆全图》，乾隆间用朱文印的满文《大藏经》，尤其是由耶稣会士承绘、后运到欧洲镂版的几部战图，都是对传承中华文化大有裨益的。

古代世界最大的一部丛书——“四库全书”，参与者前后有4000余人，时间长达20年。全书在北京紫禁城文渊阁和圆明园文源阁各储一部，另5部分储沈阳文溯阁、承德文津阁、扬州文汇阁、镇江文宗阁和杭州文澜阁。副本藏于北京翰林院，供士子阅读。经过多次战乱，现存完整3部：一在北京，为文津阁本《四库全书》；一在兰州，为文溯阁本《四库全书》；另一在台北，为文渊阁本《四库全书》；还有一部文澜阁本残本在杭州。乾隆朝编纂《四库全书》，是对中国文化的一大贡献。其一，保存珍贵遗产。集中全国的力量，对各地图书典籍进行了一次全面系统的清理，选择其重要的刻本、抄本，缮录采入《四库全书》，使大量书籍虽经天灾人祸而被保存下来。其二，方便学人利用。北到关外，南到江浙，士林学子，阅览抄录，嘉惠读者。其三，有利文化流传。1983年将文渊阁本《四库全书》影印出版，化身千百，流传世界。但是，乾隆在编纂《四库全书》的过程中，也删、改、禁、毁了不少书。有人据《禁书总目》等资料统计，毁书约3000种，六七万部。可见，乾隆编纂《四库全书》的负面影响不可忽视。

在北京满文典籍的编纂，编修与刻印《满文大藏经》，整理《无圈点老档》（又称《满文老档》《老满文原档》

《旧满洲档》《满文原档》）。其原本40册，现藏我国台北故宫博物院。还有《清文鉴》《御制五体清文鉴》等。后者的“五体”即满文、藏文、蒙古文、维吾尔文、汉文，5种文字对照编纂，是中华多元文化统合的鲜明一例。

清敕编《八旗通志》《八旗满洲氏族通谱》《满洲源流考》《钦定满洲祭神祭天典礼》《康熙字典》等。

北京地方文献的编纂，乾隆三十八年（1773年）敕编的《日下旧闻考》160卷，集北京历史文献之大成。此前康熙《顺天府志》和此后光绪《顺天府志》，汇集了大量资料，是两部重要的北京方志文献。还有大量的州志、县志和专志，如《钦定国子监志》等。

清代宫廷史的纂修，有《钦定国朝宫史》和《钦定国朝宫史续编》，记述宫殿、典礼、园林、官制、书籍、经费等，是历代皇朝宫廷留下资料最为丰富的资料书。

科学教育　北京是清代全国教育中心，其最高学府为国子监，而国子监的建筑中心是辟雍。清代皇帝到国子监讲学，讲坛就设在辟雍。皇帝亲临国子监，以示尊儒重道，鞠育人才。设四译馆，学生们在这里学习少数民族和外国的语言文字，如蒙古文、藏文、维吾尔文和缅甸文、梵文等。在国子监学习的既有汉、满、蒙古等族儒生，也有日本、安南（越南）、朝鲜、琉球、暹罗（泰国）、俄罗斯的留学生。

清代各地举子大体上每三年到北京参加一次会试。光绪九年（1883年），应会试考生1.6万余人，熙攘而来，荟萃京师。会试考生年龄最小者16岁，最大者103岁。清代共举行会试114科，有2.684万人在北京成为进士。国子监还有“十三经刻石”，由今江苏常州人蒋衡书写。蒋会试落第后，毫不气馁，潜心书法，四处拓碑，专心精研，“键户十二年，写十三经”。蒋衡书写的“十三经”，经扬州盐商马曰琯资助装裱，又经江南河道总督高斌进呈乾隆帝，再经乾隆帝命将其刻石。“十三经刻石”即“乾隆石经”，189通，另有乾隆御碑一通，共190通，至今完好保存在北京孔庙和国子监博物馆内。

孔庙内今存元明清进士题名碑中，元碑3通、明碑77通、清碑128通，共208通，上面记载5.1624万名进士的姓名、籍贯和名次，是一份极为珍贵的历史与文物的资料。孔庙和国子监所在的街道成贤街，已被定为中国历史文化名街。

清代后期，北京的教育变化很大。同治元年（1862年），设京师同文馆，有英文馆、法文馆、德文馆和日文馆，后增设算学馆，选择八旗子弟学习外国语言和自然科学。光绪二十四年（1898年），建京师大学堂（今北京大学前身）。二十八年（1902年），京师大学堂设师范科，是为北京师范大学的前身。宣统元年（1909年），设游美学务处，后演变为清华学堂，即今清华大学的前身。同一时期，教会办的育英、汇文、贝满等一批中等学校相继开学授课。

北京也是清代全国科学研究的中心。清初，中国学者在耶稣会士参与下，编译了《西洋历法新书》。这部原名为《崇祯历书》的天算学著作，采用丹麦天文学家第谷的宇宙体系，系统地介绍了欧洲的天文学知识。这本书对中国学者来说是新颖的知识。清定都北京后，耶稣会士略加整理进呈顺治帝，后改书名《时宪历》，付梓颁行。这有助于对天象的精密观测。康熙至乾隆年间，天文学、数学在中国已有成就的基础上，吸取西方之长，研制了新的天文仪器——象限仪、天体仪、地平经仪、赤道经纬仪、黄道经纬仪、玑衡抚辰仪和纪限仪等，陈设在观象台。并编成介绍西方数学知识的百科全书《数理精蕴》，对后来天文学与数学的发展产生了重要影响。康熙时，经过全国性大地实测，用新法绘制了《皇舆全览图》，雍正、乾隆时又加订正和补充，绘成《乾隆内府皇舆全图》，成为重要的地理图籍。在康熙朝绘制《清皇城宫殿衙署图》[①]的基础上，乾隆十五年（1750年），第一幅用近代方法实测绘制的大比例尺京城全图——《乾隆京城全图》[②]绘制完成，图幅巨大、内容详细、绘制精确，既是中国历史上最佳都城地图，也是世界地图史上的一个奇迹。

文学戏剧　清代的文学，散文、诗词等都留下佳作，在章回小说中出现了《聊斋志异》《儒林外史》《红楼梦》《镜花缘》等名著。《红楼梦》的作者曹雪芹长期在北京生活，《纳兰词》的作者纳兰性德被誉为“满洲第一词人”，《镜花缘》的作者李汝珍也是北京人。

清初北京剧坛继续繁盛。清代两部杰出剧作——《长生

---

① 图系绢本，长2.38米，宽1.78米，图幅约为《乾隆京城全图》的1/5。

② 图系折叠纸本，墨线勾绘，图幅展开高14.01米、宽13.03米，比例为京城全面积的1/650。图竖分17排，横分东、中、西3栏，全图每排3册，共51册。其时间之最早、图幅之巨大、绘制之准确、内容之精细、保存之完整、价值之多元，创历史之最，令后人感叹。其版本有：（1）原本藏中国第一历史档案馆；（2）以《清内务府藏京城全图》为图名，由故宫文献馆于1940年出版；（3）以《乾隆京城全图》为图名缩印为原图1/16，缩印图203幅，全图装帧一函，1940年由新民印书馆出版；（4）以《加摹乾隆京城全图》为图名，共208叶，图幅高260毫米、宽320毫米，由北京燕山出版社于1996年出版；（5）以《清乾隆内府绘制京城全图》为图名，由紫禁城出版社于2009年出版。

殿》和《桃花扇》，在北京脱稿并上演，是北京剧坛上两颗明亮的新星。《桃花扇》在正阳门外茶楼（剧场）演出时，岁无虚日，座无虚席。

清代中叶以后，北京逐渐形成了一个新的剧种——京剧。早在清初，扬州一带水陆交会，人口众多，市场繁盛，盐商云集，各地盛行的昆曲、秦腔、梆子等戏班都会集这里。乾隆帝南巡时，扬州官商征集许多戏班给皇帝演戏。乾隆帝回北京时，带回了不少著名的戏曲艺人。乾隆五十五年（1790年），为给乾隆帝80岁生日贺寿，安徽的地方剧团"三庆班"进京献艺，与传入北京的山西梆子、湖北汉剧、江苏昆曲等争胜。后来徽剧吸收各剧种的精华，在剧目、音乐、表演、唱腔、服装上都有所变革，再结合北京的地方语言和民风习俗，逐渐形成了京剧，又称京戏，也称国剧。演出京剧的戏园，开始叫茶园或茶楼。茶园多设在前门外大栅栏一带，内城不许开设茶园。后京剧进入宫内表演。京剧名角众多，剧目相当丰富，旧传有"三千八百出"之多，实际常演，上百来出，盛极一时，流传至今。

北京的民间说唱文艺，如子弟书，也留下大量作品。

绘画书法　清代的绘画，宫廷绘画繁盛，民间绘画发展。清代的画苑里，花鸟画、鱼虫画争胜，人物画、山水画盛行。高其佩的指头画别具一格，独步画坛。北京作为清代的京师，画苑里人才济济，繁荣兴盛。

清朝踵袭明制，设立宫廷画院。紫禁城内启祥宫南的如意馆，为御用画家作画之所。清顺治帝福临、康熙帝玄烨、乾隆帝弘历等，不但喜欢赏画，而且也能动笔，所以清代北京宫廷绘画盛况超过明代。清代宫廷绘画的一个特点是：绘图志功，规模宏大。康熙二十八年（1689年），康熙帝第二次南巡回京后，诏画《南巡图》，以作纪念。绘图由都察院左副都御史宋骏业主其事，宋以重金迎其师王翚至京合作，王翚带弟子杨晋同行。绘前派遣副手至南巡途经各处写生，把有关景物与形胜做了详细描绘，务使不失其真。后由王翚执笔画草图，分为4片，计12卷，经康熙帝御览后，才正式落稿。全图历时3年告成，绢本设色，绘画人物2万余，正本名为《康熙南巡图》。康熙帝60岁生日时，又诏王原祁主持绘画《万寿图》。此外，焦秉贞的《耕织图》，冷枚的《汉宫春晓图》，沈瑜的《避暑山庄三十六景图》，都布局宏阔，气势博大，淡雅清逸，潇洒精丽，得到康熙帝的欣赏与赞许。

清乾隆时，北京宫廷绘画更是活动多、规模大、要求严、画法新。乾隆帝多次出巡都“以画士随驾而行”。由徐扬主绘的《南巡盛典图》《万树园赐宴图》《姑苏图》等，可谓形象的历史实录。意大利人郎世宁参与此画的创作。

郎世宁（1688—1766年），意大利米兰人，康熙五十四年（1715年）到中国。后受雍正帝召，用西洋画法，绘《聚瑞图》《竹荫西狞图》等，注重写实，笔法细腻，绘形绘色，受到称赞。乾隆帝时，除为皇帝画肖像外，还为清宫画了不少战功图，也画花鸟、肖像，尤长画骏马，《八骏图》即为其名作之一。并参与圆明园“西洋楼”等建筑的设计和督造。乾隆三十一年（1766年）卒于北京，清廷给侍郎衔。郎世宁等在绘西洋画时，能吸取中国画法之长；宫廷画家焦秉贞、冷枚等在绘中国画时，也能兼取西洋画法之长，画面焦点集中，画房屋有透视，画屋柱加光暗。自明末西洋画传入中国以后，在清代都城的北京，中西画法做了有益的交流。

清代八旗贵族中不乏绘画人才。康熙帝第二十一子慎郡王胤禧，尤工画，师法文徵明，画品甚高。乾隆帝第六子质亲王永瑢善画，其名作《长江帆影图卷》是一幅描绘壮丽山河的艺术佳作。

清代的书法，乾隆帝根据宫中珍藏的历代书法名迹，新编成《三希堂法帖》。这部帖的495块刻石，模刻从魏晋至明末135位著名书法家的墨迹，镶嵌在北海阅古楼的墙壁上，至今完好无损，已成为难得的艺苑珍品和文物宝藏。

清中后期的北京书坛，以翁方纲为代表。方纲为顺天大兴（今北京）人，研讨经术，尤精金石。当时发现大量金石、碑刻，这不仅使人们耳目一新，而且使书法风格为之一变。翁方纲学古人书法，字写得平平板板，沉雄劲健，另具神韵。

清代的书人即书法家，包世臣评清代书法为五品、九等："平和简静，遒丽天成，曰神品；酝酿无迹，横直相安，曰妙品；逐迹寻源，思力交至，曰能品；楚调自歌，不谬风雅，曰逸品；墨守迹象，雅有门庭，曰佳品。其中神品一人，妙品三人，能品三十人等。入品者总计一百零四人，平均两年不到一人。"[①]可见书法家在文化艺术史上占有一席位置实属不易。

北京作为清朝的京师，也是书画收藏的中心。历史上的书画佳作，是社会文化之精粹，向为人们所宝重。所谓"尺

① 《清史稿·艺术二》卷五百三。

幅书画市寸金”，就是人们以名书画为宝的明证。北京自金代成为皇都，大规模地收藏名书名画也从这时开始。史载宋徽宗将中国书画做空前的大萃集，计珍藏自魏晋以来的名画6396件。伴随宋徽宗、宋钦宗被掳后，宋宫的大量书画移藏于金中都。元先后灭亡金和南宋，大都又成为收藏全国书画作品之区。元亡后，皇宫珍藏的书画，未及北运朔漠，大多归明皇室，后流传到清宫。

故宫遗宝　清内阁大库留存珍贵的档案，中国第一历史档案馆藏汉文档案1000余万件（册），满文档案200余万件（册）。清宫遗留文物，据不完全统计：北京故宫博物院现藏品1863404件（套），台北故宫博物院现藏品65万余件（套），沈阳故宫博物院现藏3万余件（套），还有南迁文物分存南京博物院104735件（套），以上合计为264余万件（套）。另有大量暂存国家图书馆等处的珍善本图书等尚未计入。故宫博物院已被誉为世界五大博物馆（英国大英博物馆、法国卢浮宫博物馆、中国故宫博物院、美国大都会博物馆、俄罗斯埃尔米塔日博物馆）之一。截止到2019年末，北京故宫博物院年参观人数已达1933万余人次，为世界所有博物馆年参观人数之最。

十　科学技术人才

清代的科学技术，虽已开始落后，却也有所建树，只是时代所限，没有得到发展。其中或北京人，或与京关系密切者，仅举4例。

戴梓（1649—1726年），字文开，浙江钱塘（今杭州）人。少有机悟，自制火器，能射百步以外。康熙十二年（1673年）吴三桂叛乱后，耿精忠叛乱，自福建，犯浙江。康亲王杰书率军南征，戴梓以布衣从军，献连珠火铳。因保江山有功，被授道员劄付。师还，康熙帝召见，知其能文，试《春日早朝》诗，称旨，授翰林院侍讲。戴梓与高士奇入值南书房，寻改值养心殿。戴梓通天文算法，预纂修《律吕正义》。

戴梓造“子母炮”，即“冲天炮”，8天造成，便于携带。戴梓造“连珠铳”，可以连发，形如琵琶，火药铅丸，皆贮于铳脊，以机轮开闭。其机有二，相衔如牝牡，扳一机则火药铅丸自动落入筒中，第二机随之并动，石激火出而铳发，“子在母腹，母送子出，从天而降，片片碎裂，锐不可当”，多时连射28发。西洋人贡洋枪，梓奉命仿造，做出10支，康熙帝送其使臣。又奉命造子母炮，母送子出，如西洋炸炮。康熙帝率诸臣亲临视察其所造新炮，见其成功，赐名为“威远将军”，镌其姓名于炮后。康熙帝亲征噶尔丹，用以破敌，作用巨大。①

但是，戴梓与南怀仁及其他西洋人不合，受到妒忌。张献忠养子陈弘勋，投诚得官，向梓索诈，遭到拒绝，因嫉恨而散布流言蜚语，梓被褫职，流放关外。后遇赦，留铁岭，贫病交加，含冤而死。年七十八。有《耕烟草堂诗抄》等传世。畴人戴梓，受诬蒙冤，一代英才，未尽其能。上述简介其事迹，既受鼓舞，也感心酸。

清代科学家何国宗、数学家李善兰和工程师詹天佑，都

① 《清史稿·戴梓传》卷五百五。

对科学技术的发展做出了重要贡献。

何国宗（？—1766年），字翰如，顺天大兴（今北京市）人，其家“世业天文”[①]，并研修经学。康熙五十一年（1712年）中进士，改庶吉士，未散馆，授编修，内廷行走，学习算法。在被称为“皇家科学院”的蒙养斋任事。历事康、雍、乾三朝，历官侍读学士、内阁学士、工部侍郎、钦天监监正、署左都御史、礼部尚书等。主要贡献有四：

其一，研究和编书。研习算学、历法，先后担任算学馆总管、律吕馆总裁。在蒙养斋，同著名数学家梅文鼎之子瑴成，同修历算之书。康熙帝深谙律历之学，命皇三子胤祉率何国宗等编辑律吕、算法诸书。为此，谕曰：“古历规模甚好，但其数目岁久不合。今修历书，宜依古之规模，用今之数目为善。”[②]国宗以通天算、历法，参与编纂以律吕、历法、算法三者合一的《律历渊源》。康熙五十三年（1714年）书成。并与修《仪象考成》《文献通考》《数理精蕴》等书。

其二，参与兴修水利。何国宗等受命携仪器和舆图，巡视黄、运河道，会同河道总督齐苏勒、巡抚陈世倌等，进行履勘，测量绘图，供科学数据，疏奏有益建议。如运河从临清以北，靠卫水济运，而卫水发源于白泉。过去处埋官民用水关系——三天开闸济运，一天闭闸灌田。日久弊生，官民两害。国宗建议：从百泉起，分为三渠：中为官渠（大渠），两侧各一为民渠（小渠），民渠灌田有水，官渠漕运

① 徐世昌等撰：《大清畿辅先哲传·何国宗》，北京出版社。

② 《清圣祖实录》卷二百五十八。

通畅，奏准允行，官民两利。还有疏通北运河等多项奏议，均被采纳。后兼河东河道总督。

其三，观测和编绘《皇舆全览图》。康熙年间，进行大地测量，实测各省及蒙古地域的高度、偏度，编绘地图。国宗受命参与大地测量。到今辽宁、吉林、黑龙江、蒙古等地域，以经线一度当200里，进行分点实测。其弟国栋也受命周历江南各省，进行大地实测。在全国大地测量基础上，康熙五十八年（1719年），他参与测量与绘制的《皇舆全览图》告成。这是第一份经实测绘制的中国巨幅舆图。

其四，参与测绘《乾隆内府皇舆图》。乾隆二十一年（1756年），时新疆统一，乾隆帝命国宗率钦天监耶稣会士等，前往新疆，测天度，绘地图。国宗等从巴里坤起，分西、北两路，到伊犁等地，测定新疆东西南北里差，量出数据，绘制草图。国宗因《乾隆内府皇舆图》的测量与绘制，升署左都御史、授礼部尚书，可见其贡献之大。他还参与指导《乾隆京城全图》的测量与绘制。乾隆二十七年（1762年），以老致仕。三十一年（1766年），卒。

《清史稿·何国宗传》评论：国家抚有疆宇，谓之版图，版言乎其有民，图言乎其有地。国宗以明历算事圣祖，又幸老寿，逭高宗朝，诣新疆测绘。康熙、乾隆两朝内府舆图，皆躬与编摹。

李善兰（1811—1882年），浙江海宁人，10岁时，好数学，30岁后，造诣渐深。同治七年（1868年）到北京，任同文馆首任天文算学总教习。他同英国牛顿和德国莱布尼茨，沿着各自不同的途径，几乎同时达到了微积分的思想，从而完成由初等数学到高等数学的转变。他创造的数学术语如

“代数”“微分”“积分”等一直被沿用至今，而且被传到日本，也沿用到现在。他还将牛顿力学三大定律第一次介绍到中国。李善兰的数学研究成果汇编在《则古昔斋算学》一书中。

詹天佑（1861—1919年），是第一批清朝公派留美学生之一，于光绪四年（1878年）进入美国耶鲁大学土木工程系学习铁路工程专业。他勤奋学习，成绩优良，毕业考试名列第一。他于光绪七年（1881年）回国，光绪三十一年（1905年）到宣统元年（1909年）任联结北京和张家口的京张铁路的总工程师。这是一条由中国工程技术力量，自行勘测、设计和施工建造的铁路。京张铁路通车后，欧美人士“远来看视，啧啧称道”。后在青龙桥火车站竖立詹天佑全身铜像，以示纪念。

京张铁路南

十一　京城百姓生活

在清代北京，无论内城的旗人，还是外城的民人，一般民居的主要建筑形式是四合院。四合院是中国传统住宅建筑形式，也是北京一般民居建筑形式。因它四面有房屋（正房、倒座、东西厢房），当中有庭院，所以叫作四合院。四合院历史久远，元代建大都时，居民四合院即已有严整的格局。按照都城方正形的理论，城内的街道，连通城门，纵横交错，分而不乱。明清北京城也是如此。主要街道为南北向，小街和胡同则沿着南北大街的东西两侧平行排列。居民住宅分布在胡同和小巷的南北两侧，大多坐北朝南，窗户朝南开。这在冬季，既能防御北风侵袭，又能利用日光取暖；在夏季，既可以通风，又便于采光。

在北京数以万计的四合院中，居民的民族与行业，文化教养与宗教信仰不尽相同，他们的心理素质与生活习俗也不完全相同；但他们既然共同生活在北京，其生活习俗便同中有异，异中有同。

北京人的衣着发式，明代汉人穿着宽衣大袖的衣服，男子蓄发，妇女梳发髻。清代满人在入关以前的习俗，男子剃发垂辫，身穿长袍马褂，袖口前长后短，俗称马蹄袖，束着腰带。女子为天足，身着长衫，袖口狭窄，后来俗称旗袍。清军占领北京后，强迫汉人剃发易服，就是发式、衣服顺从满人的习俗，并把剃发易服作为降顺清朝的重要标志。这虽只是穿着发式的生活末节，但在当时却是最刺激汉人民族感情并令人痛心疾首的事情。“头可断，发不可剃”，是这种民族感情的强烈表现。后来汉人逐渐顺从了满人的这种习俗。虽汉人妇女并没有改变缠足的习惯，但满族妇女依然保留传统的天足。

饮食，既保留原来习俗，又满汉相互影响。满人的萨其马（甜糕点）、砂锅白肉、鹿肉、狍子肉等也成为汉人的食品。木耳、蘑菇、松茸，奶茶、白酒，松子、榛子、飞禽等，更影响汉人的饮食生活。

习俗，生男孩门前挂弓箭、系“状元及第”飘带，挂“紫气东来”匾，新娘结婚跨马鞍——解释作“平平安安”（其古民俗是新娘骑马到新郎家的），小孩玩具要拐，这些都是汉人受了满人习俗的影响。于中药材，人参、鹿茸、麝香、熊胆、虎骨、防风、石决明、白附子等，多取自关外。于体育和娱乐，如溜冰、射箭、狩猎、放鹰、海东青、珍珠球等都深受满族文化的影响。

语言，清代北京地区方言，吸收大量满语元素。例如“耷拉”——下垂、“格肴”——弄痒、“虎势”——健壮、“磨蹭”——拖延或缓慢、“嬷嬷”——奶母、“萨其马”——甜糕点、“妞妞”——眼珠子、“帅”（哥）——俊秀、“划拉”——打扫、“哈达”——山峦、“猫腻”——隐藏、“肋忒”——不利索，还有一些符合满语和汉语复合而成的词语，如“车把式”，是由汉语“车”和满语“巴克什”复合而成的，意思是驭车好手，后推演如“花把式”（种花好手），等等，已经成为老北京的习惯用语，有些当下还在沿用。

文字，满文在清代与汉文同为官方文字，为此留下大量满文档案。“档案”一词，是由汉文“档子”被满语吸收，再转化为汉语文，而成为现代普遍流行的名词。满文留下除汉文档案外，数量最多的少数民族文字档案。仅中国第一历史档案馆就珍存满文档案200余万件（套），保存了大量极为珍贵的、有些是唯一的史料，特别是中外关系的满文史料、满文舆图。在北京多家图书馆、档案馆还珍存1000多种满文图书。

官制，如理藩院，为清代所创。民国时，设立“蒙藏委员会”，新中国设立“民族事务委员会”，其性质固然不同，但有着历史渊源。

此外，清朝推崇关帝，民间信仰关公，《清乾隆内府绘制京城全图》标记的关帝庙有77座，是北京所有庙宇之冠。

北京的庙会是一种古老的集市，善男信女到庙里上香，顺便买点东西，逐渐形成了定期的庙会集市。北京庙宇星散在各个角落，分别成为附近居民的固定集市。东岳庙、大钟寺、隆福寺、护国寺、白云观等都是北京有名的庙会场所。庙会盛时，百货山积，香火很盛，车水马龙，人如潮涌。

北京人的宗教生活，因民族与信仰不同而各有所尚。汉族人在祠堂、堂屋设祖宗牌位、供桌，年节和祭日，烧香祭祖。满族人信仰萨满教，建造堂子，立杆祭天。满人所居四合院的东南角，立一根一丈多高的木杆，俗称索罗杆子，杆上装有木斗，斗里盛米，以喂乌鸦。蒙古族人和藏族人到喇嘛庙去礼佛祈福。安定门外有座西黄寺，西藏六世班禅于此住锡并圆寂后，在其生前住过之所兴建一座清净化城塔，以示纪念。北京的回民，到礼拜寺去过宗教生活。清代的康熙帝和雍正帝特颁谕旨，要官民尊重回民的生活习惯和宗教信仰。北京还有许多居民信奉天主教。明末传教士利玛窦来京，万历三十三年（1605年），在宣武门内建经堂。清初传教士汤若望在其经堂旧址建天主教堂，因位置在北京城南部，俗称南堂（今前门西大街路北）。这里成为清代北京耶稣会士的活动中心。法国传教士在皇城内建的天主教堂，因位置在城北部，俗称北堂（今西城西什库），则是北京最大的天主教堂。[①]此外，天主教在北京还有东堂（今王府井北大街八面槽路东），顺治十年（1653年）建；西堂（今西直门内大街路南），雍正元年（1723年）建。所以，俗称北京有天主教南、北、东、西四堂。

北京人的节令习俗，同中国各地大体上一样，但也有自身的特点，主要有元旦、燕九、元宵、二月二、清明、端午、七夕、中元、中秋、重阳、腊八、祭灶（过小年）、除夕等民俗节日。

十二　清东陵和清西陵

清朝的皇陵，关外有三陵——盛京东陵（福陵），为清太祖努尔哈赤及其皇后的陵寝；盛京北陵（昭陵），为清太宗皇太极及其皇后的陵寝；抚顺新宾永陵，即努尔哈赤先祖的陵寝；关内有两处陵区——清东陵和清西陵。

清朝为什么会出现东陵和西陵呢？因为雍正帝谕旨，他百年后要另建陵寝。其中原因，他没有说。后人有许多揣测，但没有史料依据。

---

① 北堂初于康熙四十二年（1703年）建在中南海西边蚕池口，后移至西什库。

清东陵在今河北省遵化市马兰峪地带。清入关后第一位皇帝顺治帝，生前在京东山野打猎时，发现遵化凤台山地带，气象葱郁，山水佳盛，掷下佩韘，定为寿壤。这就是清东陵孝陵的选址。从顺治十八年（1661年）始建顺治帝的孝陵，到光绪三十四年（1908年）慈禧定东陵告成，共247年。这里共建有皇帝陵5座：顺治帝的孝陵、康熙帝的景陵、乾隆帝的裕陵、咸丰帝的定陵和同治帝的惠陵；皇后陵4座：孝庄皇太后的昭西陵、孝惠皇后的孝东陵、孝贞皇后的定东陵和孝钦皇后的定东陵。清东陵共埋葬5位皇帝、15位皇后、136位妃嫔，还有一位皇子，共157人的遗体或骨灰。[①]

孝陵 清顺治帝及其皇后的陵寝，也是清入主中原后第一位皇帝的陵寝。据清史记载：

> 康熙二年，相度遵化凤台山建世祖陵，曰孝陵。先是，世祖校猎于此，停辔四顾曰："此山王气葱郁，可为朕寿宫。"因自取佩韘掷之，谕侍臣曰："韘落处，定为穴。"至是陵成，皆惊为吉壤。岁以清明、中元、冬至、岁暮为四大祭。[②]

顺治十八年（1661年）正月初七，清顺治帝福临崩于皇宫养心殿东暖阁。时年24岁。后谥章皇帝，庙号世祖，葬孝陵。据野史记载和民间传说，顺治帝没有死，而是出家了。后来人好奇，寄望发掘孝陵，看是否有福临的遗体。这我在

---

① 徐广源：《皇陵地宫亲探记》，第7页。

② 《清史稿·礼志五》卷八十六。

《正说清朝十二帝·顺治帝》一书中做了解说。

景陵　康熙帝及其皇后的陵寝。康熙六十一年（1722年）十一月十三日，康熙皇帝宾天。年六十九，在位61年。后谥仁皇帝，庙号圣祖。《清史稿·圣祖本纪》评曰："早承大业，勤政爱民。经文纬武，寰宇一统，虽曰守成，实同开创焉。圣学高深，崇儒重道。几暇格物，豁贯天人，尤为古今所未觏。而久道化成，风移俗易，天下和乐，克致太平。"这65个字的评价，不算过分。我认为康熙大帝是中国皇朝史上自唐太宗以后，千年一帝。清朝旧俗，死后火化。清太祖、太宗、世祖皆然。从康熙帝始，保留遗体，棺椁埋葬。

裕陵　乾隆帝及其皇后的陵寝。嘉庆四年（1799年）正月初三，乾隆帝宾天。年八十九，在位60年。后葬清东陵裕陵。乾隆帝是中国有文字记载以来享年最高的皇帝。谥号纯皇帝，庙号高宗。

定陵　咸丰帝的陵寝。咸丰十一年（1861年）七月十七日，咸丰帝在承德避暑山庄烟波致爽殿崩。年三十一，在位11年。后谥显皇帝，庙号文宗。其孝贞皇后即慈安皇太后死后葬定东陵；孝钦皇后慈禧皇太后死后葬定东陵。

惠陵　同治帝的陵寝。同治十三年（1874年）十二月初五，同治帝崩于皇宫养心殿东暖阁。年十九，在位13年。后谥毅皇帝，庙号穆宗。光绪元年（1875年）二月，同治帝崩后百日内，皇后阿鲁特氏崩。传闻："或称悲伤致疾，或云绝粒霣生。"后葬惠陵。

昭西陵　孝庄太皇太后的陵寝。孝庄不入葬昭陵，是传说其"下嫁多尔衮"的证据之一。史载孝庄生前对康熙帝说："太宗文皇帝梓宫安奉已久，不可为我轻动。况我心恋汝皇父及汝，不忍远去。务于孝陵近地，择吉安厝，则我心无憾矣。"[①]故其陵寝定在此处。

清西陵在今河北省易县梁各庄以西。清西陵从雍正八年（1730年）始建到1914年崇陵完工，历时184年。这里有皇帝陵寝4座：雍正帝及其皇后的泰陵、嘉庆帝及其皇后的昌陵、道光帝及其皇后的慕陵和光绪帝及其皇后的崇陵；皇后陵3座：孝圣皇后的泰东陵、孝和皇后的昌西陵、孝静皇后的慕东陵；还有妃园寝3座、亲王园寝2座、阿哥园寝一座、公主园寝一座，共埋葬4位皇帝、9位皇后、57位妃嫔、2位亲王、6位皇子皇孙、2位公主，总计80人。[②]

雍正帝决定陵寝建在易县，就出现其后皇帝陵寝安排的难题。乾隆帝处在两难境地：陵寝建在东陵，如何向其皇父交代？陵寝建在西陵，如何向其皇祖交代？他说：按照昭穆顺序，一代在东陵，一代在西陵。于是，乾隆帝陵寝在东陵，嘉庆帝陵寝在西陵，道光帝陵寝在东陵（因建陵时地宫出水，只好改建于西陵）。

泰陵　清西陵的第一座皇陵，即雍正皇帝及其皇后的陵寝。雍正十三年（1735年）八月二十三日，雍正帝胤禛崩于圆明园寝宫。年五十八，在位13年。谥宪皇帝，庙号世宗。不少读者关心问：雍正帝墓中遗体，是真头，还是金头？至今没有正式发掘，墓内情状，不得而知。

昌陵　嘉庆帝的陵寝。按照乾隆帝定下的规制，他百

---

① 《清圣祖实录》卷一百三十二。

② 徐广源：《皇陵地宫亲探记》，第7页。

年后葬清东陵，其继承皇帝的陵寝在清西陵。嘉庆二十五年（1820年）七月二十五日，嘉庆帝崩于避暑山庄行宫。年六十一，在位25年。后谥睿皇帝，庙号仁宗。

慕陵　道光帝的陵寝。按照祖制，慕陵应建在清东陵。但在建陵施工中，地宫出水，虽采取办法，却不得解决。于是，只好移建在清西陵。道光帝于道光三十年（1850年）正月十四日，于圆明园慎德堂宾天。年六十九，在位30年，谥号成皇帝，庙号宣宗。

崇陵　光绪帝的陵寝。光绪三十四年（1908年）十月二十日，光绪帝崩于瀛台涵元殿。年三十八，在位34年。

此外，清末帝宣统帝溥仪逊位时6岁，1962年病故，年六十二，在位3年。身份平民，没有建陵。后移坟到清西陵园外埋葬，并立石碑志之。

十三　中西文化交流

清朝中西文化交流，就人员来说，有使臣、教士、商人等不同渠道；就时间来说，其前期与后期，文化生态不同，表现特点也不同。分时段，分方面，分析综合，进行简述。

清朝前期中西文化交流有两个重要人物——汤若望和南怀仁出入宫廷，受到信用。

汤若望（Johann Adam Schall von Bell，1591—1666年），德意志人，天主教耶稣会士。万历四十八年（1620年）到澳门，后到北京学习汉语，继往西安。崇祯三年（1630年）再到北京。参与修订历法，编成《崇祯历书》，因明亡而未颁行。明亡之后，汤若望归清。时清廷圈划内城房屋，归八旗官兵及其眷属居住，其居住的原明南堂在圈占之内。他在南堂大门外贴出满文布告，请求免迁。经摄政睿亲王多尔衮允准，得以不迁。顺治二年（1645年），汤若望向清廷进呈已修未颁的历法，定名为《时宪历》，颁布通行。汤若望任掌管天文与历法机构的钦天监监正。顺治帝赐金在原址重建南堂，并题“通玄佳境”匾。顺治帝以汤若望为“玛法”，出入南堂。他带的西药，治愈顺治帝未婚皇后的病，更受到孝庄太后的重视。顺治帝死后，康熙三年（1664年），被杨光先诬陷落狱。恰值北京地震，经南怀仁申诉，康熙帝亲临现场，进行日影等观测，证明南怀仁所测正确，杨光先所测皆误，汤若望得到平反。不久他病死北京，葬于西城区车公庄大街6号院内公墓。著有《古今交食考》等书。其接替助手为南怀仁。

南怀仁（Ferdinand Verbiest，1623—1688年），比利时人，天主教耶稣会士。参与汤若望修订历法之事。受汤若望案牵连入狱，后获释。康熙七年（1668年）再被起用，出入宫廷，任钦天监监正，对天算、数学、历法都做出贡献；制造天文仪器，陈列于观象台；三藩之乱时，奉命监造大炮，获得成功。后任工部侍郎。卒于北京，葬西城区车公庄大街6号院内公墓。著有《康熙永年历法》等书。

清朝前期，葡萄牙国使臣多次到京。如，第一次为玛纳撒尔聂使团，康熙六年（1667年）到京。受到康熙帝在乾清宫接见，南怀仁为翻译。第二次为白垒拉使团，康熙十七年（1678年）到京，南怀仁任翻译，并陪同参观皇家园林。赠送其国王缎、绫、绸、罗、绢等百匹。第三次为麦大成特使，康熙五十年（1711年）到京，进呈葡萄酒。[①]该特使被留京，参与测绘山西、江西、两广的地图。第四次为斐拉里使团，康熙五十八年（1719年）到京，康熙帝在畅春园接见葡国使臣。第五次为麦德乐使团，雍正三年（1725年），为贺雍正帝登极到京。他受到4次接见，并在圆明园乘船游览。第六次为巴哲格使团，乾隆十八年（1753年）到京。他在圆明园受到接见，大门口有西洋乐器大提琴、小提琴等演奏《小夜曲》迎接，宴会有许多欧洲餐具，餐厅挂郎世宁等作品。后于端午日在圆明园观看龙舟比赛。

荷兰在清前期4次派遣使团进北京。顺治十三年（1656年），为荷使第一次到京，留下《荷使初访中国记》，留下关于北京的文字记录，并配有实绘插图150幅。书中记载北京城建筑“都造得金碧辉煌，建造精美，是用黄色釉瓦覆盖的；在有阳光的时候，这些釉瓦远远看去，就像黄金那般闪烁”。第二次为康熙六年（1667年），第三次为康熙二十五年（1686年），第四次为庆祝乾隆帝登极六十周年大典，荷兰再派使团到京，目的为通商贸易，虽受到清廷5次招待，却未达目的而回。

这段时间俄罗斯使团不甘落后。顺治朝主要有两次：（1）巴伊科夫使团于顺治十三年（1656年）来京，（2）佩菲利耶夫使团于顺治十七年（1660年）来京。当时清军忙于

① 康熙帝谕曰：“前者，朕体违和，伊等跪奏，西洋上品葡萄酒，乃大补之物，高年饮此，如婴童服人乳之力，谆谆泣陈，求朕进此，必然有益。朕鉴其诚，即准所奏，每日进葡萄酒几次，甚觉有益，饮膳亦加，今每日竟进数次，朕体已经大安。”

稳定中原，巩固政权；俄国乘机在西伯利亚东扩，发生几次俄国滋扰事件。顺治帝没有接见俄国使臣，但他们对北京有了深刻印象，如北京宫殿壮丽，街道铺石，大臣穿华丽衣服、拖着辫子，汉人妇女脚很小等市井小景。前一个使团“行为不端，经常闯入妓院，滋事生非”，而被打发回国。

康熙朝主要有：（1）阿勃林使团于康熙九年（1670年）到京，受到康熙帝的接见。（2）米洛瓦诺夫使团于康熙九年（1670年）到京，受到康熙帝的接见，并带回国书，说：“亟盼今后勿进犯朕之边民，勿再滋生事端，如信守此诺言，则朕与尔等今后即可和睦愉快相处。”[①]（3）斯帕法里使团于康熙十六年（1677年）到京。时平定三藩之乱态势严峻，康熙帝仍予俄使斯帕法里一次接见、5次赐宴、两邀御宴。其用意或为和缓北疆局势，全力南方平叛。俄使懂拉丁文，南怀仁任翻译。（4）伊台斯使团于康熙三十二年（1693年）到京。他们下榻在俄罗斯馆。康熙帝接见并宴请了俄使。伊台斯描述所见的康熙帝：

> 博克达汗年约五十岁，中等身材，仪表令人肃然起敬，有一对黑色大眼睛，鼻子隆起、略歪，垂着黑色胡须，几乎没有胡子，脸上有麻点。
>
> 皇帝穿着深底花纹绸缎的普通长袍和深蓝色的银鼠皮褂子。由颈至胸挂着用大粒珠子穿成的朝珠或念珠。头戴貂皮镶边暖帽，帽上垂着几根孔雀翎。皇帝的头发梳成辫子垂在背上。他身上没有佩戴金饰物和宝石。靴

① 中国第一历史档案馆编：《清代中俄关系档案史料选编》（第一册）。

子用黑色丝绒做成。

席间大臣们严守秩序，因此听不到一点响声，听不到有人谈话。大家彬彬有礼，垂目端坐。

其时，清朝已经平定三藩之乱，统一台湾，并已取得两次雅克萨自卫反击战胜利，签订了《中俄尼布楚条约》，国际国内形势，发生极大变化。康熙帝应允俄方释放战俘、通商、在北京设立教堂的要求。而后，在北京设立东正教教堂。少量俄罗斯人在京“俄罗斯学”读书。此后，中俄还在“京师互市”，出口丝绸、棉织品、宝石、中药大黄等，购入红呢子、貂皮、猛犸象牙、猞猁狲皮等。中俄基本保持稳定友好的局面100多年。

清朝前期中西文化交流中，法国耶稣会士在北京占据主要地位。时葡萄牙、西班牙、荷兰的国势衰落，失去海上霸权地位。法、德的国际地位上升。这反映在北京、在清宫，法兰西籍耶稣会士逐渐占据主导地位。据统计，欧洲在京耶稣会士，法国55位；其他国61位（分属7个国家），其中最多的为葡萄牙28个人，仅相当于法国的一半。因此，法国在京耶稣会士成为欧洲耶稣会士的主要群体。此前，法国耶稣会士金尼阁、方德望等八人先后来京。这个转变始于康熙二十七年（1688年），法王路易十四派耶稣会士“五位数学家”——洪若翰、张诚、李明、刘应、白晋到北京。他们从法国拉罗舍尔出发，绕过好望角，航经印度洋，穿越马六甲海峡，到宁波，再经大运河，到北京，历时近3年。康熙帝留下张诚和白晋在京，进入皇宫，并派人教他们满、汉语文。又命他们给皇帝讲解几何学和人体解剖学等。康熙三十二年

（1693年），康熙帝患疟疾，御医御药，诊治无效。张诚、白晋便将洪若翰、刘应二人带来的金鸡纳（又名奎宁）献上。经反复试药，康熙帝服用，结果病愈。康熙帝赐建教堂，先在中南海北部，后移至西什库北堂。张诚等受到信用，出席尼布楚谈判，担任译员（还有徐日升）。

康熙帝是一位开明的皇帝，他对有科学知识的耶稣会士，给予尊重、信任与使用，并向他们学习西方的自然科学知识。后康熙帝派白晋回法国，带给法王路易十四礼品，其中有武英殿本精印图书49册。白晋回到法国后，觐见路易十四，并呈献用法文撰写的《康熙皇帝传》。此为第一部用西文撰写的在西方传播的康熙帝传记。白晋返京后，带回路易十四给康熙帝的国书及礼品，并带耶稣会士八人来华，其中六人来京。这样法国耶稣会士在京达到九人。天主教耶稣会士来华，一方面将西方的天文、数学、历法、医药、音乐、绘画、化学、舆图、测绘、医学及人体解剖学等科学知识，传入中国；并通过人员往来、书信传递及发文著述，将中华文明传到西方。如汇编成由法国人杜赫德编、耿昇译的《耶稣会士中国书简集》。到康熙帝中后期，在清朝耶稣会士的国籍，有意大利、法兰西、日耳曼、奥地利、葡萄牙、西班牙、荷兰、比利时、瑞士、波兰、捷克、墨西哥等。

时在华耶稣会士中的精英，已学会满语、满文，兼通汉语、汉文。满文为拼音文字，耶稣会士等将儒家经典以满文译本为津梁，译成西文在欧美传播。“四书”——《大学》《中庸》《论语》《孟子》，“五经”——《诗经》《尚书》《易经》《礼记》《春秋》，被译成拉丁文本。后译成英、法、德、意等多种文字，在西方流传。

中西文化交流并不是一帆风顺的。康熙帝晚年，与罗马教皇发生“礼仪之争”。雍正时，除少数耶稣会士留在北京外，关闭地方教堂，禁止他们在华传教。但中华文化对西方影响，继续扩大并流传。雍正十年（1732年），《赵氏孤儿》被译成法文，后在法国上演，受到伏尔泰的赞誉。很快就有了英、德、俄文译本。在此前后，法王路易十四、俄皇彼得大帝、普鲁士国王腓特烈大帝都倾慕中国的园林、瓷器、丝绸和茶叶。凡尔赛宫设专室收藏瓷器，普王贮藏中国瓷器。康熙三十九年（1700年），为庆祝新世纪，路易十四在宫中举行盛会，他穿着中国服装、坐着八抬（用手提着）大轿入场。乾隆二十九年（1764年），法王路易十五将主题为中国的壁毯赠送给乾隆皇帝。

中国园林受到欧洲的青睐。乾隆三十七年（1772年）的英国《东方园艺》书中说：“中国人设计的园林艺术实在是无与伦比的。欧洲人在艺术方面无法与东方的灿烂成就相媲美，只能像对太阳那样尽量吸收它的光辉而已。”[①]英国、德国等都出现中国式庭园或桥、塔、亭、台。

乾隆时期，西方耶稣会士画家郎世宁、马国贤、王致诚、艾启蒙、贺清泰、安德义、潘廷章等出入宫廷，或随侍出巡，进行画作，并同中国画家合作，相互切磋，交流艺术。工程方面蒋友仁、韩国英等参与圆明园大水法、西洋楼的设计和建筑。

乾隆晚期，英使马戛尔尼来华，所求目的，无果而终。他回国之后，对其闻见中国落后、停滞、消极、弱势一面，

① 叶廷芳：《18世纪欧洲文化思潮中的“中国风”》。

著书传布，影响深远，既引西方殖民者对中华之贪婪，又破除其对中国之神化。其意想得到的，或意想不到的，便产生了英国侵略中国的鸦片战争。

清朝后期中国发生千年未有之变局。鸦片战争以后，西方殖民者在侵入中国的同时，也把西方科学技术带到中国。中国派遣留学生赴美，连接东西方的科学文化。西方国家在北京设立使领馆，开办学校、医院；中国官员出访，青年留学，兴办洋务……中外文化交流更加广泛，也更加深入。到清末，外国在北京建立29个使领馆，中西方文化交流进入新的历史时期。

十四　严重自然灾害

清代京师的自然灾害，极其严重者如下：

瘟疫　元、明、清三朝末期，都发生瘟疫。清宣统三年（1911年）冬到次年（1912年）春，《宣统政纪》记载：东北“鼠疫盛行，渐及关内”。京师官民，恐慌万状。为防传染，车辆停运，贡品也停。“东三省一切折奏，暂著改为电奏。”所幸的是，首都北京，有惊无恙。清末岌危局势，更是雪上加霜。

水灾　顺治五年（1648年）五月，白河堤决，密云等地大水；康熙三十二年（1693年）七月，顺天等府大水；乾隆三十五年（1770年），古北口山水暴发，大水；乾隆四十一年（1776年）六月，“海子山水骤发，浪高丈许，坏城垣庐舍，人多溺死”；嘉庆六年（1801年）六月，滦河、永定河溢，大兴、宛平、平谷等州县水灾；嘉庆十六年（1811年）

四月，宛平、良乡、涿州等大水；道光四年（1824年）二月，“大兴、宛平等九州县大水”；道光十三年（1833年）六月，大兴、宛平等大水；同治十一年（1872年）六月，直隶诸州县大水；光绪九年（1883年），顺天等地大水。以上据《清史稿·灾异志》中关于水灾的不完全记载，有清268年间，顺天府地区水灾共10次，平均约每26年发生水灾一次。其时间多在农历六七月，也就是公历七八月。

旱灾 清康熙、乾隆年间，旱灾较多，也较严重。康熙帝说：“朕临御五十七年，约有五十年祈雨。”他又说：“昔年曾因暵旱，朕于宫中设坛祈祷，长跪三昼夜，日惟淡食，不御盐酱。”[①]

地震 据《清史稿·灾异志》记载，清朝268年京师共发生地震14次，其中康熙朝11次，雍正朝1次，乾隆朝1次，咸丰朝1次。另据《北京地震考古》记载，共38次，其中顺治朝7次，康熙朝21次，雍正朝2次，乾隆朝2次，咸丰朝1次，同治朝1次，光绪朝4次。两份资料都说明：康熙朝是清代京畿地区地震活跃的时期。其中最严重的地震有3次：

（1）康熙四年（1665年）四月十五日，“滦州、东安、昌平、顺义地震二次，房垣皆倾”[②]。定其震中在通州，裂度约为8度，震级为6级。

（2）康熙十八年（1679年）七月初九，“京师地震；通州、三河、平谷、香河、武清、永清、宝坻、固安地大震，声响如奔车，如急雷，昼晦如夜，房舍倾倒，压毙男妇无

① 《清圣祖实录》卷二百七十五。

② 《清史稿·灾异志一》卷四十。

算，地裂，涌黑水甚臭”[①]。

（3）康熙十八年（1679年）七月二十八日巳时，京师发生特大地震。据康熙帝诏告所言：七月二十八日巳时，地忽大震。京城内外，军民房屋，多有倾倒，无力修葺，恐致失业。压倒人口，不能棺殓，良可悯恻。[②]这次地震，城墙倒裂，宫殿受损，“内外城官军民死不计其数，大臣重伤，通州、三河尤甚，总河王光裕压死”[③]。此次地震裂度，地震专家定为8度：“京城倒房一万二千七百九十三间，坏房一万八千二十八间，死人民四百八十五名。”[④]通州更加严重：“城市村落成瓦砾，衙署以蓬苇为之。”[⑤]死亡人数，一万有余。定其震中在平谷与三河之间，裂度为11度，震级为8级。

雪灾　康熙五十七年（1718年）七月，“通州大雪盈丈”[⑥]。

十五　清都文化殇鉴

清朝之亡，究其原因，错综复杂，见仁见智，兹举3点，备做参考。

第一，八旗衰朽，根基动摇。清朝以弓马得天下，弓马

---

① 《清史稿·灾异志一》卷四十。

② 《清圣祖实录》卷八十二。

③ 顾景星《白茅集》卷二十。

④ 刘献廷《广阳杂记》卷五。

⑤ 于成龙《于公年谱》卷二。

⑥ 《清史稿·灾异志一》卷四十。

以八旗为根基。八旗制度是清朝取胜的根本因素。“清朝兴也八旗，清朝亡也八旗”。清朝迁都北京后，优待旗人，获取特权。住房不需花钱获得，土地不用花钱获得，每人每月供给钱粮，世代老幼生活无忧。这就使八旗官兵及其眷属，形成一个特殊的社会群体。国家军政财最高权力，掌控在爱新觉罗皇室贵族以及满族上三旗贵族手里。这个利益集团，开始尚能进取，后来日趋保守，维护祖宗旧章，268年不变，最后则是——贪婪、自私、虚骄、无能。清末，国家权力掌控在6岁同治帝奕䜣、4岁光绪帝载湉、3岁宣统帝溥仪和一位不懂工、不懂农、不懂商、不懂学也不懂兵的慈禧皇太后手中，碰上戊戌变法之机，却成戊戌政变，慈禧与奕䜣叔嫂不合、慈禧与光绪母子不合，又怎能合国家、合天下！面对四万万人中的精英，面临西方新兴资本精英，要过招也败，不过招也败，路子自己堵死——只有一败，别无他途。

第二，权力财富，没有活水。朱熹《观书有感》诗云：“半亩方塘一鉴开，天光云影共徘徊。问渠那得清如许，为有源头活水来。”户枢不蠹，死水易腐。八旗土地，不许买卖，不能流转，王爷贵族，极度贪婪，穷奢极欲；贫苦百姓，衣不蔽体，食不果腹。财政亏空，寅吃卯粮。连八旗每月钱粮，也不能按时发放。群黎对于皇清政权，已经不抱任何幻想。辛亥风暴，应运而兴。

第三，海洋文化，是块短板。在中华文明5种文化形态中，海洋文化始终是块短板。世界进入大航海时代，这块文化短板更加突出。自秦始皇，到宣统帝，重陆防，轻海防。西方崛起后，从海上打来——鸦片战争英军从海上打来，英法联军从海上打来，甲午海战从海上打来，八国联军从海上打来，日军侵华也是从海上打来，敌强我弱，招架不住，吃了大亏，割地赔款，丧权辱国，刀枪逼迫，签订条约。北京是中华文明5种文化的中心，树立海洋观念，加强海权意识，制定海洋方略，要从北京做起。

第四，君主专制，走到尽头。当西方列强崛起之时，北京紫禁城里的皇帝，对西方社会几乎一无所知，仍在敬天法祖，率祖旧章，崇儒重道，持盈保泰，闭关锁国，故步自封。然而，鸦片战争、英法联军、甲午战争、八国联军等，一声声重炮，一次次失败；一个个条约，一笔笔赔款；一块块土地，一片片割让；一份份尊严，一遍遍蒙辱。终于唤醒了中国，也震惊了北京。辛亥革命，武昌首义。宣统逊位，民国诞生。君主专制，宣告终结。

清朝亡，民国兴，北京成为民国初期的京师。

第九章　民国的北京·北平

1912年2月12日，清帝逊位，民国建立。

整个民国时期北京（北平）的历史，分作4段：一是民国的北京（1912—1928年），作为民国首都有16年；二是民国的北平（1929—1937年），作为民国政府的特别市有9年；三是日军统治下的北平（1937—1945年），在日军殖民之下，有8年之久；四是民国末期的北平（1945—1948年），日本投降后，由民国政府管辖，实际只有3年零3个月。这短暂的时间，对于北京来说，既是前进的，又是曲折的，既有摆脱君主专制的光明，也有遭受殖民统治的黑暗。

一　民国的北京和北平

在1912—1937年，北京在物质与文化方面，发生了巨大变化。

第一，宫城改换主人。清末帝溥仪逊位后，仍然居住在原皇宫内廷。直到1924年，溥仪被逐出宫。1913年，在故宫外朝成立古物陈列所。1925年10月10日，故宫博物院成立。先后开放了太和、中和、保和三大殿。故宫其他部分，相继面向民众开放。从此，皇宫由君享，变为民享。

第二，皇城发生变化。拆除皇城城墙，其东墙、北墙、西墙逐渐拆除。南墙，仅存长安街南河沿南口到府右街南口一段。接着，东安门、西安门、北安门相继拆除。只留下东皇城根、西皇城根和东安门、西安门、北安门之名，作为明清北京的历史记忆。“左祖”的太庙，1924年改为和平公园；“右社”的社稷坛，1914年改为中央公园，1928年又改名为中山公园。1925年，北海辟为公园；1928年，景山也辟为公园；1929年，中南海开放。

第三，内城改变面貌。南长街南口的3个门洞、南池子南口的3个门洞，内城的和平门、建国门、复兴门，都是在城墙上开凿的门洞，方便交通，利于市民。由今北新华街到琉璃厂，无须从正阳门或宣武门绕行，可以直行穿过和平门的门洞，即可到达，方便顺畅。

第四，外城更加繁荣。外城和内城居民往来，过去前门不许平民百姓走，只有崇文门和宣武门两个通道。在民国时期，正阳门许可百姓出入，又新开和平门，所以崇文门、正阳门、和平门、宣武门4个城门或门洞均可自由进出，不仅方便市民交通，而且促进外城经济繁荣。同期，天坛于1918年正式开放；先农坛于1915年辟为先农公园，1918年改为城南公园。地坛于1925年辟为京兆公园，1929年改名为市民公园，日坛和月坛也随之开放。从而天、地、日、月的4座神坛禁地，也都被打开了。

内城和外城的街道，新辟纵横4条交通干线：其纵向，为紫禁城东侧南北池子和西侧南北长街两条通道。其横向，在皇城南面的大街，即今东西长安街，在东长安街打开东3座门（今市劳动人民文化宫前），东端开辟启明门，后改名建国门；在西长安街打开西3座门（今中山公园前），西端开辟长安门，后改名为复兴门，于是东西长安街全面通畅。在皇朝北面的大街，即今景山前街两条通道——朝阳门到阜成门的大街也完全打通。

1924年12月8日，天桥到西直门有轨电车开通，更加促进外城经济与文化的荣兴。

第五，开办现代学校。从清末以来，废除科举，停办私塾，兴办新学，蔚然成风。北京大学、北京师范大学、清华大学等，以及一批中学、小学、幼儿园以及职业学校等，如雨后春笋，勃然而生发。

第六，发展现代企业。从清末以来，开设现代服务型企业，如银行、邮局、电灯、自来水、火车、有轨电车、公用电话亭。并兴办现代工业，从清末以来，如清河制呢厂、火柴厂等。

第七，透出民主气息。清帝逊位之后，废除君主专制，爱新觉罗君主政体变为民主共和政体，虽然只是初步，却也有所前进。

第八，北京成为新文化运动的策源地。

其一，新文化运动兴起。从1915年开始，一些进步知识分子掀起一场新文化运动，提倡科学、反对迷信，提倡民主、反对专制，提倡新道德、反对旧道德，提倡新文化、反对旧文化。李大钊、陈独秀、鲁迅、胡适等一批先行者，创办报刊，著书立说，涌现一股新文化的潮流。

其二，1919年五四反帝爱国运动，是20世纪初期一场反帝反封建的爱国群众运动，北京发起，全国响应，成为中国20世纪的一个重大历史事件。

其三，马克思主义策源地。共产主义小组的创立，《新青年》的创刊与传播，引领了中国新时代的新潮流，成为中国20世纪的又一个重大历史事件。

此期，1924年12月31日，孙中山先生抱病到京，受到北京市民的热烈欢迎。1925年3月12日，孙中山先生在北京病逝。他的衣冠封葬在香山碧云寺后山金刚宝座塔座下，称孙中山先生衣冠冢。原社稷坛拜殿改名为“中山纪念堂”（中山堂）。

日本军国主义的魔爪，伸向中国，不断侵略。1931年日军发动九一八侵华事变，不久侵占辽宁、吉林、黑龙江，1932年又占领热河省，进而威胁华北、威胁北平。

二 日军统治下的北平

“抗日则生，不抗日则死。”1936年12月9日，北平学生爆发反帝抗日爱国运动，由北京发源，影响全国，成为中国20世纪的另一个重大历史事件。

1937年7月7日，日军向北平卢沟桥一带中国军队发起有预谋的突然袭击，中国守军第27军奋勇抗击，这就是闻名中外的卢沟桥事变。以此为起点，中国人民开始了全面的抗日战争。同时，北平沦陷，日军侵占，百业凋敝，民生苦难。市民吃配给的“栗子面”（混合杂面），食不果腹；学校强迫学生学日语，受军训；爱国人士组织“文物南迁”四川；北大、清华等高校南迁昆明；著名京剧艺术家梅兰芳先生等蓄须明志，拒绝演出；爱国学生纷纷奔向延安；爱国企业家拒绝给日军做军粮、军服的生意；京郊出现抗日游击队，北平人民表现出高扬的抗日爱国精神。

1945年9月3日，日本军队正式投降。1945年10月10日，国民政府接管北平，在故宫太和殿举行接受日本投降仪式，北平各界在故宫举行庆祝抗战胜利大会。

三　民国末期的北平市

民国末期（1946—1948年）的北平，只有3年多的时间。此期的北平，历尽8年日军统治的苦难，百业凋零，万众失业，民无生计，苦不堪言。

北平，刚取得抗战胜利的喜悦，又迅速笼罩战争的乌云。其时，内战风云，笼罩古都。民国政府，发动内战，财政不支，滥发钞票，物价沸腾，民不聊生。工薪人员，早上刚领工薪，立即回家买粮，否则货币贬值，更加难以糊口。

国内战争爆发，战火正在燃烧。为着争取和平，过上太平生活，北平爱国学生、进步人士，开展“反饥饿、反内战”运动。这场运动，风起云涌，席卷全国，为新中国成立做了准备。

1949年1月31日，北平和平解放。2月3日，中国人民解放军在正阳门外举行入城仪式。中国各族人民经过长期奋争，迎来了中华人民共和国的诞生。

第十章　中华人民共和国首都

1949年9月21日，中国人民政治协商会议第一次会议在北平召开。9月27日，会议决定：自即日起，北平定名为北京，中华人民共和国首都为北京。

从此，北京继元大都、明北京、清京师、民初北京之后，第五次成为全中国各族人民的首都，成为全国政治中心、文化中心。同时，北京成为中华文明中原农耕文化、西北草原文化、东北森林文化、西部高原文化、东暨南部沿海及岛屿海洋文化的中心。

北京现为中央人民政府直辖市，下辖东城、西城、朝阳、海淀、通州、丰台、石景山、门头沟、大兴、房山、昌平、顺义、怀柔、平谷、密云、延庆共16个区。北京市辖区总面积为16410平方千米，现常住人口为2172.9万人。

新北京的发展，经过清涤污泥浊水、建设新的首都和进行改革开放等历程，旧貌换新颜。

自1978年以来，实行改革开放，40多年，北京面貌，发生巨变。如北京已建成并使用二环、三环、四环、五环、六环等环城快速公路，十余条放射公路，二十余条地铁线路。立交桥一座一座地兴建，从高处俯瞰，为一道风景。

高楼大厦，拔地而起。东西长安街两侧，中国尊、国贸城、北京饭店、东方广场、金融街等，白天雄伟、亮丽，夜间繁华、辉煌。

北京继承历史文化并正在建设“三条文化带”，即长城文化带、大运河文化带和西山永定河文化带。三条文化带的建设，既保留历史文脉，又展现当代新貌。

北京成为中华人民共和国的首都，到今年已经71周年。70年来，特别是改革开放40多年来，北京发生了迈越古今的飞跃发展。

北京文化的发展，经过千年——辽南京、金中都、元大都、明北京、清京师的历史演进，在清代更进一步增进农耕文化、草原文化和森林文化的新交融——既有碰撞又有融合，在激荡中融汇，在融汇中和谐，进而实现了中华民族的文化融汇。民国时期孙中山先生提出"五族共和"，新中国则实现了中华民族大家庭空前的文化融合与民族团结。

现今已有178个国家在北京建立使领馆，有41个国家中的45个城市同北京结为友好城市。2008年在北京举行的第29届世界奥林匹克运动会，有204个国家和地区的运动员、官员和观众莅临北京，领略"绿色北京、科技北京、人文北京"的风采。北京正在准备迎接2022年举行的第24届世界冬季奥林匹克运动会。北京同国际文化，正在全面交流接轨。北京正以创新的理念、勃发的生机、博大的胸怀、高远的视野，迎接融入新世纪国际大都会的文化辉煌。

《中华人民共和国宪法》最后一条即第一百三十四条规定："中华人民共和国首都是北京。"[①]《中华人民共和国宪法》以"中国"二字开头，以"北京"二字收束，其概括精粹，其意蕴深邃，表明北京之所以成为中华人民共和国的首都，是因为：它有悠久的历史，它有光荣革命传统，它是中

① 《中华人民共和国宪法》，人民出版社2018年版，第57页。

华文明5种文化——中原农耕文化、西北草原文化、东北森林文化、西部高原文化、沿海暨岛屿海洋文化的中心，这在中国所有城市来说，北京既是最优的，又是首选的。

北京是全国的政治中心、文化中心；而纵观世界各国，有的国家首都是其政治中心，而不是其文化中心，如美国首都华盛顿，加拿大首都渥太华，澳大利亚首都堪培拉，巴西首都巴西利亚等，更多国家的文化中心并不是其政治中心。而北京既是中国政治中心，又是中国文化中心。

历史与现实，传统与未来，宪法与民心，政治与文化，经过有文字记载三个千年历史变局——汇集、选择、总结、凝练，赋予北京继元大都、明北京、清京师、民初北京之后，再次成为全中国各族人民的政治中心、文化中心。这既是北京的光荣，更是北京的责任。北京是中华文化的首善之区。

北京的文化发展，正在迎接一个又一个的朝晖，如《尚书大传·卿云歌》所云：“日月光华，旦复旦兮！”

【附录一】故宫芳华六百年

《明太宗实录》永乐十八年（1420年）十一月戊辰（初四日）记载："爰自营建以来，天下军民，乐于趋事，天人协赞，景贶骈臻，今已告成。"[①]北京皇宫坛庙告成，永乐皇帝在奉天殿（今太和殿）暨殿前广场，接受朝贺，大宴群臣，以及贡使。这就表明，从故宫建成于1420年，到现在2020年，整整600年了。故宫已被联合国科教文组织定为世界文化遗产，所以北京故宫，既是中国的，又是世界的。北京故宫的六百年，是故宫芳华的六百年。这是中国文化史、也是世界文化史的一件大事。下分六题，略做介绍。

一　故宫之历史

燕王朱棣从北平（今北京），发动靖难之役，经过3年多时间，夺取南京，占领皇宫。朱棣登上皇帝宝座，改第二年为永乐元年（1403年），改北平为北京。

永乐帝夺取皇位之后，做出一项重大决定，就是迁都北京。从此，北京继元大都之后，又一次成为中国统一皇朝的首都。

六百年来，北京经过明朝首都（242年）、李自成大顺都城（42天）、清朝都城（268年）、民初都城（17年）、日据

① 《明太宗实录》卷二百三十一、永乐十八年十一月戊辰。

北京（8年）、民国北平（12年）和新中国首都（71年）7个历史时期，共618年。

明朝有16位皇帝，开国皇帝朱元璋、其继位者建文帝朱允炆，都在南京。从永乐帝迁都北京到崇祯帝，共14位皇帝在北京为帝。这是明朝北京皇宫的历史。崇祯十七年（1644年）三月十九日，李自成占领北京，治居在紫禁城，到撤离北京，共42天。清顺治帝派摄政睿亲王多尔衮，率领清军入山海关，随之李自成率军从北京撤离，多尔衮进入北京皇宫。多尔衮奏报并获准，清朝迁都北京。同年，清顺治帝从盛京（今沈阳）来到北京，即皇帝位。清朝共有12位皇帝，时清太祖努尔哈赤、清太宗皇太极已故，从顺治帝迁都到宣统帝退位共10位皇帝在北京皇宫治居，共268年。民国初期以北京为首都。民国十七年（1928年），民国政府改北京为北平。从1949年开始，北京成为中华人民共和国首都。我们说的故宫，经历了明朝的故宫、李自成在北京称帝时的故宫、清朝的故宫，民国初年的故宫，以及从民国十四年（1925年），成立故宫博物院至今，这样一段既曲折复杂又波澜壮阔的历史。

在元大都的基础上，明朝重建了北京城暨紫禁城宫殿、坛庙、王府等，实际上建了一个新的北京城和新的北京皇宫。今年是北京故宫建成600周年，也是明朝北京城建成600周年。

明朝营建北京皇宫，可分3个重要阶段：

一是从永乐元年（1403年）到永乐十八年（1420年），即从永乐决策迁都、选址规划、筹备物料、施工兴筑到工程基本告竣，实际花了18年时间。

二是永乐十九年（1421年）四月，刚建成的北京皇宫三大殿，一场雷火，全被焚毁；3年后永乐帝驾崩，其子洪熙帝要迁回南京，但在位9个月便死去，工程处于停滞时期。

三是其孙宣德帝决定不迁回南京，开始筹措并启动重建三大殿暨其他城建工程，到其重孙朱祁镇正统六年（1441年）九月初一，“奉天、华盖、谨身三殿，乾清、坤宁二宫成”[①]。陈政《东井集》诗云：“日月光三殿，乾坤辟两宫。”先是，“修造京师门楼、城濠、桥闸完。正阳门正楼一、月城中左右楼各一，崇文、宣武、朝阳、阜城（成）、东直、西直、安定、德胜八门，各正楼一、月城楼一，各门外立牌楼，城四隅立角楼，又深其濠，两涯悉甃以砖石，九门旧有木桥，今悉撤之，易以石，两桥之间，各有水闸，濠水自城西北隅，环城而东，历九桥九闸，从城东南隅流出大通桥而去。自正统二年正月兴工，至是始毕。焕然金汤巩固，足以耸万国之瞻矣。”[②]于是，宫城、皇城、京城等营建工程，才告完工。

同年，北京正名为京师，南京诸衙门加“行在”二字。[③]

所以，明朝北京营建三重城池、皇宫坛庙等，实际花了前18年和后18年共36年时间才算完竣。从此，北京城墙，内外包砖，高大雄伟，坚固壮丽。护城河水，自西北隅环城而东，穿九桥九闸，从城东南大通桥而出，呈现河清水镜、焕然一新的壮阔景象。

---

① 《明英宗实录》卷八十三、正统六年九月甲午朔。

② 《明英宗实录》卷五十四、正统四年四月己丑。

③ 《明英宗实录》卷八十五、正统六年十一月甲午朔。

由上，历史表明：在当时世界上，明朝北京城池、宫殿、坛庙、府第，雄伟壮丽，辉煌灿烂，气壮山河，屹立东方。只有伟大的中华文明，才有伟大的北京故宫。15世纪前半叶的北京宫殿、城池，既是人类文明史上一颗璀璨的明珠，又是中华文明史上一座文化的宝库。

二　故宫之建筑

故宫的建筑——宫殿、坛庙、城池、门阙、园囿等，形式各样，丰富多彩，是一座中国古代建筑的博物馆。

永乐十八年（1420年）十二月二十九日，《明太宗实录》记载：

> 初营建北京，凡庙社、郊祀、坛场、宫殿、门阙，规制悉如南京，而高敞壮丽过之。复于皇城东南建皇太孙宫，东安门外东南建十王邸，通为屋八千三百五十楹。自永乐十五年六月兴工，至是成。[①]

从上述记载可以看出：

第一，明朝规划营建皇宫和京城，是在元大都城旧址基础上，以南京皇宫、城垣为蓝本，而“高敞壮丽过之”。明朝北京皇宫之建筑，其理念之深、选址之优、等级之尊、规模之巨、建筑之高、体量之大、用材之贵、工艺之精、艺术之美、藏品之多，创中国历史之最。北京城是一座伟大的都

① 《明太宗实录》卷二百三十二、永乐十八年十二月癸亥。

城，皇宫殿宇是一座伟大的建筑群。

第二，北京的明朝皇宫，在兴建之前，有一个完整雄伟的规划，这个规划就是按照中国古代《周礼·考工记》的都城中正型理论，参考南京城和皇宫规制，按照北京实际，进行规划，动工兴建的。其突出特点是中轴线。京城（即内城）、皇城、宫城和宫殿，从南到北贯穿一条子午线就是中轴线，长约7.8公里。从现在的永定门，沿着前门、天安门、前三殿、后三宫、神武门（原玄武门）、景山，一直到鼓楼、钟楼。这条中轴线是皇宫和京城整个规划建设的脊梁和轴线，其他建筑都在中轴线的两侧，依次对称展开。以东西来说，天坛（天地坛）与先农坛（山川坛）、太庙（今北京市劳动人民文化宫）与社稷坛（今中山公园），东华门与西华门、文华殿与武英殿、朝阳门与阜成门等都是左右即东西对称的。以南北来说，皇宫内午门与神武门（玄武门）、太和门与乾清门、前三殿与后三宫、中和殿与交泰殿等，都是前后即南北对称的。这个特点，非常重要。

很多外地、海外朋友问我：我们第一次到故宫，应该选择哪条路线参观？我建议：先走故宫中轴线看故宫。皇宫正面即南面，有三道大门——午门、端门、天安门。先到天安门前，仰观城门楼、俯瞰金水五桥和潺潺流水、回看广场、东观太庙、西览社稷坛，如有条件登上天安门城楼；进天安门后，看端门，看午门（如有条件登午门五凤楼）。午门是紫禁城的正门，同其他城门不同，下开5个门洞，上建5座门楼，如同凤凰展翅，习称五凤楼，以显示它的权威、庄严、博大和气势。

上面说到天安门，有朋友问：天安门是皇城的正门，还是宫城（即紫禁城）的正门？这要历史地看。在明朝，《大明会典》等记载，承天门（天安门）作为皇城的正门。今人仍看到天安门两侧的红墙即是皇城的城墙。天安门建在皇城的城墙之上，自然应是皇城的正门。到了清朝乾隆年间，修《国朝宫史》等书，将天安门列为宫城的第一道城门。这更加突出宫城的气势和地位。这样，皇城正面也是三道城门，就是大明门（大清门）、长安左门俗称东三座门（今文化宫南）、长安右门俗称西三座门（今中山公园南）。1949年10月1日我们参加开国大典游行，队伍要通过东三座门和西三座门。所以天安门既是皇城的正门，也是宫城的正门。

进了午门，眼前出现太和门。在午门和太和门之间，是辽阔壮美的太和门广场，显示威严和壮丽、神秘和高敞。在这里，要驻足，要细品，欣赏这件伟大的艺术品：举头仰望，无边无际，蔚蓝天空，飘着白云；苍天之下，太和大门，黄色顶瓦，金光灿然；朱漆门柱，鲜艳夺目；两翼高墙，赭色庄重；汉白玉桥，凝重雅丽；绿色金水，缓缓流过；遍地灰砖，平整大气。我们不仅看到了壮丽的高门大殿，看到了雄伟的宫殿气势，还看到了黄、红、蓝、白、赭、绿、灰7种颜色，绘画出一幅恢宏壮美的油画，巧夺天工的一个艺术空间。

穿过太和门，漫步走近太和殿——故宫三大殿的第一大殿，为最高规格的重檐庑殿顶覆黄琉璃瓦建筑[①]，皇帝宝座就在太和殿内正中，也就是坐落在北京和皇宫的中轴线上。这

① 故宫重檐庑殿顶覆黄琉璃瓦建筑，有“二门”即午门主楼、神武门楼，“二殿”即太和殿、奉先殿，“二宫”即乾清宫、坤宁宫，共6座。

个皇帝宝座，象征着皇权至高、至尊、至重、至上。太和殿后面是中和殿，为一方形殿，皇帝到太和殿上朝之前，在中和殿稍憩，并接受近臣叩拜。再后是保和殿。有时皇帝在这里举行科举考试最高的殿试（廷试），御笔点中一甲的前三名——状元、榜眼、探花。

明清殿试鼎甲的状元、榜眼、探花，享有殊誉，极尽尊荣，就是从太和门、午门、端门、天安门、大明门（大清门）的中门走出；还当即被授予修撰、编修，并免试为庶吉士（读研）。而以上五门的中门，除皇帝外，诸王大臣、公侯宰辅、军机大臣等皆不能走。

保和殿后台阶有一块巨大石雕，初到故宫的人必看，令人赞叹，令人震撼。

乾清门是后宫的正门。门之南，为外朝；门之北，为后宫。王公大臣、王爷驸马，未经特许是不可以进此门的。康熙帝御门听政就设在这座门外的门廊里。门内为乾清宫，是皇帝的正宫。顺治帝御书“正大光明”匾，悬挂在宝座上方。乾清宫后为交泰殿，是一座方形殿。其后是坤宁宫，为皇后的正宫。清朝的坤宁宫，既是皇后正宫，帝后新婚的洞房，还是萨满祭祀的场所。为什么中和殿与交泰殿是方形的呢？为了天、地、人之间的协合。我实测过，前殿后墙与后殿前墙之间，只有14米，如建成一座长方形大殿，就显得拥挤、局促；后加一座方型交泰殿，体型小，留白大。这从艺术哲学看，人与天、人与地，更平衡，更谐美。

其后，就是御花园。御花园里，嘉靖时重建钦安殿，也在中轴线上。最北边就是皇宫北门，明朝称玄武门，康熙时因避玄烨名讳而改名神武门。

皇宫的四面，围以坚城，长3428米、高10米；环绕长3800米、宽52米、深4.1米的护城河。紫禁城四隅，矗立着角楼，平面为曲尺形，屋顶为三重檐——上层檐由四角攒尖顶和歇山式顶组成，四面亮山，巧妙组合；中层檐用抱厦和亮山联结的歇山顶；下层檐用半坡顶腰檐、多角相连屋顶。上覆黄琉璃瓦，中座镏金宝顶。[①]角楼十面山花，28个翼角，56个坡面，72条屋脊，其构思巧妙，复杂结构，精美工艺，隽秀艺术，古今中外，堪称一绝。此为禁城，所以皇宫也称作紫禁城。

紫禁城北门即神武门外是景山。景山原是元延春阁建筑群旧址。明朝建皇宫后，觉得宫后缺座靠山，就堆起一座相对高45.7米、海拔高94.2米的小山，俗称煤山，也叫万岁山，或叫镇山，镇住风水——免得元帝复辟。再往北就是鼓楼和钟楼。再往北为城墙。

这就是故宫的中轴线。故宫的建筑布局具有庞大气象，前面有三个凸出——显现前途无限、远大广阔。这三个凸出：第一出是午门前到天安门，中间是平直御道，午门、端门、天安门三道大门，两侧伴以左祖、右社；第二出是天安门到前门，中间是平直御道，又是天安、大明、正阳三道大门，两侧配以左文、右武中央衙署；第三出是前门到永定门（嘉靖时建），中间是平直御道，正阳、箭楼、永定还是三道大门，两侧布左天坛、右先农坛（山川坛）等。故宫后有三个靠背——景山、鼓楼和钟楼，冀望皇权稳固、社稷辽阔、天下安定、江山万年。

---

① 于倬云主编：《紫禁城建筑图典》，紫禁城出版社2011年版，第36页。

三　故宫之艺术

故宫博物院的收藏，连绵不断，传承有序。清宫所藏，源自明朝南京皇宫转为明北京皇宫的收藏；明南京宫藏又源自元大都皇宫的收藏；其再源自辽金和宋宫的收藏；其复源自隋唐皇宫的收藏；以及历代皇宫既传承前代皇宫的收藏，又丰富了本朝积累的收藏。

故宫是一座伟大的丰富的艺术宝库，是中华五千年文明所积累的艺术品总汇，而且这些艺术品传承有序。世界上的大博物馆有法国卢浮宫、英国大英博物馆、俄罗斯艾尔米塔什博物馆[①]、美国大都会博物馆，而中国故宫博物院暨其藏品，列为世界五大博物馆之一，是名副其实的。2019年故宫博物院有1933万游客参观，是世界各大博物馆参观人数之最。故宫博物院藏品，经过清点，凡28类，现共1863404件（套）。[②]还有原故宫的藏品南运后现藏台北故宫博物院的65万件藏品，又有文物南迁返回后2176箱、104735件文物暂存南京博物院的藏品，亦有后来移交国家图书馆的诸多珍贵典籍，以及现在珍藏在中国第一历史档案馆的档案——1000多万件（套）明清档案、200多万件（套）满文档案等。所以北京故宫博物院的藏品，总数应当是以千万计。

明清皇宫本身是一件伟大的艺术品，故宫博物院本身则

---

① 俄罗斯艾尔米塔什博物馆，或译作埃尔米塔日博物馆，包括冬宫博物馆。

② 王旭东：《使命与担当——故宫博物院95年的回顾与展望》，《故宫博物院院刊》2020年第10期。

是一座艺术宝库。诸如玉器、青铜器、玺印、瓷器、书法、绘画、碑帖、典籍、档案、金器、漆器、乐器、织绣、家具、文房、舆图等，其价值之珍贵，其数量之巨大，其种类之繁多，其传承之有序，择其要，选其精，举数例，共欣赏。

第一，书画。于书法，如《平复帖》，西晋陆机书，书风朴拙，行笔挺健，是存世最早书法名品。此帖从清宫流入民间，张伯驹先生花重金将其购买，藏缝在棉袄里，带出日据的北京城外，后捐献给故宫博物院收藏。又如《兰亭序》，冯承素临摹本，被誉为临摹之最精美之本。《怀素自叙帖》（现存台北故宫博物院），为唐高僧怀素书。怀素被誉为“草圣”，是为其代表之作。宋代则有蔡襄的《蔡襄自书诗卷》、苏轼的《寒食帖》（现存台北故宫博物院）、黄庭坚的《送四十九侄诗卷》、米芾的《苕溪诗卷》等。元代，被推为“元朝书法第一”的赵孟頫，其《帝师胆巴碑卷》颇为有名。

于绘画，东晋顾恺之的《洛神赋图卷》（宋人摹），取材于曹植的《洛神赋》，体现六朝时期山水人物的画风。被张彦远誉为“紧劲联绵，循环超忽，格调逸易，风趋电疾，意存笔先，画尽意在，所以全神气也”。唐阎立本《步辇图》（宋人摹），绘画表现吐蕃赞普松赞干布遣使长安，拜见唐太宗李世民，迎接文成公主前往与松赞干布成婚的历史画卷。唐韩滉的《五牛图卷》，广为人知，传承有序，但有异议。五代南唐顾闳中《韩熙载夜宴图》（宋摹本），亦为名画。还有宋张择端《清明上河图》（摹本）、宋徽宗《听琴图卷》、宋王希孟《千里江山图卷》，明吴伟《长江万里图卷》、明文徵明《惠山茶会图卷》、清郎世宁《乾隆皇帝射猎图》等，卷卷卓异，件件珍品。

第二，瓷器。中国瓷器，唐宋名窑，瓷苑新葩。宋“定、汝、官、哥、钧”和德化白瓷等，故宫多有收藏。元代青花，开启了瓷器史的新时期。明清两代，皇宫在景德镇设立御窑，以举国之力发展瓷器，瓷器艺术达到一个高峰期。明朝御窑的永宣青花、成化斗彩、万历粉彩等，在不断创新。清朝以康熙郎窑、雍正年窑、乾隆唐窑为代表的御窑瓷器，不断推陈出新，引领世界瓷器艺术风尚。

第三，巨宝。在故宫宝物中，列举三大巨宝。其一是，保和殿后大石雕，长16.75米，宽3.07米，厚1.7米，重200吨，为宫中石雕之最，俗称“大石雕”。这块故宫单体最大的石雕艺术品，是紫禁城中轴线上游客必看的一个景观。其二是，在故宫宁寿宫乐寿堂内的“大禹治水图”玉山。玉石原产于新疆叶尔羌密尔岱山，运到北京，设计小样，再运到扬州雕制而成，最后安放在北京皇宫。这件玉山，高224厘米，宽96厘米，重约5330公斤，以中国古代“大禹治水”故事图雕制而成，是宫中整块玉石雕刻之最。其三是，珐琅宝塔。故宫的梵华楼和宝相楼，各有6座珐琅宝塔。每座高约238厘米，由宫廷造办处珐琅作制作。中国的珐琅工艺，是元代以后由西域和欧洲传入，又融合中国的传统文化，以铜、金等金属为胎，以多种工艺敷涂珐琅彩料，经烘烧，而成为色彩缤纷、莹润华贵的珐琅器。

第四，典册。故宫是中国古籍典册荟萃之所。写本、刻本、善本、孤本等，天禄琳琅，满目书香。宫藏最早的古代韵书《刊谬补缺切韵》，唐王仁煦撰、吴彩鸾写本。清武英殿刻书，尤其是铜活字，精美秀丽，称为殿本。其卷册规模最大者，主要列举6部：

其一，《永乐大典》。姚广孝、解缙主编，永乐初编纂，收书七八千种，共22937卷、11905册、3.7亿多字。永乐帝为这部新书赐名《永乐大典》，并作序说："惟有大混一之时，必有一统之制作，所以齐政治而同风俗。序百王之传，总历代之典。"①这是中国文化史、世界文化史上一件盛事。

其二，《古今图书集成》。主要由陈梦雷编纂，在康熙帝第三子诚亲王允祉支持下，历时20余年，用铜活字印出64部。全书"贯穿今古，汇合经史，天文地理，皆有图记；下至山川草木，百工制造，海西秘法，靡不备具，洵为典籍之大观"②。《古今图书集成》的出版，又是中国古代印刷史上的大事。乾隆帝誉之为"书城巨观，人间罕觏"③。英国学者李约瑟说："我们经常查阅的最大的百科全书是《图书集成》。"全书10040卷，5020册，分装576函，约1.7亿多字，这是中国现存最大的类书，也是世界最大的百科全书。

其三，《四库全书》。分经、史、子、集四部，其文渊阁本，据林天人先生统计，收书3471种，79018卷，装帧成36381册，汇纳为6144函，分插103书架，7.9亿余字，240余万叶。是为其时全国图书之总汇，既利于文献之保存和流传，也弊于思想之禁锢与钳制。

其四，《明实录》和《清实录》。《明实录》记载明16朝史事，共3062卷；《清实录》记载清十二朝史事，共4545

① 《明太宗实录》卷七十三、永乐五年十一月乙丑。

② 《清世宗实录》卷二、康熙六十一年十二月癸亥。

③ 《清高宗实录》卷九百五十八、乾隆三十九年五月丙寅。

卷，还有满文本、蒙古文本。两书系统完整地记载明清544年史事，这在世界史上是前无古人的。

其五，《满文大藏经》。乾隆时翻译、雕印，共2535卷，刻板48211块（珍存至今），96422叶，双面朱印，总108函。填补了大藏经有汉、藏、蒙文而无满文之空白。

此外，古代乐器，如唐玄宗时古琴“大唐遗音”等，至为珍贵，精粹满目。

四 故宫之人物

故宫的核心是人，有皇帝后妃、王公贵族、太监宫女、文臣武将，也有刚节名宦、清廉官吏、济济文士和能工巧匠等。可以说，故宫六百年来，其间历代名人，几乎都直接或间接同故宫有关系。仅《明史》和《清史稿》所列传立名之人，数以十万计。明清两朝进士共203科，考中进士51624人[①]，都是进入皇宫参加殿试而考取的，其中年龄最小者16岁、最大者103岁（均为虚岁）。名人太多，篇幅有限，兹列六例，以窥全豹。

雄才大略之君。永乐帝朱棣是一位雄才大略之君。他夺取皇位后，迁都北京，兴建北京城池宫殿；并四向开拓：他派郑和先后共7次下西洋，如第一次在永乐三年（1405年）至五年（1407年），郑和“将士卒二万七千八百余人，多赍金币。造大舶，修四十四丈、广十八丈者六十二。自苏州刘家河，泛海至福建，复自福建五虎门扬帆，首达占城，以次

① 朱保炯、谢沛霖著：《明清进士题名碑录索引》，上海古籍出版社。

遍历诸番国”[①]。先后历30余国。是为世界航海史上的空前壮举。他派太监侯显出使乌斯藏（今西藏），先后“五使绝域，劳绩与郑和亚”[②]。西藏高僧到京师，西藏继元之后，归入明朝版图。他派陈诚等五使西域，远至哈烈（今阿富汗赫拉特）、撒马尔罕（今乌兹别克斯坦），往返一次达3.5万余里。回朝后，“上《使西域记》，所历凡十七国，山川、风俗、物产，悉备焉”[③]。他派亦失哈，先后八下奴儿干（黑龙江入海口附近），其中，“永乐九年春，特遣内官亦失哈等，率官军一千余人、巨船二十五艘，复至其国，开设奴儿干都司”[④]。并立永宁寺碑、镌碑记，宣示了明朝对外兴安岭以南和库页岛等地的主权。总之，永乐时东、南、西、北四向开拓，大明帝国屹立在亚洲东方，出现万国来朝的大局面。

勇于谏言之官。如海瑞，先自备棺材，谏言嘉靖皇帝；大理评事雒于仁，上《酒色财气四箴》疏，直指万历皇帝。万历帝览疏大怒，召宰辅申时行等于宫，命严治雒于仁罪。申时行极力调说，雒于仁未被处死，也未被下狱，而借词回乡养老，留下清名传世。[⑤]

愈挫愈奋之士。历史上一些高人，坚定目标，百折不挠，顽强跋涉，愈挫愈奋。如文震孟，今苏州人，曾祖文徵明，屡试不第，改业书画，成就不凡。文震孟，自幼聪明，

① 《明史·郑和传》卷三百四，中华书局校点本。

② 《明史·侯显传》卷三百四，中华书局校点本。

③ 《明太宗实录》卷一百六十九、永乐十三年十月癸巳。

④ 罗福颐著：《满洲金石志》卷六，满日文化协会印本。

⑤ 《明史·张鲸传》卷三百五，中华书局校点本。

家境又好，还肯用功，就是不顺，一连九试，27年全都落榜。但他仍不灰心，十赴会试，考中状元，年四十九。后官至大学士，入阁预政。但“震孟刚方贞介，有古大臣风，惜三月而斥，未竟其用”[①]。回乡后病死。

贪佞官宦之尤。在帝制时代，历朝官宦，不乏佞臣。择其尤者，列举严嵩。严嵩，弘治十八年（1505年）进士，改庶吉士，授编修。回乡读书，钤山十年，长于诗文，颇著清誉。还朝后，官国子监祭酒。查明清国子监祭酒，多学问优醇，亦人品清雅。但严嵩为官后，“务为佞悦”，“一意媚上”[②]。嘉靖帝20多年不上朝，严嵩日侍左右，献青词，巧逢迎，讨帝喜欢，不断升官：侍郎、尚书、武英殿大学士、入直文渊阁，仍掌礼部事，加太子太傅，累进吏部尚书、谨身殿大学士、少傅兼太子太师，再加华盖殿大学士。《明史·严嵩传》载：“嵩无他才略，惟一意媚上。”佞臣必贪，物极必反。严嵩独子世蕃被“斩于市，籍其家，黄金可三万余两，白金二百万余两，他珍宝服玩所直又数百万”。而严嵩也落得个“寄食墓舍以死”的悲剧下场。

淡泊名利之臣。如林则徐，生长在崇尚“梅妻鹤子”的淡泊名利之家。“梅妻鹤子”典故出自《宋史·林逋传》。林逋远离名缰利索的官场，而在西湖孤山，以梅为妻，以鹤为子，荡桨西湖，种田吟诗。林则徐之父林宾日画《梅妻鹤子图》，以励淡泊清白之家风。林则徐官广东禁烟，建言“每年抽粤海关税”三千万两的十分之一，用来购舰炮、建

① 《明史·文震孟传》卷二百五十一，中华书局校点本。

② 《明史·严嵩传》卷三百八，中华书局校点本。

海军，未被采纳。[①]他抵抗住英军的侵略却被流放到新疆伊犁。以“戴罪”之身，带领儿子，修伊犁、南疆水利，后人称作“林公渠”，造福至今。他以“苟利国家生死以，岂因祸福避趋之”的诗言志，展示了高尚的精神境界。

贤惠良善之后。宫廷后妃女性，也有贤德之人。张氏，出生于河南永城普通人家。她嫁给燕王朱棣的长子朱高炽为妻。朱元璋册封朱棣为燕王，其长子高炽被册为世子，张氏也随之为燕王世子妃。朱棣登极称帝后，立高炽为太子，张氏则为太子妃。张氏首要处好同公婆的关系，但这不容易，因为公公是永乐皇帝，婆婆娘家父亲是右丞相、大将军、魏国公徐达。张氏“操妇道至谨，雅得成祖及仁孝皇后欢”。她以谨守妇道而获得公婆的喜欢。永乐帝几次想废掉太子高炽，因儿媳张氏贤惠而没有做。永乐帝厌恶高炽太胖，张氏就帮助丈夫“管住嘴、走断腿”，减肥颇见成效，从而保住了夫君的太子地位。永乐帝驾崩后，朱高炽继承皇位，张氏做了皇后。高炽在位不到一年驾崩，儿子朱瞻基继位，是为宣德皇帝，张皇后被尊为太后。宣德帝奉太后去谒陵，回程路过农家，召老妇问生业，赐钞币。有献蔬食酒浆者，张太后取以赐帝，曰：“此田家味也。”并说：“愿殿下食此，知民艰。”[②]大学士“三杨”即杨士奇、杨荣、杨溥，得到太后信任，又能忠心辅政。三殿、两宫、九门城楼等重大工程都是在这个时期告竣的。张太后管教娘家人很严，“太后遇外家严，弟升至淳谨，然不许预议国事”。宣德帝崩，孙朱

① 《清史稿·林则徐传·论曰》卷三六九，中华书局标点本。

② 《明史·夏原吉传》卷一百四十，中华书局校点本。

祁镇9岁立，朝臣请太皇太后垂帘听政，她说："毋坏祖宗法。第悉罢一切不急务。"[①]她身历洪武、建文、永乐、洪熙、宣德、正统六朝，在她与政期间，既没有外戚之害，也没有宦官之祸，出现被誉为"洪宣之治"的局面。张太皇太后可贵之处在于："对公婆尊敬孝顺，对小叔宽容大度，对丈夫体贴劝慰，对后宫统摄安宁，对儿子教育勖勉，对孙子撑腰辅佐，对大臣信任鼓励，对娘家规矩严格，对百姓爱戴亲民，对自己心地良善。"

五　故宫之精神

故宫的建筑、器物、书画、人物等映现的哲思是什么？是精神，是哲学。司马迁说"究天人之际，通古今之变"，打通天、人、古、今的关系，就是哲学。故宫所体现出的精神，是中华传统文化的精粹，是传统哲学的理念。

如"中""正""和""安"的理念。北京城和故宫有一条贯穿南北的子午线即中轴线，突出一个"中"字，中轴线上北京城的正阳门突出一个"正"字，乾清宫内宝座上方悬匾御书"正大光明"也突出一个"正"字；皇宫的太和、中和、保和三殿与太和殿前太和、协和、熙和三门，都突出一个"和"字；皇城六门——天安门、长安左门、长安右门、东安门、西安门、地安门，都突出一个"安"字。

中与正——北京城又是按照都城中正型理论建造的。宫城在北京居中，三大殿在宫城又居中。居中与对称相呼应，

---

① 《明史·后妃传》卷一百十三，中华书局校点本。

北京的宫殿、坛庙等也多是对称的。这体现儒家文化大中至正的哲学理念。

和与安——就“和”而言：宫城外朝的三大殿，明初分别为奉天殿、华盖殿、谨身殿，突出“天”，就是皇权神授；明嘉靖重修三大殿后，依次改名为皇极殿、中极殿、建极殿，突出“极”，就是皇权；清初重修三大殿后，依次改名为太和殿、中和殿、保和殿，突出“和”，就是社会协合。这个由神权的“天”，到君权的“极”，再到社会的“和”，前述皇城六门都突出“安”字。这反映出帝制社会虽然发展缓慢，思想理念却在不断进步。

“中正和安”——中则正，和则安。这体现了中华优秀传统文化的精髓与核心。《礼记·中庸》言：“中也者，天下之大本也；和也者，天下之达道也。致中和，天地位焉，万物育焉。”[①]当然，“中正和安”在帝制时代只能是一种理念、一种期望，实际上是不可能真正完全实现的。

中国传统文化核心的儒家学说，有过经学、理学、心学和实学四个重要节点。第一个在西汉，经董仲舒、汉武帝，将儒学推成经学。第二个在宋代，“二程”、朱熹建立了理学体系。第三个在明朝弘正年间，形成王阳明的心学。这与明朝皇宫有着密切关系。王阳明出身于书香门第，父亲考中状元，做了弘治帝的老师。他中进士后，官刑部主事。入仕后，因为正直，王阳明受到大太监刘瑾的残害。正德元年（1506年），刘瑾逮捕御史戴铣等20余人。王阳明上疏救援，惹怒了刘瑾，被拖到皇宫午门，遭廷杖四十。后被谪戍

---

① 《十三经注疏附校勘记》，中华书局影印本。

贵州龙场驿，居无一室、食无粒米，生活在极为艰苦的境遇之中。王阳明住居洞穴（后称阳明洞），坚韧不拔，苦思苦索，终于在“龙场悟道”中，创立“阳明心学”。他著书收徒，广为传播，建功立业，忠心报国，临终之时，依然“此心光明”。在500年前，王阳明达到了《左传》提出的“立德、立功、立言”这“三不朽”的境界。这同故宫有直接关系。第四个在明末清初。明末清初，顾炎武、黄宗羲、王夫之等，总结明末空疏论道，“重心轻实”，大空套话，充斥庙堂，是明亡的一个思想原因。从而产生“实学”。康熙帝等也力行“实学”，“敦崇实学”。[①]他说：“虚文多，则本意晦；枝辞繁，则实理微。”[②]时倡“经世致用”之花，结出“康乾一统”之果。这一次更是与故宫有着密切的联系。

故宫所体现的哲学，就是创新的哲学；故宫所体现的精神，就是创新的精神。朱熹《观书有感》诗云：

半亩方塘一鉴开，
天光云影共徘徊。
问渠那得清如许，
为有源头活水来。

诗分四层，因果递进：因源头活水，方渠清如许；因渠清如许，才光影徘徊；因光影徘徊，故方塘如鉴。所以，朱熹这首诗的旨趣就是“活水”，也就是“日新”。正如《礼

① 《清圣祖实录》中“实学”出现12次之多，中华书局影印本。

② 《清圣祖实录》卷二七八，中华书局影印本。

记·大学》引述汤之《盘铭》所说的“苟日新，日日新，又日新”。

六百年的故宫，为我们充盈哲学理念、修润精神境界、涵养艺术素质、孕育高尚品德，提供了可鉴的路径、可贵的场所、可看的实物、可学的俊杰。故宫既是中华传统文化的一部伟大的教科书，故宫也是人类文明史上一座高大壮丽的丰碑。

六　我与故宫之缘分

许多朋友问我：为什么研究故宫并写故宫、讲故宫？我从2012年到2020年，即从78岁到86岁的8年之间，连续出版了关于故宫的8本书。并通过电视视频、网络音频和图书文字等形式，讲述故宫的历史、建筑、艺术、人物和精神。这是为什么？佛学有一句话：“一切皆有因缘。”世界万事万物，既没有无因之缘，也没有无源之水。我与故宫之缘，概括说来，主要有五缘：即情缘、地缘、学缘、人缘和机缘。

情缘：我出生在山东蓬莱一个半山半海的小乡村。因乡村地少人多，且土地瘠薄，难以糊口，曾祖父、祖父、父亲、兄长先后四代到北京谋生。清代、民国来京打工多不带家眷，老了落叶归根。他们每一年或两年回乡探亲一次，自然要讲北京、讲皇宫的故事。我的祖母很会讲故事，特别会讲宫廷的故事。老家有一句民谚：“为人不上京，等于白托生。”儿童少年的我，脑子里装了很多北京、宫廷的传说和故事。1949年北平解放之初，我来到北京，父亲带我第一次走进故宫，终于圆了我的一个童年向往故宫的梦。

地缘：1949年4月我到北京后，又同故宫有了地缘。我家住在北新华街北口，今北京音乐厅旁边。这里同故宫、中南海、中山公园（社稷坛）、天安门、文化宫（太庙）等南北只有长安街的一街之隔。我上中学在南长街南口的北京市第六中学。这里是清朝升平署的旧址。学校同故宫东西只有南长街一街之隔。我们的体育课一度就在天安门广场上，我们还参加了新中国成立的开国大典。课余时间，我和同学们可以说经常徜徉在天安门、故宫、社稷坛、太庙甚至中南海。我们学校的老校工徐沛霖曾做过皇宫侍卫，学校北边的会计司胡同里住着清宫老太监，我曾经多次听他们讲过故宫和清朝的往事。这些都成为后来我研究故宫所特有的地缘。

学缘：学，既指读万卷书，也指行万里路。先是读书，我学清史，清承明制，也涉猎明史，所看的文献、档案、文集、笔记、宫史等，多是有关明清宫廷的记载。故宫是明清皇权的核心、文化的中心、艺术品收藏的中心。所以，研究明清史离不开故宫。因为学术研究的关系，我经常去故宫明清档案部即后来的第一历史档案馆，开会、考察、看书、查档案，总算约有千次之多。我也写过研究故宫的学术专著和学术论文。再是行路。故宫姻系中的沈阳故宫、避暑山庄、木兰围场、南京明宫遗迹，台北故宫博物院等，我都多次去参观考察过，并结识许多学界师友。这些都为我"故宫系列"8本书，做了理性与感性的、资料与体验的准备，打下了学术的基础。

人缘：跟故宫相关联的学术团体，如北京史研究会、清宫史研究会、北京满学会、中国紫禁城学会、中国古都学会等，我都在其中任过职务。20世纪80年代、90年代，故宫成立紫禁城出版社，恢复《故宫学刊》和《故宫博物院院刊》，创办《紫禁城》杂志，成立中国紫禁城学会，编纂《故宫志》和《故宫词典》，创建清宫史研究室等，我都从朋友那里先知其事，有的还参与其中。这样，我在故宫内外，结识了一批多行业、多学科、多单位、多领域的老年专家和青年俊彦，得以对明清皇宫及其外延有更多的、更细微的了解。这些成为我读故宫、写故宫难得的友缘因素。

机缘：第一次写故宫，是2010—2012年，值与央视《百家讲坛》和长江文艺出版社合作的机缘。成果是在《百家讲坛》开讲《大故宫》系列讲座66讲，出版了《大故宫》一、二、三部，之后又补充播出和出版了其第四部——《御窑千年》。今年，为纪念故宫六百年，故宫出版社将《大故宫》修订出版。

第二次写故宫，是2019—2020年，值与网络音频平台喜马拉雅和华文出版社、青岛出版社合作的机缘。成果是在喜马拉雅开讲《大故宫六百年风云史》系列讲座100讲，出版了文字翔实版《故宫六百年》（上下册）和简明版《大故宫六百年风云史》。

本来，故宫的写作计划告一段落，但是庚子年前夕疫情来临，禁足在家，于是梳理已积累的资料，写出《故宫疑案》书稿，由中国民主法制出版社付梓。

由上，我与故宫情缘、地缘、学缘、人缘和机缘的统一，促成了“故宫系列”的视频、音频、图书三种形式来再现故宫，并促成我学术生涯中“故宫系列”这件事的实现。

【附录二】北京文化史大事年表

序号	时间	事件
1	约70万年前	北京地区出现“北京人”。
2	约公元前1027年	周王封召公奭于燕。北京出现城池。
3	公元前226年	秦灭燕，占蓟城。
4	350年	前燕攻入蓟城，旋迁都蓟城。
5	352年	慕容儁即皇帝位，定蓟城为国都，并修宫殿、建太庙。
6	604年	隋炀帝杨广即位，后开凿运河，其南北向运河即后来的京杭大运河，达涿郡。
7	756年	安禄山自称大燕皇帝，以范阳为东京。
8	911年	刘守光自称大燕皇帝，以蓟城为都城。
9	938年	后晋高祖石敬瑭把幽、云等十六州割让给契丹；辽升幽州为南京。
10	947年	契丹改国号为辽。从此，北京成为辽朝南京。
11	1057年	辽南京发生大地震：“幽州地大震，坏城郭，覆压死者数万人。”
12	1151年	金帝完颜亮下令修建燕山府皇城、宫城。
13	1153年	金海陵王从上京迁都燕山府，改名圣都，又改名为中都。
14	1162年	铁木真出生。

序号	时间	事件
15	1179年	兴建大宁宫（今北海公园一带），后又称万宁宫。并挑挖海子，堆筑琼华岛。
16	1192年	卢沟石桥落成，费时3年。
17	1206年	铁木真在蒙古忽里勒台大会上，被推为全蒙古的大汗，号成吉思汗。
18	1214年	金从中都迁都汴梁（今开封）。
19	1215年	蒙古军攻占中都。
20	1225年	成吉思汗分封诸子，建立汗国，史称“蒙古四大汗国”或“四大汗国”。
21	1260年	忽必烈在开平忽里勒台大会上即大汗位。
22	1263年	五月，忽必烈将开平升为上都。
23	1264年	忽必烈颁诏以燕京为中都，作为陪都。始重修琼华岛。
24	1267年	开始在金中都城东北营建新城，即后来的大都城。
25	1271年	忽必烈定国号为元，是取儒家经典《易经》“大哉乾元”之义。
26	1272年	元改中都为大都，后由上都迁鼎大都。
27	1283年	文天祥在大都殉难。留下“人生自古谁无死，留取丹心照汗青”的诗句。
28	1285年	元大都基本建成。
29	1291年	郭守敬主持兴修通惠河。
30	1324年	意大利人马可·波罗死，留下口述著作《马可·波罗行纪》。
31	1333年	京畿大霖雨，水平地丈余。

序号	时间	事件
32	1351年	大元青花云龙纹象耳瓶（一对）被发现存世。
33	1358年	大都发生大瘟疫，死者10万至20万人。
34	1368年	明军攻占大都，改大都路为北平府。
35	1403年	明升北平为北京。是为今北京名称之始。
36	1405年	永乐帝派郑和先后率领庞大船队下西洋，先后共7次。
37	1406年	明下诏迁都北京。
38	1407年	明始大规模建北京城池、宫殿、坛庙、衙署。
39	1420年	北京城池、宫殿、坛庙营建基本完工。
40	1421年	明正式迁都北京。
41	1564年	明修成北京外城。
42	1601年	意大利人耶稣会士利玛窦到北京。
43	1630年	德意志人、耶稣会士汤若望再到北京。参与修订历法，后颁行《时宪历》。
44	1644年	清迁都北京。
45	1679年	七月十八日，京师大地震；声响如雷，昼晦如夜，房舍倾倒，死人众多。
46	1718年	七月，通州大雪盈丈。
47	1776年	京师大水，“海子山水骤发，浪高丈许，坏城垣庐舍，人多溺死”。
48	1911年	武昌起义爆发。
49	1912年	清宣统帝退位。中华民国成立，仍以北京为首都。

序号	时间	事件
50	1928年	中华民国政府迁都南京。
51	1929年12月2日	发现周口店一个古人类头盖骨化石，距今约70万年。
52	1937年	爆发卢沟桥事变。随之北平沦陷。
53	1945年	日本战败投降，北平归民国政府管辖。
54	1949年1月31日	北平和平解放。
55	1949年9月27日	中华人民共和国首都定在北京。
56	1962年	发现琉璃河西周古燕国城址、墓葬等。
57	1974年	在今丰台区考古发现大葆台汉墓。
58	1996年	在北京东城区王府井大街之东东方广场工地，发现了旧石器时代晚期文化遗存。
59	2008年	第26届国际奥运会在北京举行。
60	2016年	在今通州潞城镇考古发现汉路县城址。共发掘出战国到清代的墓葬1092座。

【附录三】北京文化史应知书目

北京史时间长，领域宽，文献多，著述繁，朱彝尊撰写《日下旧闻》，有人统计“从一千六百多种古籍中选录”各种资料；于敏中等奉敕撰写《日下旧闻考》，有人估算又选录了几百种著述，两者合起来，约有2000种；至于用英、法、德、俄、葡、西、荷、拉丁等文字以北京为题材的著作在500种以上。还有用日文、朝鲜文、越南文、泰文等著作——若以个人之力，要把有关北京史的书都读了，一般来说是不可能的，也是不必要的，但有些重要书籍是应当阅读或应当知道的。北京文化史应当知道或必须知道的100种书，列书目如下，供读者参考。

（001）《史记·燕召公世家》，中华书局校点本，1959年，北京；点校本二十四史修订本，中华书局，2013年，北京。

（002）《汉书》，中华书局校点本，1962年，北京。

（003）《后汉书》，中华书局校点本，1965年，北京。

（004）《三国志·魏书》，中华书局校点本，1959年，北京。

（005）《北史》，中华书局校点本，1974年，北京。

（006）《隋书·炀帝纪》，中华书局校点本，1973年，北京。

（007）《新唐书》，中华书局校点本，1975年，北京。

（008）《新五代史》，中华书局校点本，1974年，北京。

（009）《宋史》，中华书局校点本，1977年，北京。

（010）《辽史》，中华书局校点本，1974年，北京。

（011）《契丹国志》，叶隆礼著，上海古籍出版社，1985年，上海。

（012）《金史》，中华书局校点本，1975年，北京。

（013）《大金国志校证》，〔宋〕宇文懋昭，崔文印校证，中华书局，1986年，北京。

（014）《元史》，中华书局校点本，1976年，北京。

（015）《析津志辑佚》，〔元〕熊梦祥等著，北京古籍出版社，1983年。

（016）《辽金元宫词》，〔元〕柯九思等著，北京古籍出版社，1988年。

（017）《故宫遗录》，〔明〕萧洵著，北京古籍出版社，1980年，北京。

（018）《元大都宫殿考》，朱偰著，北京古籍出版社，1990年，北京。

（019）《明史》，中华书局校点本，1974年，北京。

（020）《酌中志》，〔明〕刘若愚著，北京古籍出版社，1994年，北京。

（021）《顺天府志》，〔清〕缪荃孙《永乐大典》辑本，北京大学出版社，1983年，北京。

（022）《万历顺天府志》六卷，〔明〕沈应文等纂，中国书店影印本，1957年，北京。

（023）《西关志》，〔明〕王士翘著，北京古籍出版社，1990年。

（024）《帝京景物略》八卷，〔明〕刘侗、于奕正著，北京古籍出版社，1980年，北京。

（025）《长安客话》八卷，〔明〕蒋一葵著，北京古籍出版社，1980年，北京。

（026）《旧京遗事》，〔明〕史玄著，北京古籍出版社，1986年，北京。

（027）《京师五城坊巷胡同集》，〔明〕张爵著，北京古籍出版社，1982年，北京。

（028）《北平考》，〔明〕佚名，北京古籍出版社，1980年，北京。

（029）《明宫词》，〔明〕朱权等著，北京古籍出版社，1987年，北京。

（030）《南村辍耕录》，〔明〕陶宗仪著，中华书局，1959年，北京。

（031）《清史稿》，中华书局标点本，1976—1977年，北京。

（032）《八旗通志初集》，〔清〕鄂尔泰等奉敕纂，东北师范大学出版社，1985年，长春。

（033）《钦定八旗通志》，〔清〕纪昀等奉敕纂修，吉林文史出版社，2002年，长春。

（034）《春明梦余录》七十卷，〔清〕孙承泽著，于敏中等奉敕修，北京出版社，2015年，北京。

（035）《天府广记》四十四卷，〔清〕孙承泽纂，北京古籍出版社，1982年，北京。

（036）《畿辅人物志》二十卷，〔清〕孙承泽著，北京出版社，2010年，北京。

（037）《金鳌退食笔记》，〔清〕高士奇著，北京出版社，2015年，北京。

（038）《日下旧闻》七十二卷，〔清〕朱彝尊著，清六峰阁刻本，国家图书馆藏，北京。

（039）《日下旧闻考》一百三十卷，〔清〕于敏中等奉敕撰，北京古籍出版社，1981年，北京。

（040）《康熙顺天府志》七卷，〔清〕张吉午纂修，国家图书馆藏，北京。

（041）《光绪顺天府志》一百三十卷，〔清〕张之洞、缪荃孙等，北京古籍出版社，1987年，北京。

（042）《养吉斋丛录》，〔清〕吴振棫著，北京古籍出版社，1983年，北京。

（043）《天咫偶闻》，〔清〕震钧著，北京古籍出版社，1982年，北京。

（044）《昌平山水记》，〔清〕顾炎武著，北京古籍出版社，1980年，北京。

（045）《清宫词》，〔清〕吴士鉴等著，北京古籍出版社，1986年，北京。

（046）《宛署杂记》，〔明〕沈榜著，北京古籍出版社，1980年，北京。

（047）《清代北京竹枝词》，〔清〕孔尚任等，北京古籍出版社，1962年，北京。

（048）《京城古迹考》，〔清〕励宗万著，北京古籍出版社，1981年，北京。

（049）《钦定国子监志》八十二卷，〔清〕文庆、李宗昉等纂，北京古籍出版社，2000年，北京。

（050）《宸垣识略》十六卷，〔清〕吴长元著，北京古籍出版社，1981年，北京。

（051）《国朝宫史》，〔清〕鄂尔泰、张廷玉等编，北京古籍出版社，1987年，北京。

（052）《国朝宫史续编》，〔清〕庆桂等编，北京古籍出版社，1994年，北京。

（053）《帝京岁时纪胜》，〔清〕潘仁陛著，北京古籍出版社，1981年，北京。

（054）《燕京岁时记》，〔清〕富察敦崇著，北京古籍出版社，1981年，北京。

（055）《京师坊巷志稿》，〔清〕朱一新著，北京古籍出版社，1982年，北京。

（056）《京都风俗志》，〔清〕让廉著，北京出版社，2015年，北京。

（057）《三海见闻志》，〔民国〕适园主人（李景铭）编，北京古籍出版社，2005年，北京。

（058）《燕都丛考》三编六章，〔民国〕陈宗蕃编著，北京古籍出版社，1991年，北京。

（059）《清宫述闻》，〔民国〕章乃炜著，北京古籍出版社，1988年，北京。

（060）《北京市志稿》，〔民国〕吴廷燮等纂，北京燕山出版社，1990年，北京。

（061）《北京风俗杂咏》，孙殿起辑，北京古籍出版社，1982年，北京。

（062）《琉璃厂小志》，孙殿起辑，北京古籍出版社，1982年，北京。

（063）《明清两代宫苑建置沿革图考》，朱偰著，北京古籍出版社，1990年，北京。

（064）《续修国子监志》十九卷，高彦、白雪松等编著，中国社会科学出版社，2015年，北京。

（065）《北平风俗类征》，李家瑞编，北京出版社，2010年，北京。

（066）《北京历史地图集》，侯仁之主编，北京出版社，1985年，北京。

（067）《清皇城宫殿衙署图》，国家图书馆善本部藏，北京。

（068）《清乾隆内府绘制京城全图》，紫禁城出版社，2009年，北京。

（069）《明清北京城图》，中国社会科学院考古研究所编，徐苹芳编著，地图出版社，1986年，北京。

（070）《北京考古集成》（20册），苏天钧，北京出版社，2000年，北京。

（071）《北京考古史》（11册），宋大川主编，上海古籍出版社，2012年，北京。

（072）《北京考古四十年》，北京市文物研究所编，北京燕山出版社，1989年，北京。

（073）《北京地震考古》，北京市文物工作队编，自印本，1983年，北京。

（074）《北京及周边地区历史地震研究》，贺树德著，北京燕山出版社，2013年，北京。

（075）《北京湖广会馆志稿》，王灿炽主编，北京燕山出版社，1994年，北京。

（076）《清代三山五园史事编年》（顺治——乾隆），

何瑜主编，中国大百科全书出版社，2014年，北京。

（077）《北平历史地理》，侯仁之著，邓辉等译，外语教学与研究出版社，2014年，北京。

（078）《北京史》，北京大学历史系《北京史》编写组编，北京出版社，1984年，北京。

（079）《北京会馆档案史料》，北京出版社，1997年，北京。

（080）《北京梨园掌故长编》《清代燕都梨园史料》，张次溪编纂，中国戏剧出版社，1988年，北京。

（081）《雍和宫志略》，西藏社会科学院藏学汉文文献编辑室编，中国藏学出版社，1994年，北京。

（082）《圆明园》（第一至五集），中国圆明园学会主编，中国建筑工业出版社，1981—1992年，北京。

（083）《百年天安门》，贾英廷著，北京出版社，2013年，北京。

（084）《故宫辞典》（增订本），万依主编，故宫出版社，2016年，北京。

（085）《北京名胜古迹辞典》，北京市文物事业管理局编，北京燕山出版社，1989年，北京。

（086）《北京史地风物书录》，王灿炽编著，北京出版社，1985年，北京。

（087）《北京史百年论著资料索引》，郗志群主编，北京燕山出版社，2000年，北京。

（088）《袁督师事迹》，〔清〕佚名编，道光伍氏刻本。

（089）《马可·波罗行纪》，马可·波罗著，冯承钧译，上海世纪出版集团，2001年，上海。

（090）《鄂多立克东游录》，何高济译，中华书局，2002年，北京。

（091）《伊本·白图泰游记》，〔摩洛哥〕伊本·白图泰著，马金鹏译，华文出版社，2015年，北京。

（092）《康熙帝传》，〔法〕白晋著，马绪祥译本，载《清史资料》第一辑，中华书局，1980年。又有黑龙江人民出版社译本，1981年。

（093）《张诚日记》，〔法〕张诚著，陈霞飞译，商务印书馆，1973年，北京。

（094）《耶稣会士中国书简集》（三卷本），〔法〕杜赫德编，郑德弟等译，大象出版社，2005年。

（095）《老北京：世界统治者之城》，〔新西兰〕克里斯·埃尔德编纂，牛津大学出版社，1997年，伦敦。

（096）《莫理循眼里的中国》，〔澳〕莫理循摄影，沈嘉蔚编，窦坤译，福建教育出版社，2005年，福州。

（097）《北京的城墙与城门》，〔瑞典〕喜仁龙著，邓可译，北京联合出版公司，2017年，北京。

（098）《古代北京与西方文明》，欧阳哲生著，北京大学出版社，2018年，北京。

（099）《中西交通史料汇编》，张星烺编注，朱杰勤校订，中华书局，2003年，北京。

（100）*BEIJING——THE TREASURES OF AN ANCIENT CAPITAL*, Yan Chongnian, blossom press, China books 2016.

【附录四】北京市世界文化遗产、国保文物单位名录

（一）北京世界文化遗产名录

序号	名称	地区	等级
1	长城	北京地区	世界文化遗产
2	北京故宫	北京地区	世界文化遗产
3	周口店北京人遗址	北京地区	世界文化遗产
4	颐和园	北京地区	世界文化遗产
5	天坛	北京地区	世界文化遗产
6	明十三陵	北京地区	世界文化遗产
7	大运河	北京地区	世界文化遗产

（二）北京市国保文物单位名录

序号	名称	地区	等级
1	北京大学红楼	北京市	全国重点文物保护单位
2	天安门	北京市	全国重点文物保护单位
3	卢沟桥	北京市	全国重点文物保护单位
4	人民英雄纪念碑	北京市	全国重点文物保护单位
5	房山云居寺塔及石经	北京市	全国重点文物保护单位
6	妙应寺白塔	北京市	全国重点文物保护单位
7	真觉寺金刚宝座（五塔寺塔）	北京市	全国重点文物保护单位
8	居庸关云台	北京市	全国重点文物保护单位
9	万里长城——八达岭	北京市	全国重点文物保护单位

序号	名称	地区	等级
10	天坛	北京市	全国重点文物保护单位
11	北海及团城	北京市	全国重点文物保护单位
12	智化寺	北京市	全国重点文物保护单位
13	国子监	北京市	全国重点文物保护单位
14	雍和宫	北京市	全国重点文物保护单位
15	颐和园	北京市	全国重点文物保护单位
16	十三陵	北京市	全国重点文物保护单位
17	北京故宫	北京市	全国重点文物保护单位
18	周口店遗址	北京市	全国重点文物保护单位
19	北京宋庆龄故居	北京市	全国重点文物保护单位
20	皇史宬	北京市	全国重点文物保护单位
21	古观象台	北京市	全国重点文物保护单位
22	北京城东南角楼	北京市	全国重点文物保护单位
23	恭王府及花园	北京市	全国重点文物保护单位
24	郭沫若故居	北京市	全国重点文物保护单位
25	正阳门	北京市	全国重点文物保护单位
26	太庙	北京市	全国重点文物保护单位
27	社稷坛	北京市	全国重点文物保护单位
28	北京孔庙	北京市	全国重点文物保护单位
29	崇礼住宅	北京市	全国重点文物保护单位
30	法海寺	北京市	全国重点文物保护单位
31	牛街礼拜寺	北京市	全国重点文物保护单位
32	天宁寺塔	北京市	全国重点文物保护单位
33	银山塔林	北京市	全国重点文物保护单位
34	琉璃河遗址	北京市	全国重点文物保护单位
35	圆明园遗址	北京市	全国重点文物保护单位
36	戒台寺	北京市	全国重点文物保护单位

序号	名称	地区	等级
37	北京东岳庙	北京市	全国重点文物保护单位
38	大高玄殿	北京市	全国重点文物保护单位
39	历代帝王庙	北京市	全国重点文物保护单位
40	北京鼓楼、钟楼	北京市	全国重点文物保护单位
41	南堂	北京市	全国重点文物保护单位
42	觉生寺（大钟寺）	北京市	全国重点文物保护单位
43	金中都水关遗址	北京市	全国重点文物保护单位
44	景泰陵	北京市	全国重点文物保护单位
45	潭柘寺	北京市	全国重点文物保护单位
46	可园	北京市	全国重点文物保护单位
47	孚王府	北京市	全国重点文物保护单位
48	景山	北京市	全国重点文物保护单位
49	白云观	北京市	全国重点文物保护单位
50	万佛堂、孔水洞	北京市	全国重点文物保护单位
51	法源寺	北京市	全国重点文物保护单位
52	碧云寺	北京市	全国重点文物保护单位
53	先农坛	北京市	全国重点文物保护单位
54	大慧寺	北京市	全国重点文物保护单位
55	十方普觉寺	北京市	全国重点文物保护单位
56	清净化城塔	北京市	全国重点文物保护单位
57	清华大学早期建筑	北京市	全国重点文物保护单位
58	东交民巷使馆建筑群	北京市	全国重点文物保护单位
59	未名湖燕园建筑	北京市	全国重点文物保护单位
60	长城（司马台段）	北京市	全国重点文物保护单位
61	柏林寺	北京市	全国重点文物保护单位
62	安徽会馆	北京市	全国重点文物保护单位
63	报国寺	北京市	全国重点文物保护单位

序号	名称	地区	等级
64	北京国会旧址	北京市	全国重点文物保护单位
65	北京鲁迅旧居	北京市	全国重点文物保护单位
66	北平图书馆旧址	北京市	全国重点文物保护单位
67	承恩寺	北京市	全国重点文物保护单位
68	醇亲王府	北京市	全国重点文物保护单位
69	爨底下村古建筑群	北京市	全国重点文物保护单位
70	大觉寺	北京市	全国重点文物保护单位
71	大栅栏商业建筑	北京市	全国重点文物保护单位
72	德胜门箭楼	北京市	全国重点文物保护单位
73	地坛	北京市	全国重点文物保护单位
74	关岳庙	北京市	全国重点文物保护单位
75	广济寺	北京市	全国重点文物保护单位
76	国立蒙藏学校旧址	北京市	全国重点文物保护单位
77	健锐营演武厅	北京市	全国重点文物保护单位
78	金陵	北京市	全国重点文物保护单位
79	国民政府财政部印刷局旧址	北京市	全国重点文物保护单位
80	京杭大运河	北京市	全国重点文物保护单位
81	京师大学堂分科大学旧址	北京市	全国重点文物保护单位
82	京师女子师范学堂旧址	北京市	全国重点文物保护单位
83	静明园	北京市	全国重点文物保护单位
84	利玛窦和外国传教士墓地	北京市	全国重点文物保护单位
85	清陆军部和海军部旧址	北京市	全国重点文物保护单位
86	清农事试验场旧址	北京市	全国重点文物保护单位
87	日坛	北京市	全国重点文物保护单位

序号	名称	地区	等级
88	十字寺遗址	北京市	全国重点文物保护单位
89	孙中山行馆	北京市	全国重点文物保护单位
90	万寿寺	北京市	全国重点文物保护单位
91	西什库教堂	北京市	全国重点文物保护单位
92	协和医学院旧址	北京市	全国重点文物保护单位
93	辛亥滦州起义纪念园	北京市	全国重点文物保护单位
94	亚斯立堂	北京市	全国重点文物保护单位
95	元大都城墙遗址	北京市	全国重点文物保护单位
96	月坛	北京市	全国重点文物保护单位
97	袁崇焕墓和祠	北京市	全国重点文物保护单位
98	中南海	北京市	全国重点文物保护单位
99	镇岗塔	北京市	全国重点文物保护单位
100	良乡多宝佛塔	北京市	全国重点文物保护单位
101	延庆古崖居	北京市	全国重点文物保护单位
102	灵岳寺	北京市	全国重点文物保护单位
103	万松老人塔	北京市	全国重点文物保护单位
104	明北京城城墙遗存	北京市	全国重点文物保护单位
105	姚广孝墓塔	北京市	全国重点文物保护单位
106	摩诃庵	北京市	全国重点文物保护单位
107	琉璃河大桥	北京市	全国重点文物保护单位
108	慈寿寺塔	北京市	全国重点文物保护单位
109	文天祥祠	北京市	全国重点文物保护单位
110	普度寺	北京市	全国重点文物保护单位
111	克勤郡王府	北京市	全国重点文物保护单位
112	东堂	北京市	全国重点文物保护单位
113	基督教中华圣公会教堂	北京市	全国重点文物保护单位
114	通州近代学校建筑群	北京市	全国重点文物保护单位

序号	名称	地区	等级
115	西交民巷近代银行建筑群	北京市	全国重点文物保护单位
116	辅仁大学本部旧址	北京市	全国重点文物保护单位
117	京张铁路南口段至八达岭段	北京市	全国重点文物保护单位
118	盛新中学与佑贞女中旧址	北京市	全国重点文物保护单位
119	四九一电台旧址	北京市	全国重点文物保护单位
120	李大钊旧居	北京市	全国重点文物保护单位
121	长辛店二七大罢工旧址	北京市	全国重点文物保护单位
122	基督教中华圣经会北京分会旧址	北京市	全国重点文物保护单位
123	北京大学地质学馆旧址	北京市	全国重点文物保护单位
124	焦庄户地道战遗址	北京市	全国重点文物保护单位
125	梅兰芳旧居	北京市	全国重点文物保护单位
126	房山大白玉塘采石场遗址	北京市	全国重点文物保护单位
127	大运河	北京市	全国重点文物保护单位
128	长城	北京市	全国重点文物保护单位
129	八宝山革命公墓	北京市	全国重点文物保护单位